캔바로 쉽고 빠르게 콘텐츠 디자인 하기

백은영·홍신애·윤승희·서미경·권유진·안은진·송민경·정세경 지음

권유진 지니별 Step 6

어린이집 운영 및 보육 경력20년 이상, 재미드니 연구소 강사, 서울시 늘봄강사, 서대문구 드림스타트 논술지도, 서대문구 평생교육원강사, 국제디지털콘텐츠협회 강사 및 지국장, 온·오프라인 그림책 문해력 지도사 활동

저자와 소통할 수 있는 채널

* 블로그: https://blog.naver.com/jini_ssem
* 인스타그램: @jini.ssem

백은영 풀마인드 Step 2

할 수 있다는 자신감을 디자인하는 크리에이터 풀마인드(백은영)입니다. 국제디지털콘텐츠협회 지국장으로 활동 중이며 캔바 1급 강사 자격 소지 및 현재 캔바와 프로크리에이트를 이용하여 디지털 파일 셀러로 활동 중입니다.

저자와 소통할 수 있는 채널

* 블로그: https://blog.naver.com/ceeport83
* 유튜브: @fullmind_set
* 인스타그램: @fullmind_set

캔바로 쉽고 빠르게 콘텐츠 디자인 하기

2025년 5월 20일 초판 인쇄
2025년 5월 30일 초판 발행

펴 낸 이 | 김정철
펴 낸 곳 | 아티오
지 은 이 | 백은영·홍신애·윤승희·서미경·권유진·안은진·송민경·정세경
마 케 팅 | 강원경
기획·진행 | 김미영
표   지 | 김지영
편   집 | 주경미
전   화 | 031-983-4092~3
팩   스 | 031-696-5780
등   록 | 2013년 2월 22일
정   가 | 18,500원
주   소 | 경기도 고양시 일산 동구 호수로 336 (브라운스톤, 백석동)
홈 페 이 지 | http://www.atio.co.kr

* 아티오는 Art Studio의 줄임말로 혼을 깃들인 예술적인 감각으로 도서를 만들어 독자에게 최상의 지식을 전달해 드리고자 하는 마음을 담고 있습니다.

* 잘못된 책은 구입처에서 교환하여 드립니다.
* 이 책의 저작권은 저자에게, 출판권은 아티오에 있으므로 허락없이 복사하거나 다른 매체에 옮겨 실을 수 없습니다.

서미경 내친구스칼렛 Step 5

16년간 복지관과 센터에서 IT 강사로 활동하며, AI와 캔바를 활용한 콘텐츠 제작, 컬러링북 만들기, 스마트폰 강사 자격증 과정 등 다양한 디지털 교육을 제공합니다. 온·오프라인 강의를 통해 누구나 쉽게 IT 기술을 익히고 활용할 수 있도록 돕고 있습니다.

저자와 소통할 수 있는 채널
* 블로그 : https://blog.naver.com/mikiseo85
* 유튜브 : @digitalcoach_mk
* 인스타그램 : @digitalcoach_mk

송민경 쏭리즈 Step 8

AI 융합전문가이자 크리메타쏭 대표로 서울, 수도권 지역에서 AI 교육과 기술 혁신에 앞장서고 있습니다. 국제디지털콘텐츠협회 지국장으로 서초여성가족플라자, 여성새일센터 등 다양한 교육기관에서 디자인, 생성형 AI 강의를 진행하며,『챗GPT 활용의 정석』등 저서를 통해 최신 디지털 기술을 전파합니다.

저자와 소통할 수 있는 채널
* 블로그 : https://blog.naver.com/lizssong
* 유튜브 : @canvaailab
* 인스타그램 : @__lovesarang2

안은진 해피튜터 Step 7

AI 기술을 활용한 그림책 작가로, 20권 이상의 AI 그림책을 캔바에서 편집했습니다. 사회서비스 종사자 디지털 교육 전문 강사로 캔바 강의를 진행하며, 1인 출판사 아르떼북스 대표로 개인 저서와 함께 책 출판을 지원하고 있습니다.

저자와 소통할 수 있는 채널
* 블로그 : https://blog.naver.com/happy-birth
* 인스타그램 : @happy__tutor

윤승희 하늘 Step 4

국제디지털콘텐츠협회 지국장, 디지털 콘텐츠 활용 및 자격 과정 강사, 한국코치협회 인증코치(KAC), 평생학습관 학습매니저 및 진로상담 전문가, 디지털파일 셀러, AI ARTIST

저자와 소통할 수 있는 채널
* 블로그 : https://blog.naver.com/smart-ai
* 인스타그램 : @canva_ai.art

정세경 책 읽는 디자이너 Step 9

책과 사색을 통해 얻은 아이디어를 디자인으로 표현하며 사회에 기여하는 디자이너를 꿈꾸고 있습니다. AI 그림책 작가이자 국제디지털콘텐츠협회 지국장으로 활동하며, AI와 캔바를 활용한 콘텐츠를 제작하고 그 경험을 공유하고 있습니다. 저서로는『인생을 바꾼 오늘도 독서 완료(공저)』, 그림책『바다구조대 엠마와 찰리(필명: 올리비아)』등이 있습니다.

홍신애 Step 3

국제디지털콘텐츠협회 강사 및 지국장. 생성형 AI 디지털작가, 출판콘텐츠 작가, 영상콘텐츠 강사. 신진예술인(문학), 디지털 크리에이터

저자와 소통할 수 있는 채널
* 블로그 : https://m.blog.naver.com/shoesbaby

들어가며

디지털 시대, 우리는 매일 수많은 콘텐츠의 바다에서 헤엄치고 있습니다. SNS에 올릴 포스터 하나, 프레젠테이션 자료 하나, 명함이나 카드뉴스 하나를 만들더라도 시선을 사로잡는 디자인이 필요한 시대가 되었습니다. 하지만 디자인 전문가가 아닌 일반인들에게 이것은 여전히 어렵고 부담스러운 일입니다.

"디자인, 어렵지 않아요. 캔바가 있으니까요."

캔바(Canva)는 바로 이런 고민을 해결해 주는 도구입니다. 디자인 경험이 없는 사람도 쉽고 빠르게 전문가처럼 보이는 콘텐츠를 만들 수 있게 해주는 마법 같은 플랫폼이죠. 하지만 캔바라는 도구가 있다는 것을 알고, 시작하는 것만으로는 부족합니다. 잘 활용하는 방법, 시간을 절약하는 팁, 더 멋진 결과물을 만드는 노하우가 필요합니다.

『캔바로 쉽고 빠르게 콘텐츠 디자인 하기』는 8명의 캔바 지국장이 모여 각자의 전문 분야에서 쌓아온 실전 경험과 지식을 담았습니다. 우리는 캔바를 통해 비즈니스를 성장시키고, 학생들을 가르치고, 창의적인 프로젝트를 진행해 왔습니다. 그 과정에서 터득한 노하우와 실전 팁들을 여러분과 나누고자 합니다.

이 책은 단순한 캔바 사용법 매뉴얼이 아닙니다. 한글 퀴즈와 빙고 게임 워크시트 만들기부터 POP 글씨 디자인, 간단하고 이쁜 색칠 공부, 캔바 AI를 활용한 캐릭터 굿즈 제작, 영상 콘텐츠 제작, 템플릿 활용법, 필사 노트 제작, 카드뉴스 만들기까지 - 실생활과 비즈니스에서 당장 활용할 수 있는 실전 기술들로 가득합니다.

우리는 이 책을 통해 말하고 싶습니다.
"누구나 디자이너가 될 수 있다."
"복잡한 것을 단순하게 만들 수 있다."
"시간을 절약하면서도 퀄리티 높은 결과물을 얻을 수 있다."

초보자부터 중급자까지, 학생부터 직장인, 창업자, 프리랜서, 교사, 마케터까지, 디자인이 필요한 모든 분께 이 책이 실질적인 도움이 되길 바랍니다. 캔바의 세계로 여러분을 초대합니다. 함께 톡톡 튀는 아이디어로 멋진 콘텐츠를 만들어봅시다!

국제디지털콘텐츠협회 지국장 일동

추천사

디지털 시대에, 눈에 띄는 콘텐츠를 쉽고 빠르게 만드는 법은 이제 필수가 되었습니다. 이에 국제디지털콘텐츠협회 8명의 지국장이 한데 뜻을 모아 캔바 필독서를 드디어 내놓게 되었습니다.

자신의 주력 분야를 하나씩 맡아서 실생활에서 꼭 필요하고 유용한 콘텐츠 만드는 법을 아주 쉽고 빠르게 알려주는 실용적인 책이 나오게 됨을 축하하며 또 감사드립니다.

모든 것이 빠르게 변하고 있어 금방 새로운 툴을 익혀야 하는 요즘, 이 책은 캔바의 최신 업그레이드 기능과 AI 기능을 골고루 자세히 알려주고 있습니다. 무엇보다도 이 책은 초보자부터 전문가까지 누구나 따라 할 수 있도록 단계별 튜토리얼과 실제 사례를 통해 캔바의 모든 기능을 자세하게 소개하고 있습니다.

캔바는 단순한 디자인 도구를 넘어, AI 기능이 탑재되어 사용자가 더 쉽고 빠르게 창의적인 콘텐츠를 만들 수 있도록 돕습니다. 특히 AI 기능은 디자인을 자동으로 추천하고, 편리한 레이아웃을 제공하여 작업 효율을 높여 줍니다. 이러한 점 때문에 캔바는 온라인 수익화와 콘텐츠 제작에 없어서는 안 될 필수 도구로 자리 잡았습니다.

특히, 이 책은 8명의 지국장의 개성 있는 색깔들이 녹아져 있으며, 이론뿐만 아니라 실전에서 바로 활용할 수 있는 유용한 팁과 노하우를 제공합니다. 각각의 지국장들이 자신만의 방법으로 캔바의 다양한 기능을 설명하며, 독자들이 어떻게 디자인을 개선하고 눈에 띄는 콘텐츠를 만들 수 있는지 구체적인 방법을 제시합니다.

독자들은 이 책을 통해 자신만의 아이디어를 시각적으로 표현하는 방법을 배우며, 디자인 실력을 한층 더 향상시킬 수 있을 것입니다.

학교 교실 수업이나 학원, 또는 가정에서 아이들과 함께 할 수 있는 게임과 워크시트지 만들기를 비롯한 POP 홍보물 만들기, 색칠 공부자료, 캐릭터 굿즈와 그림책 만들기, 템플릿으로 초간단 컷툰 만들기, 필사 노트 만들기, 돋보이는 카드뉴스 디자인하기 등등 정말 다양하고 알차게 잘 구성된 책이라 모두가 꼭 소장하고 계속 꺼내어 봐야 할 필독서이자 참고서가 될 것입니다.

책의 마지막 페이지를 넘길 때쯤이면, 여러분은 캔바를 활용하여 뭐든 만들 수 있는 자신감과 실력을 갖추게 될 것입니다. 디지털 공간에서 영향력을 발휘하고자 하는 모든 분에게 이 책은 든든한 동반자가 되어 줄 것입니다. 캔바와 함께 새로운 창작의 세계로 나아갈 여러분을 진심으로 응원합니다.

국제디지털콘텐츠협회 회장 이은희

이 책의 특징

STEP●1　　　　　　　　　　　　　　　Canva

01 : 캔바 첫걸음, 계정 생성과 화면 이해하기

캔바는 전문적인 디자인 지식이 없어도 누구나 쉽게 사용할 수 있는 그래픽 디자인 플랫폼입니다. 다양한 디자인 프로젝트를 원활하게 진행하기 위해서는 기본적인 사용법을 익히는 것이 중요합니다. 이 장에서는 캔바를 처음 시작하는 데 필요한 회원가입 방법, 메인 화면 구성을 이해하고, 첫 디자인을 시작하는 방법까지 단계별로 알아 봅니다.

1. 캔바 소개 및 가입하기

캔바란 무엇인가?

캔바(Canva)는 2013년 호주에서 설립된 온라인 그래픽 디자인 플랫폼입니다. 누구나 쉽게 디자인을 만들고 시각적으로 소통할 수 있도록 돕는 서비스로, 복잡한 디자인 지식 없이도 사용할

● STEP
총 STEP 9로 캔바를 이용한 디자인 방법을 짜임새 있게 설명하였습니다.

TIP 캔바 홈에서 앱 열기

❶ 캔바 [홈] 화면 왼쪽의 사이드 패널에서 [앱]을 클릭하고 검색창에 'Character Builder'를 검색합니다.

❷ 'Character Builder' 앱을 클릭한 후, 상황에 따라 [기존 디자인에서 사용] 혹은 [새 디자인에서 사용]을 클릭합니다.

❸ [새 디자인에서 사용]을 클릭해 만들고자 하는 보드의 사이즈를 선택해 줍니다. 컷툰의 경우에는 검색창에 '카툰'을 입력한 후 아래에 나타나는 사이즈 중

● TIP
TIP을 통해서 어려운 용어 및 꼭 알아야 하는 메뉴 및 기능 등을 설명하였습니다.

여기서 잠깐! 컬렉션 세트 확인방법

❶ 요소 검색 후 [자동 추천]에서 [전체 보기]를 클릭하거나 '컬렉션'으로 묶여 있는 요소들을 찾으면 비슷한 리소스를 구성하는데 편리합니다.
❷ 컬렉션 검색 방법 : [요소 검색]-[요소 선택]-[더보기(…)]-[정보]-[컬렉션 보기]
❸ 컬렉션 요소별로 set 번호를 저장해 두었다가 컬렉션 세트 검색을 손쉽게 할 수 있습니다.

● 여기서 잠깐!
교재 설명 과정 중에 놓치기 쉽거나, 누구나 알거라 생각하지만, 알지 못하는 부분을 한번 더 짚어주었습니다.

도구별 추천 컬러링북 스타일

컬러링북을 색칠할 때 사용하는 도구에 따라 결과물이 달라집니다. 색연필, 크레용, 마커는 각각의 특징과 장점이 있으므로, 원하는 스타일에 맞게 선택합니다.

도구	추천 스타일	추천 컬러링북 테마
크레용	단순한 라인아트, 넓은 면적이 있는 도안	어린이용 컬러링북, 귀여운 캐릭터, 배경이 많은 그림
색연필	디테일한 선화, 섬세한 명암 조절 가능	동물, 인물, 정교한 패턴, 자연풍경
마커(펜)	강렬한 대비, 만화 스타일 표현	애니메이션 스타일, 만다라, 그래픽 디자인

크레용 사용법 & 특징
- 부드럽게 발색되며, 강한 압력 없이도 색칠 가능
- 여러 번 덧칠하면 색이 더 진해짐
- 텍스처(질감) 효과가 생기며, 빈 공간 없이 칠하기 좋음
- 손으로 문질러 그라데이션 효과 연출 가능

활용법
- 넓은 면적을 빠르게 채우고 싶을 때 사용(예 하늘, 잔디, 배경)
- 부드러운 색감이 필요한 장면에서 적합(예 인형, 동물)

색연필 사용법 & 특징
- 세밀한 부분을 정교하게 색칠 가능
- 명암과 그라데이션 표현이 쉬움
- 겹쳐 칠하면 깊이 있는 색감 연출 가능

활용법
- 정교한 캐릭터 색칠(예 눈동자, 머리카락, 나뭇잎)
- 색을 여러 번 덧칠하면 명암 표현 가능(예 그림자의 자연스러운 흐름)

step 5 | 간단하고 쉽게 컬러링북 자료 만들기 ● 105

POWER UPGRADE
하나 더 알아두면 좋은 기능 및 고급 기능을 담았습니다.

부록 — Canva

알아두면 쓸 데 있는 유용한 캔바 앱

캔바는 기본 기능만으로도 강력하지만, 다양한 앱을 추가하면 디자인 작업의 효율성과 완성도를 한층 더 높일 수 있습니다. 이러한 앱들은 필요에 따라 업데이트되며, 새로운 앱이 추가되거나 기존 앱이 개선되기도 합니다. 때로는 일부 앱이 서비스를 종료할 수도 있고, 크레딧 사용 방식이 변경될 수도 있으니 참고하기를 바랍니다.

캔바에서 앱을 사용하는 방법
1. 작업 화면의 사이드 패널에서 앱을 선택합니다.
2. 원하는 앱을 검색하거나 추천 앱을 탐색합니다.
3. 앱을 선택한 후, [열기]를 눌러 사용을 시작합니다. 일부 앱은 처음 사용 시 계정 가입이나 연결 과정이 필요할 수 있습니다.

캔바에서 사용한 앱 관리하는 방법

부록
작업 효율을 높여주는 유용한 캔바 앱을 부록에 담았습니다.

차례

Step 1 : 캔바 첫걸음, 계정 생성과 화면 이해하기

1 캔바 소개 및 가입하기 12
- 캔바란 무엇인가? 12
- 캔바 가입하기 12

2 캔바 홈 화면 구성과 디자인 시작하기 13
- 캔바 홈 화면 알아보기 13
- 캔바에서 디자인 시작하는 방법 14

3 디자인 에디터 화면 살펴보기 18
- 에디터 화면 파악하기 18
- 사이드 패널 메뉴 살펴보기 19

Step 2 : POP 글씨와 예쁜 글씨, 쉽고 멋지게 디자인하기

1 캔바로 POP 글씨 디자인하는 방법 23

2 캔바 속 앱을 이용하여 예쁜 글씨 디자인하는 방법 32
- KebabLetters 32
- TypeCraft 34
- Cool Text Maker 36
- TypeGradient 37
- TextArt 39

Step 3 : 한 끗 차이로 멋스러운 카드 뉴스 만들기

1 카드 뉴스(Card News)란? 40

2 카드 뉴스 만들기 41
- 꽃 요소로 분위기를 더하는 감성 카드 뉴스 41

- 프레임으로 구조를 나누는 식물 카드 뉴스　　　　　　　　　　　51
- 그림자 효과로 포인트를 주는 음식 카드 뉴스　　　　　　　　58
- 그리드 배치로 여러 정보를 담는 여행 카드 뉴스　　　　　　63

Step 4 : 템플릿으로 손쉽고 간단하게 컷툰 제작하기

1 만화 형식(toons) 템플릿 살펴보기　　　　　　　　　　　　68
2 복사(Ctrl+C), 붙여넣기(Ctrl+V)로 컷툰 제작하기　　　　　71
- 스토리 정하기　　　　　　　　　　　　　　　　　　　　　71
- 템플릿 선택하기　　　　　　　　　　　　　　　　　　　　72
- 복사(Ctrl+C), 붙여넣기(Ctrl+V)로 캐릭터 꾸미기　　　　　73
- 다양한 컷툰 템플릿 활용 & 나만의 컷툰 만들기　　　　　78

3 Character Builder 앱으로 컷툰 제작하기　　　　　　　　80
- 기본 틀 만들기　　　　　　　　　　　　　　　　　　　　80
- Character Builder 앱 열기　　　　　　　　　　　　　　82
- 캐릭터 만들기　　　　　　　　　　　　　　　　　　　　84
- 리소스 페이지 만들기　　　　　　　　　　　　　　　　　85
- 컷툰 완성하기　　　　　　　　　　　　　　　　　　　　86

Step 5 : 쉽게 완성하는 컬러링북 만들기

1 요소를 활용한 컬러링 이미지 만들기　　　　　　　　　　89
2 앱을 활용한 컬러링 이미지 만들기　　　　　　　　　　　93
3 Magic Media로 컬러링 이미지 만들기　　　　　　　　　95
4 컬러링 이미지 출력하기　　　　　　　　　　　　　　　　99
- 완성된 컬러링 이미지 낱장으로 출력하기　　　　　　　　99
- 완성된 컬러링 이미지를 책으로 출력하기　　　　　　　100

Step 6 : 재미있는 한글 퀴즈/빙고 게임 활동지 만들기

1 캔바로 만들 수 있는 한글 퀴즈   107
- 디자인 시작하기   109
- 디자인에 표 삽입하기   111
- ChatGPT를 이용하여 퀴즈 내용 작성하기   112
- 퀴즈 단어 배열하기   115
- 템플릿과 요소를 이용하여 완성하기   115

2 빙고 게임 활동지 제작   118
- Bingo cards 앱 선택하기   119
- 빙고 카드 생성하기   121
- 빙고 카드 완성하기   123

Step 7 : 스토리를 담은 영상 그림책, 손쉽게 제작하기

1 ChatGPT로 스토리 및 삽화 프롬프트 생성하기   126

2 매직미디어(Magic Media)로 삽화 생성하기   128

3 텍스트 삽입하기   135

4 보이스 삽입하기   137

5 애니메이션 효과 적용하기   141
- 페이지 애니메이션 적용하기   141
- 텍스트 애니메이션 적용하기   142
- 전환 효과 추가하기   143

6 페이지 재생 시간 조정하기   144

7 배경 음악 삽입하기   146

8 영상 그림책 저장하기   149

Step 8 : 캔바 AI로 쉽고 빠르게 캐릭터 굿즈 만들기

1 캔바 Draw로 디지털 드로잉하기   151

2 AI 활용하여 캐릭터 만들기   154

- [Magic Media]를 활용하여 캐릭터 생성하기   154
- [Draw]를 활용하여 캐릭터 수정하고 완성하기   158

3 캔바 내 앱을 이용하여 굿즈 만들기   163
- Sticker AI 앱   163
- Shape Cropper 앱   165

4 목업[Mockups]과 굿즈 제작의 상업적 활용   169
- 목업[Mockups]하기   169
- 출력용 파일 변환 & 굿즈 제작   173
- AI 기반 굿즈 제작 실전 적용 및 상업적 활용   174

Step 9 : 필사 노트 쉽고 빠르게 만들기

1 필사 노트 알아보기   175
- 필사 노트의 의미   175
- 필사 노트의 좋은 점   175

2 필사 노트 템플릿 편집하기   176
- 템플릿 선택하기   176
- 템플릿 편집하기   177

3 필사 문구 대량 제작하기   183
- 자료 생성하기   183
- 콘텐츠 대량 제작하기   185

4 필사 노트 표지 만들기   190
5 필사 노트 PDF 다운로드하기   193
6 필사 노트 활용 방법   194

부록

1. 알아두면 쓸 데 있는 유용한 캔바 앱   195
2. 알아두면 쓸 데 있는 유용한 단축키   219

STEP 01

Canva

01 : 캔바 첫걸음, 계정 생성과 화면 이해하기

캔바는 전문적인 디자인 지식이 없어도 누구나 쉽게 사용할 수 있는 그래픽 디자인 플랫폼입니다. 다양한 디자인 프로젝트를 원활하게 진행하기 위해서는 기본적인 사용법을 익히는 것이 중요합니다. 이 장에서는 캔바를 처음 시작하는 데 필요한 회원가입 방법, 메인 화면 구성을 이해하고, 첫 디자인을 시작하는 방법까지 단계별로 알아 봅니다.

1. 캔바 소개 및 가입하기

캔바란 무엇인가?

캔바(Canva)는 2013년 호주에서 설립된 온라인 그래픽 디자인 플랫폼입니다. 누구나 쉽게 디자인을 만들고 시각적으로 소통할 수 있도록 돕는 서비스로, 복잡한 디자인 지식 없이도 사용할 수 있습니다. 웹 기반으로 작동하기 때문에 별도의 프로그램 설치가 필요 없고, 데스크톱과 모바일에서 모두 사용 가능합니다. 소셜 미디어 콘텐츠, 프레젠테이션, 포스터, 마케팅 자료, 교육 자료 등 다양한 분야에서 활용되고 있으며, 최근에는 인공지능 기술을 적극 도입하여 더욱 편리한 디자인 기능을 제공하고 있습니다.

캔바 가입하기

캔바(www.canva.com)에 접속한 후 회원 가입하여 무료로 사용할 수 있습니다. 무료 버전으로도 많은 디자인 작업이 가능하지만, 모든 기능을 활용하려면 캔바 Pro 구독(유료)이 필요합니다. 회원 가입 후 캔바는 30일간 Pro 버전을 무료로 체험할 수 있는 기회를 제공합니다. 체험을 원하시면 [무료 체험 시작하기]를 원하지 않으면 [건너뛰기]를 클릭합니다. 캔바 회원 가입이 완료되면 홈 화면이 나타납니다.

> **TIP 캔바 요금제**
>
> 캔바 요금제는 홈 화면 왼쪽 하단의 프로필을 클릭한 후 나타나는 메뉴 중 [도움말 및 리소스]-[요금제]에서 확인할 수 있습니다.

2. 캔바 홈 화면 구성과 디자인 시작하기

캔바 홈 화면 알아보기

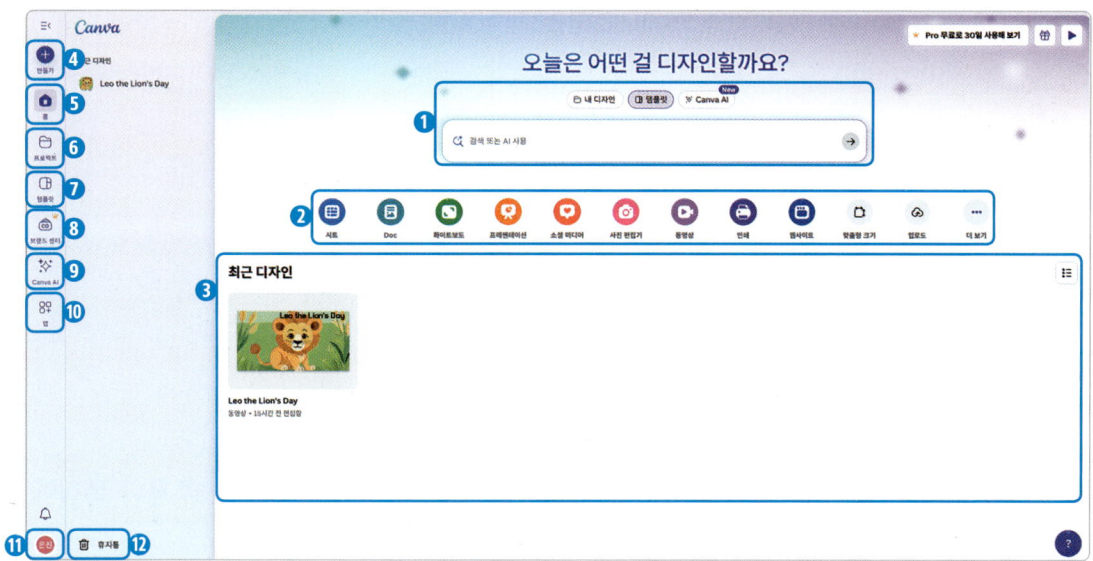

❶ 검색 및 AI 바: 소유하거나 공유된 디자인 검색, 템플릿 탐색, AI 기능을 사용해 디자인, 이미지, 문서, 코드 등을 생성할 수 있습니다.

❷ 홈페이지 배너: 시트, 화이트보드, 프레젠테이션, 소셜 미디어, 동영상, 인쇄 등 다양한 디자인 유형을 선택하거나, 맞춤형 크기를 설정해 원하는 크기로 디자인을 시작할 수 있으며, 업로드나 더보기 옵션을 통해 추가 기능도 이용할 수 있습니다.

❸ 최근 디자인: 최근에 편집한 디자인을 빠르게 확인할 수 있습니다.

❹ 만들기: 새로운 디자인 작업을 시작할 수 있습니다.

❺ 홈: 캔바 앱을 실행하면 나오는 첫 화면으로 이동합니다. 캔바 로고를 클릭해도 됩니다.

❻ 프로젝트: 캔바에서 작업한 디자인을 관리하는 화면으로 이동합니다.

❼ 템플릿: 캔바에서 제공하는 다양한 템플릿을 검색하는 화면으로 이동합니다.

❽ 브랜드 센터: 브랜딩의 일관성을 유지하기 위한 브랜드 로고, 색상, 폰트 등을 설정하고 관리하는 화면으로 이동합니다(Pro 구독자 전용).

❾ Canva AI: 디자인, 텍스트, 이미지, 코드 생성 등 다양한 작업을 손쉽게 수행할 수 있는 화면으로 이동합니다.

❿ 앱: 캔바와 연동할 수 있는 다양한 앱을 탐색하고 활용할 수 있는 화면으로 이동합니다.

⓫ 프로필: 계정 설정, 청구 정보, 팀 관리, 로그아웃 등의 옵션을 확인할 수 있습니다.

⓬ 휴지통: 삭제한 디자인이 보관된 화면으로 이동합니다. 삭제한 작업물은 30일 이내에는 복원할 수 있으며, 30일이 지나면 영구 삭제됩니다.

캔바에서 디자인 시작하는 방법

홈 화면에서 검색하기

❶ 홈 화면 상단 중앙에 있는 검색 및 AI 바에서 템플릿을 클릭합니다.

❷ 디자인하고자 하는 키워드를 입력하고 Enter 를 누릅니다. 필요에 따라, 주제나 목적에 맞게 카테고리와 스타일을 지정하여 템플릿을 검색합니다.

❸ 검색된 템플릿 중 원하는 디자인을 선택한 뒤, [이 템플릿 맞춤 편집하기]를 클릭합니다.

❹ 편집 화면으로 전환되면, 왼쪽 사이드 패널을 이용해 편집 작업을 시작합니다.

> **여기서 잠깐!**
>
> **캔바 Pro 구독자 전용 콘텐츠**
>
> 캔바에서 Pro 구독자 전용 콘텐츠는 템플릿 오른쪽 아래에 왕관 아이콘으로 표시되어 쉽게 구분할 수 있습니다.

빈 페이지에서 새로운 디자인 시작하기

템플릿을 사용하지 않고 비어 있는 페이지에서 디자인을 시작할 수 있습니다.

❶ 홈 화면의 [만들기] 버튼이나 홈페이지 배너에서 원하는 디자인 종류를 선택합니다.

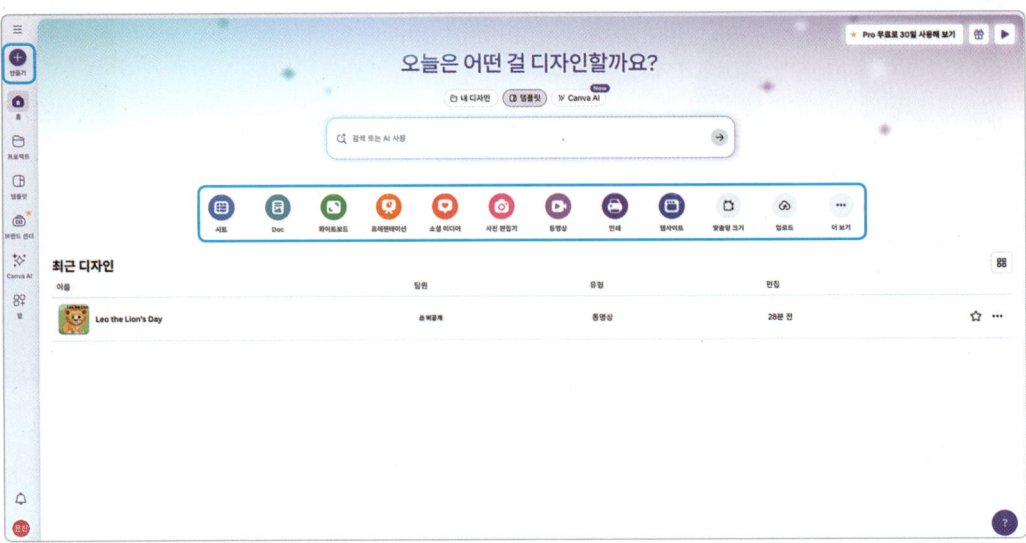

❷ [디자인 만들기] 팝업창이 뜨면 원하는 디자인 유형이나 크기를 선택합니다.

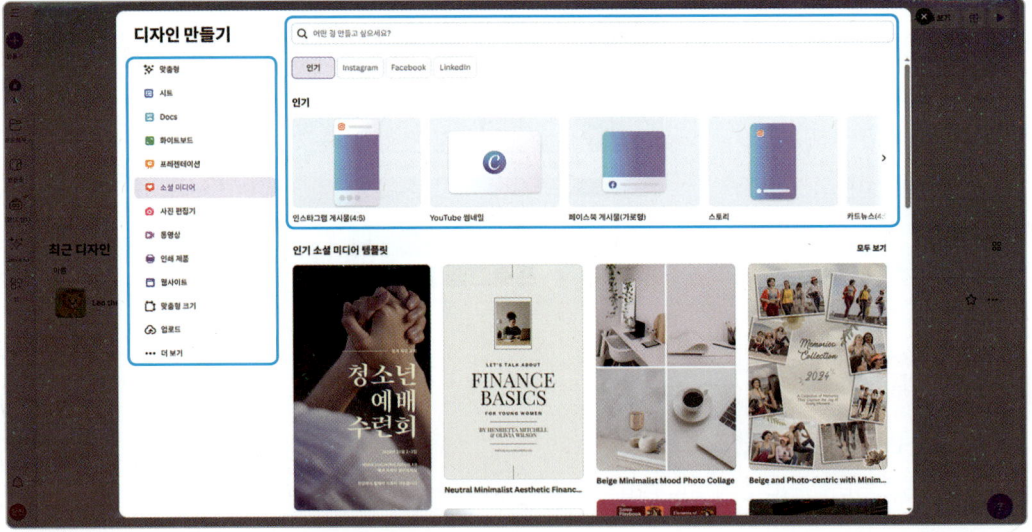

❸ 선택한 디자인 규격의 빈 페이지 템플릿이 생성되면 디자인 작업을 시작합니다.

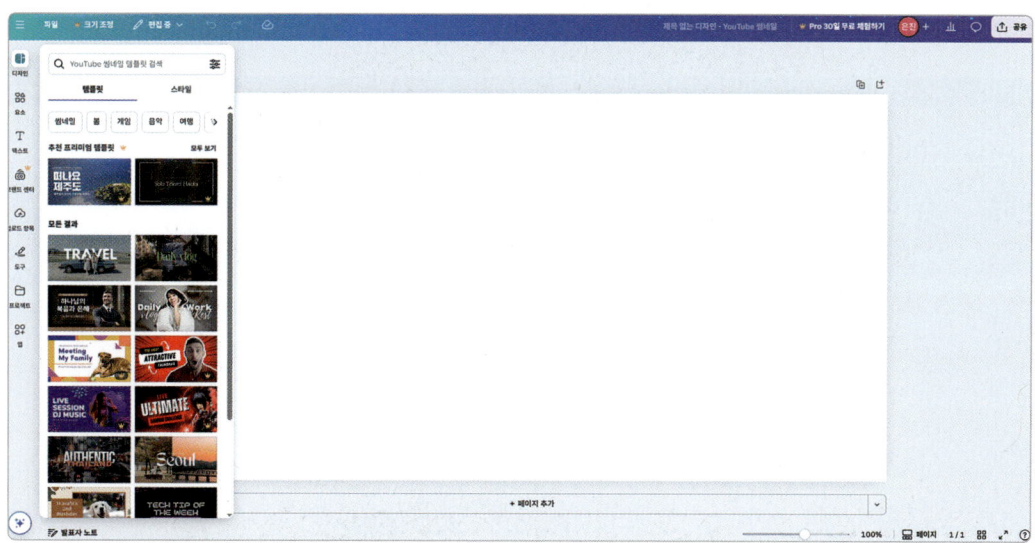

> 여기서 잠깐!

맞춤형 크기로 디자인 만들기

원하는 규격의 디자인이 없다면 [맞춤형 크기]를 선택하여 직접 디자인할 크기의 값을 입력한 후 [새 디자인 만들기]를 클릭합니다.

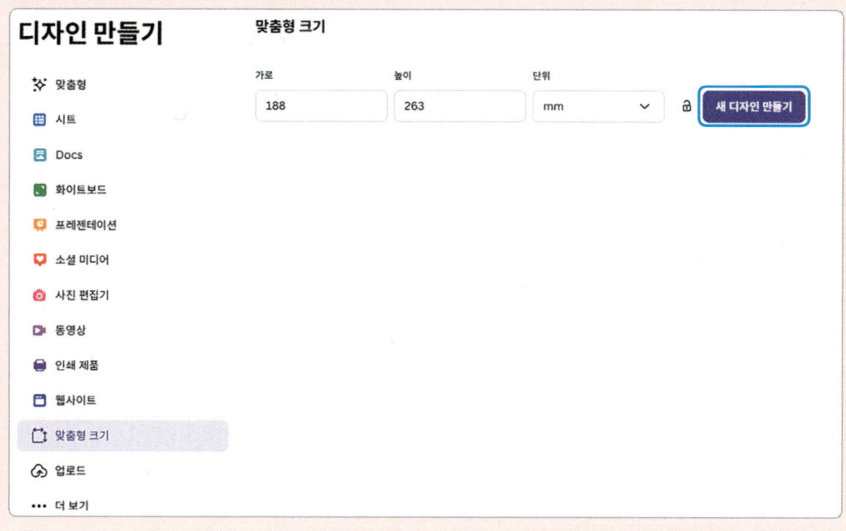

step 1 | 캔바 첫걸음, 계정 생성과 화면 이해하기

3. 디자인 에디터 화면 살펴보기

에디터 화면 파악하기

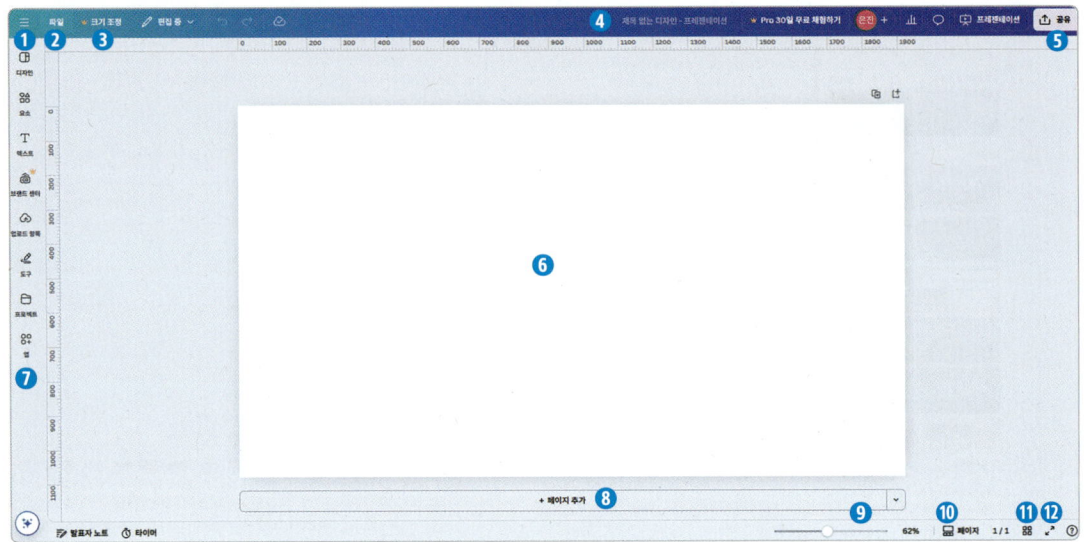

❶ 메뉴 열기: 캔바 첫 페이지의 메뉴 화면이 나타납니다.

❷ 파일: [새로운 디자인 만들기], [폴더로 이동] 등 디자인 작업을 관리하는 데 필요한 메뉴들이 모여 있습니다.

❸ 크기 조정: 현재 디자인의 크기를 조정하거나 번역 등의 기능이 포함되어 있습니다. Pro 구독 이용자만 사용할 수 있습니다.

❹ 디자인 제목: 현재 디자인 작업의 이름을 확인하고 클릭해서 변경할 수 있습니다. 이름을 변경하지 않으면 '제목 없는 디자인'처럼 임의로 부여되므로 새로운 디자인을 시작하면 이름을 변경하는 것이 좋습니다.

❺ 공유: 디자인을 완료하면 [공유] 버튼을 클릭한 후 [다운로드]를 선택하거나 다른 사람 또는 소셜 미디어에 공유할 수 있습니다.

❻ 페이지: 실제 작업이 이루어지는 캔버스입니다.

❼ 사이드 패널: 디자인 작업 중에 사용할 수 있는 각종 도구가 아이콘으로 나열되어 있습니다.

❽ 페이지 추가: 새로운 작업 페이지를 추가합니다. 이때 [페이지 유형 추가(⌄)] 버튼을 클릭하면, 다른 디자인 유형이나 크기를 새 페이지로 삽입할 수 있습니다.

❾ 페이지 확대/축소: 바를 드래그해 편집 화면을 확대하거나 축소할 수 있으며, 슬라이더 옆에 있는 퍼센트 상자를 선택해도 됩니다.

❿ 페이지 썸네일 보기: 에디터 화면 하단에 페이지의 썸네일을 표시하거나 숨길 수 있습니다.

⓫ 그리드뷰: 작업 페이지가 많을 때 편집 페이지 전체를 한눈에 볼 수 있는 화면으로 전환됩니다.

⓬ 전체 화면 프리젠테이션: 작업 페이지를 전체 화면으로 확대하여 나타냅니다.

사이드 패널 메뉴 살펴보기

사이드 패널은 편집 작업 시 필요한 도구들이 모여 있는 곳입니다. 여기에는 디자인, 요소, 텍스트 등이 있고 해당 메뉴를 선택하면 각각의 세부 기능들이 나타납니다.

❶ 디자인: [템플릿] 탭에서는 작업 중인 디자인 규격에 맞는 템플릿을 찾아 적용할 수 있습니다. [레이아웃] 탭에서는 현재 디자인에 적합한 레이아웃을 추천해 주며, [스타일] 탭에서는 디자인에 어울리는 색상 조합과 글꼴 스타일을 변경할 수 있습니다.

❷ 요소: 캔바에서 제공하는 다양한 그래픽 이미지, 사진, 차트, 표, 동영상, 오디오 등을 찾아 디자인에 사용할 수 있습니다.

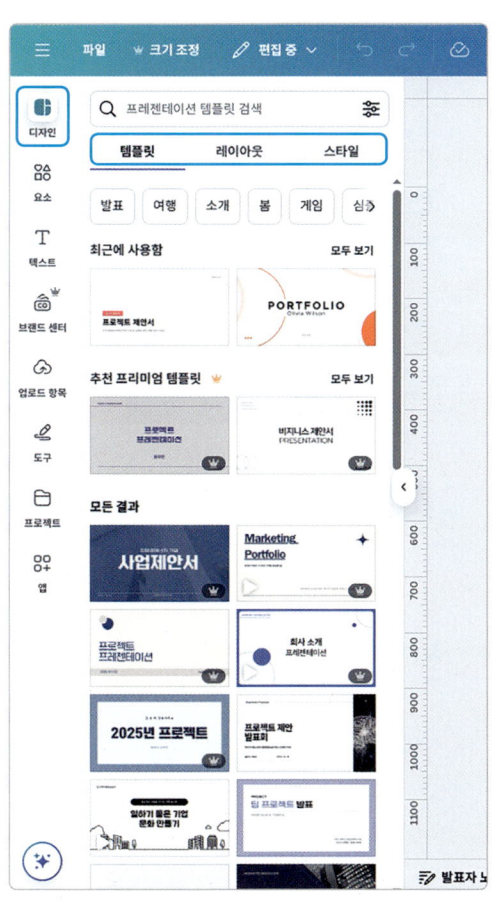

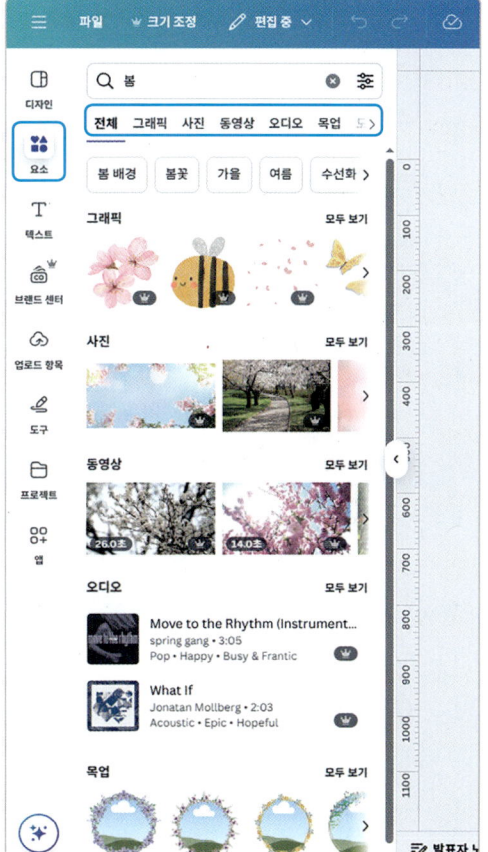

❸ 텍스트 : [텍스트 상자 추가]를 클릭하여 가장 기본 형태의 텍스트 상자를 추가할 수 있습니다. 이뿐만 아니라 제목이나 부제목, 본문 스타일의 텍스트 상자를 추가하여 글자를 입력할 수 있으며, 캔바에서 다양하게 만들어 둔 [글꼴 조합]을 선택하여 입력할 수 있습니다. 페이지 번호를 자동으로 입력해 주는 기능인 [동적 텍스트]도 사용할 수 있습니다.

❹ 브랜드 센터 : Pro 구독자만 사용 가능한 기능으로, 브랜드 디자인의 일관성을 유지하기 위해 대표 글꼴, 색상, 로고 등을 미리 등록해 두는 곳입니다.

❺ 업로드 항목: 내가 가지고 있는 이미지나 영상을 디자인에 삽입하기 위해 파일을 업로드하거나 이를 관리할 수 있는 곳입니다.

❻ 도구: 그리기 도구인 Draw, 도형, 선, 메모, 텍스트, 표를 빠르게 삽입하기 위한 메뉴들을 모아 놓은 곳입니다.

❼ 프로젝트: 홈 화면의 [프로젝트] 메뉴의 축소판으로, 캔바에서 작업했던 디자인이나 사용했던 이미지와 동영상을 모아 놓은 곳입니다.

❽ 앱: 캔바에서 제공하는 다양한 콘텐츠나 타사의 유용한 기능들을 연동해서 사용할 수 있도록 다양한 앱을 모아 놓은 곳입니다.

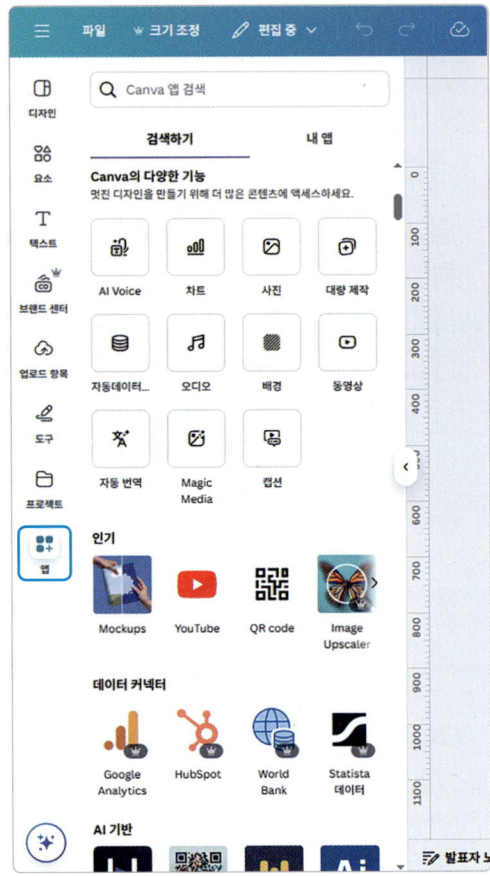

STEP 2

Canva

02 : POP 글씨와 예쁜 글씨, 쉽고 멋지게 디자인하기

우리 주변의 모든 것에는 특별한 이야기와 감정이 담겨 있습니다. 글씨는 그 이야기의 시작점이자, 우리의 생각을 시각적으로 표현하는 중요한 매개체입니다. 우리가 흔히 이용하는 식당이나 병원, 커피숍에 가면 '물은 셀프' '비타민 D의 효능' 'Take Out' 등 POP 글씨를 이용해서 포스팅 되어 있는 게시물을 많이 접했을 겁니다. 이런 POP 글씨를 힘들게 손으로 적지 않고 만들 수 있는 방법이 있는데요. 이 장에서는 캔바로 POP 글씨와 예쁜 글씨를 쉽고 멋지게 디자인하는 방법에 대해 알아 봅니다.

1. 캔바로 POP 글씨 디자인하는 방법

❶ 홈 화면에서 [만들기]를 클릭합니다. 인스타그램 게시물 POP를 제작하기 위해 [소셜 미디어]-[인스타그램 게시물(4:5)]를 선택합니다(POP 글씨 디자인은 온/오프라인으로 다양하게 활용될 수 있으므로 꼭 인스타그램 게시물 사이즈가 아니더라도 A4 사이즈, 유튜브 쇼츠 사이즈, 포스터 전단지 사이즈 등 필요한 사이즈를 선택하시면 됩니다).

> **TIP** **게시물 사이즈**
>
> SNS에 활용할 때, 인스타그램은 인스타그램 게시물(4:5) (1080×1350 px), 릴스와 쇼츠는 9:16 (1080×1920 px) 사이즈를 선택합니다. 블로그나 스레드, 페이스북은 1:1, 4:5 사이즈 둘 다 사용 가능합니다.

❷ 생성된 빈 페이지의 왼쪽 사이드 패널에서 [텍스트]-[텍스트 상자 추가]를 클릭합니다.

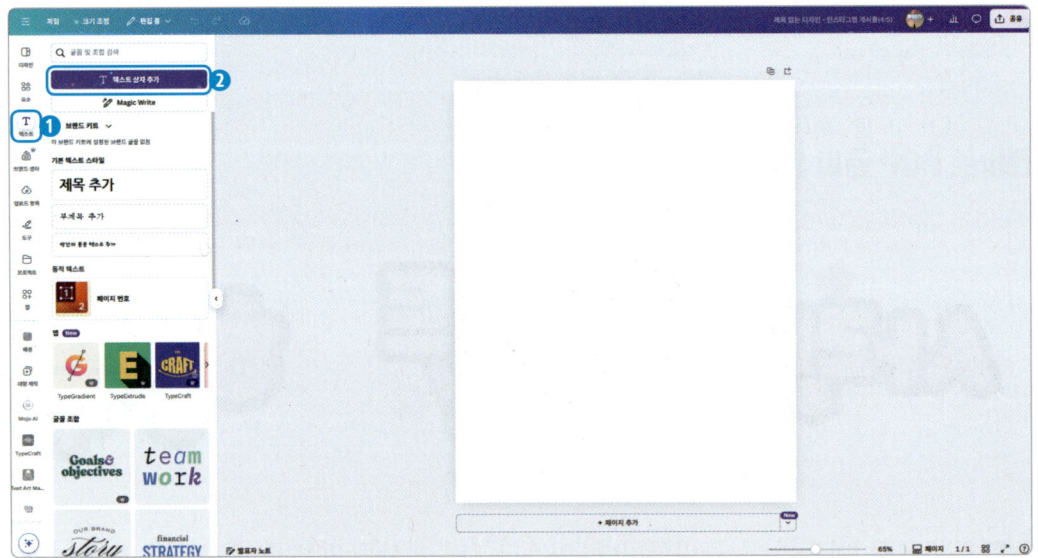

❸ '단락 텍스트'라는 텍스트 상자가 나타나면 상단 에디터 툴바에서 [글꼴] 메뉴를 클릭합니다.

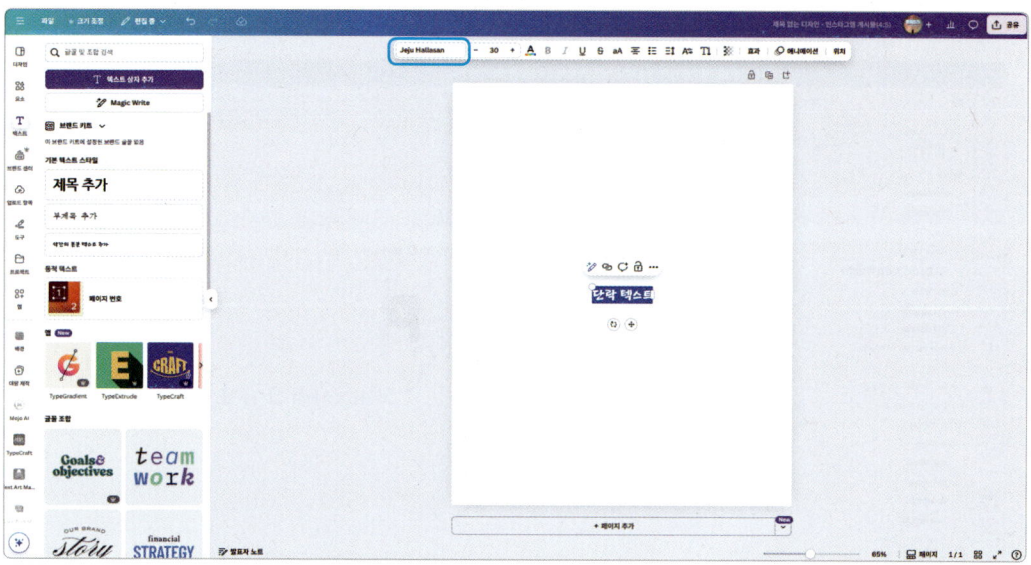

❹ 글꼴 검색창에 '클레이토이'를 입력한 후 검색 결과에서 '210 클레이토이'를 클릭합니다.

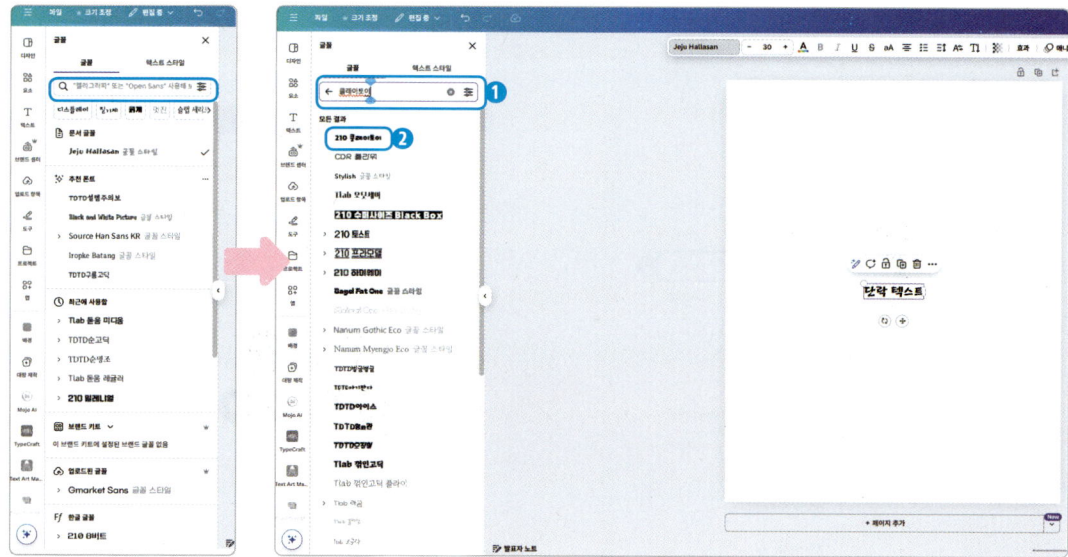

❺ 'POP 예쁜 글씨'를 만들기 위해 텍스트 상자를 클릭하고 대문자 'P'를 입력합니다. 그런 다음 텍스트 상자 모서리에 나타나는 동그라미 모양의 크기 조절 핸들을 드래그하여 글자 크기를 조절합니다.

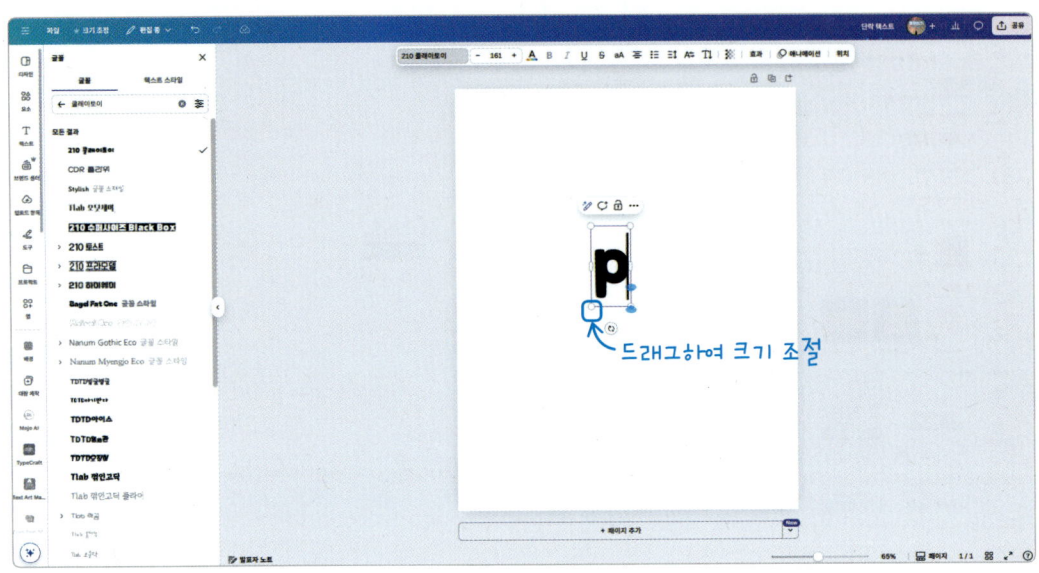

❻ 텍스트 상자 위에 나타나는 플로팅 툴바의 [⋯]-[복제]를 6번 클릭하여 텍스트를 복사한 후 각각의 위치를 조정합니다.

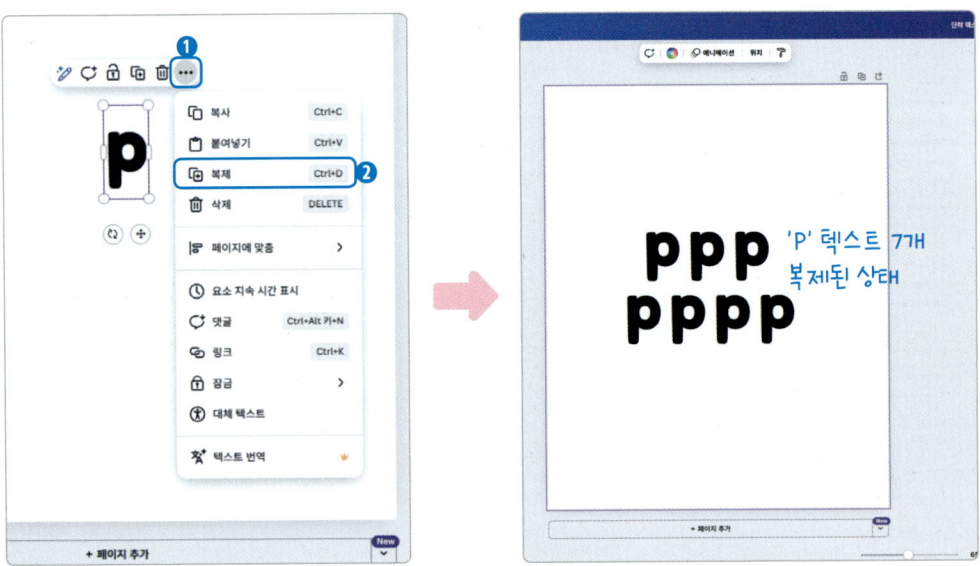

❼ 복제된 7개의 텍스트 상자에 각각 'P', 'O', 'P', '예', '쁜', '글', '씨'를 입력합니다.

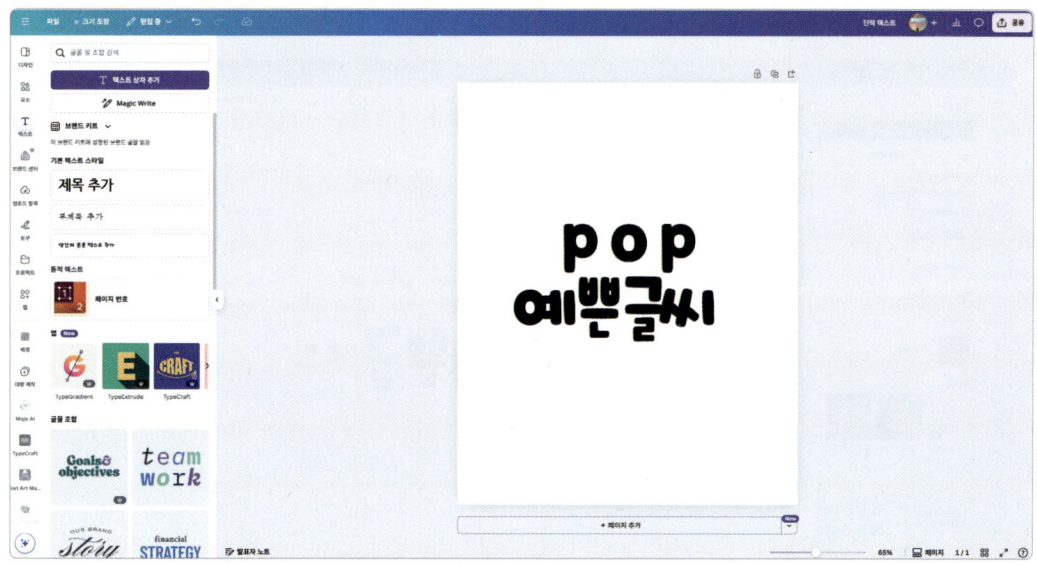

❽ 입력된 텍스트의 색상을 변경하기 위해 'P' 글자를 선택한 후 상단 에디터 툴바에서 [텍스트 색상]을 클릭합니다.

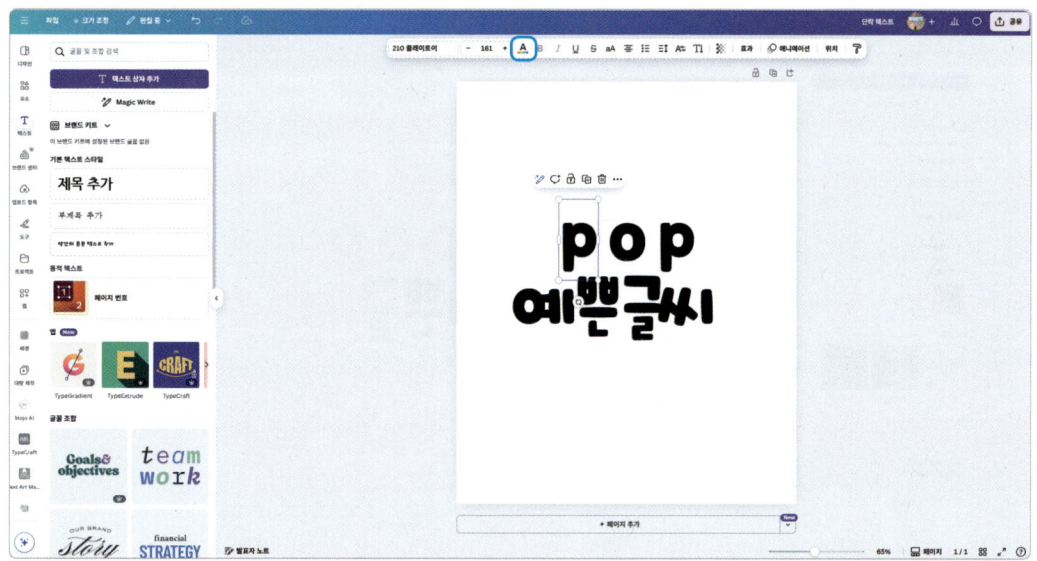

❾ 마음에 드는 색을 선택하여 색상을 변경합니다. 나머지 글자들도 원하는 색상으로 다양하게 변경합니다.

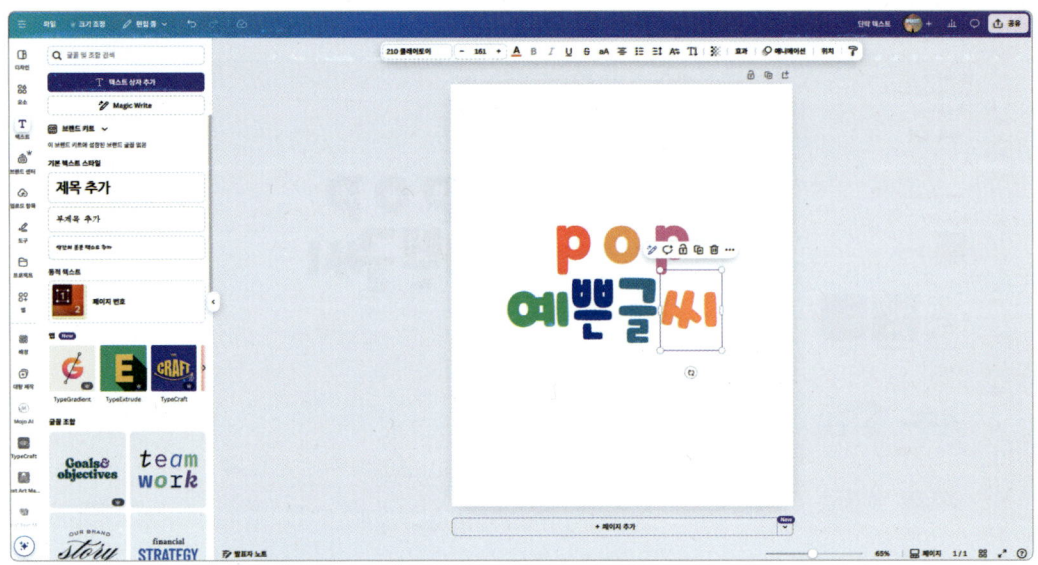

❿ 테두리를 넣기 위해 'P' 글자를 선택한 후 상단 에디터 툴바에서 [효과]를 클릭합니다.

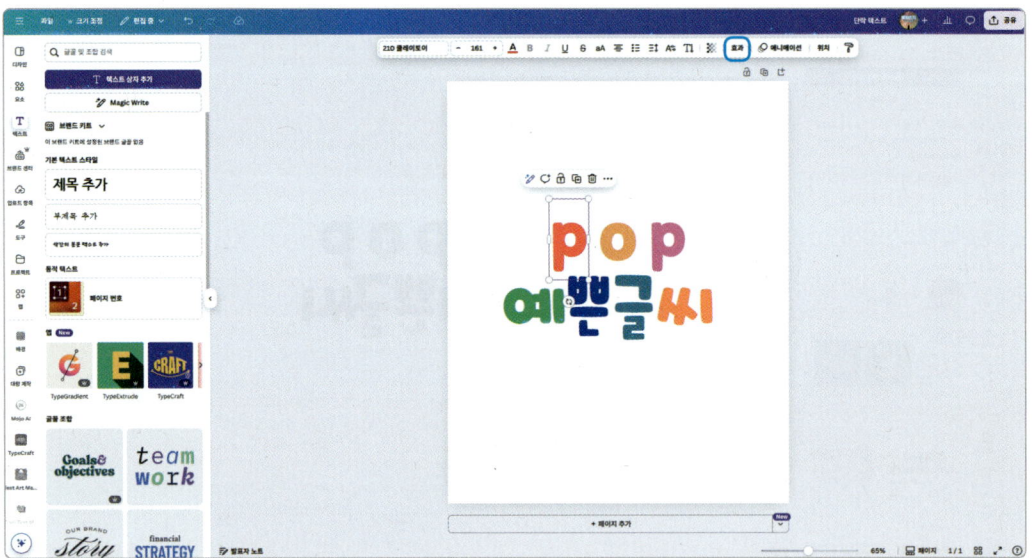

⓫ [효과]에서 [테두리]를 클릭하고 테두리 색을 '검정색'으로 선택한 후 [두께]를 '120~125' 사이즈로 조절합니다.

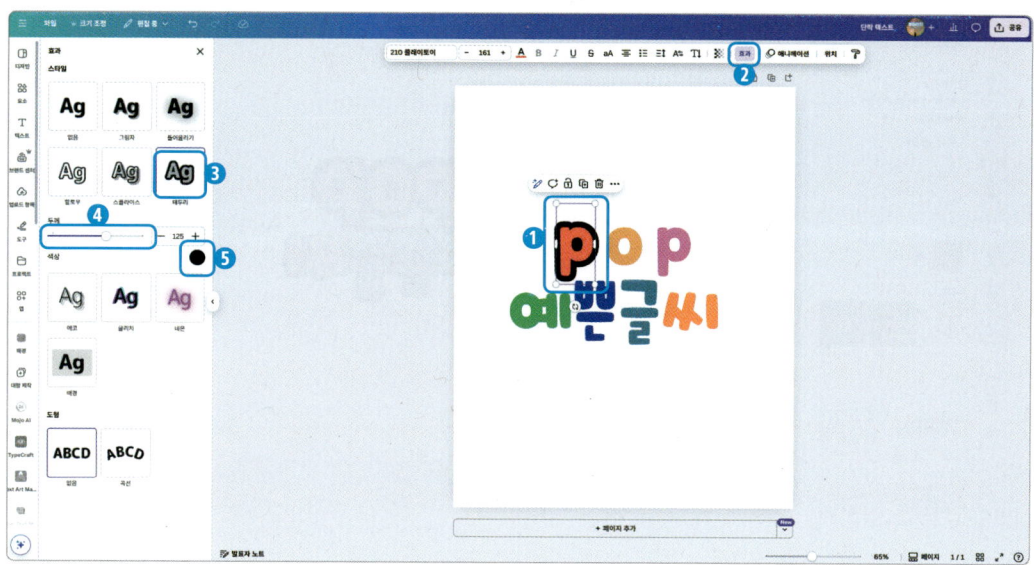

⓬ 나머지 글자들도 같은 방법으로 테두리 색상과 두께를 변경합니다.

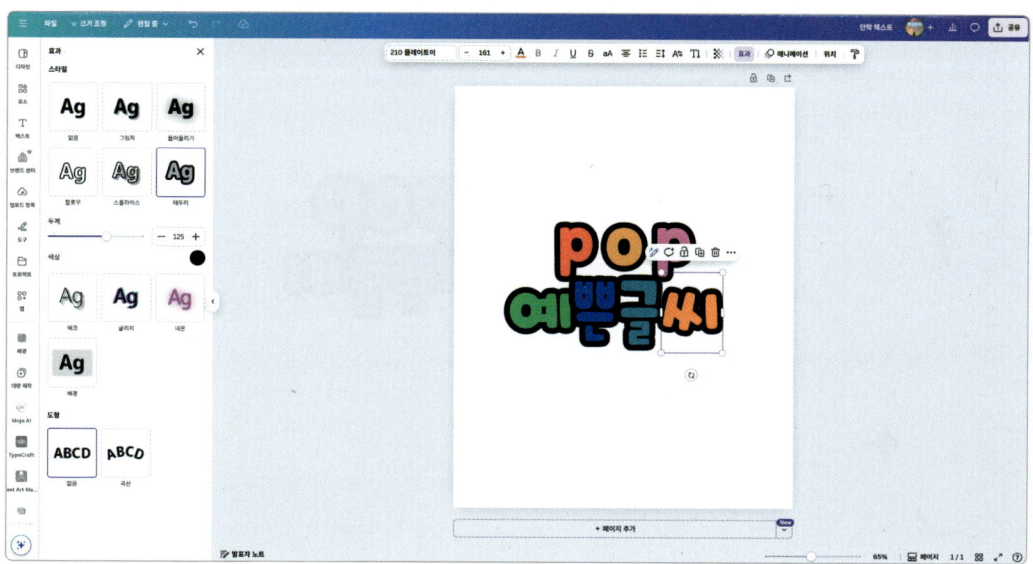

⓭ 각각의 글자를 드래그하여 적절한 위치에 배치합니다.

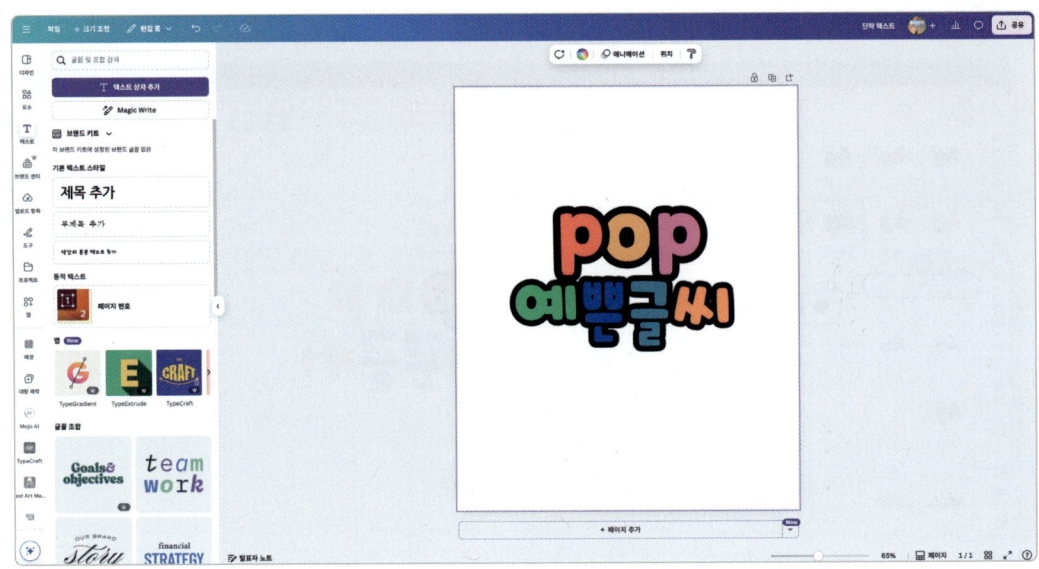

⓮ 글자에 입체감을 주기 위해 왼쪽 사이드 패널의 [요소]를 클릭한 후 검색창에 '빛'을 입력합니다.

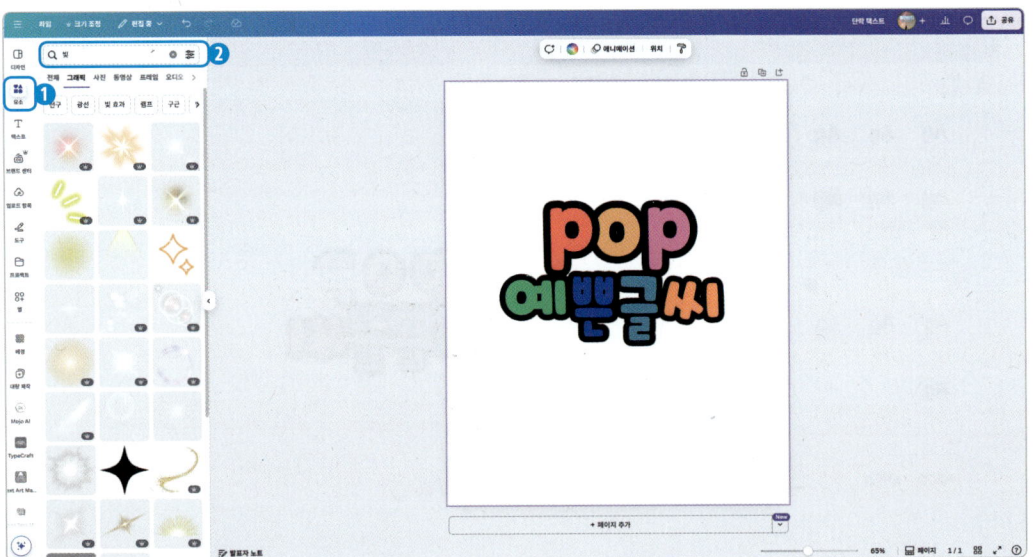

여기서 잠깐!

캔바에서 [요소] 메뉴를 잘 활용하기 위해서는 키워드가 가장 중요합니다. 원하는 요소를 찾기 위해 '빛', '빛 반사', '점' 등 다양한 키워드를 검색해 보면 좋습니다.

❺ 검색창 아래 카테고리에서 [그래픽]을 선택한 후 마음에 드는 이미지를 클릭하여 글자 위에 배치합니다.

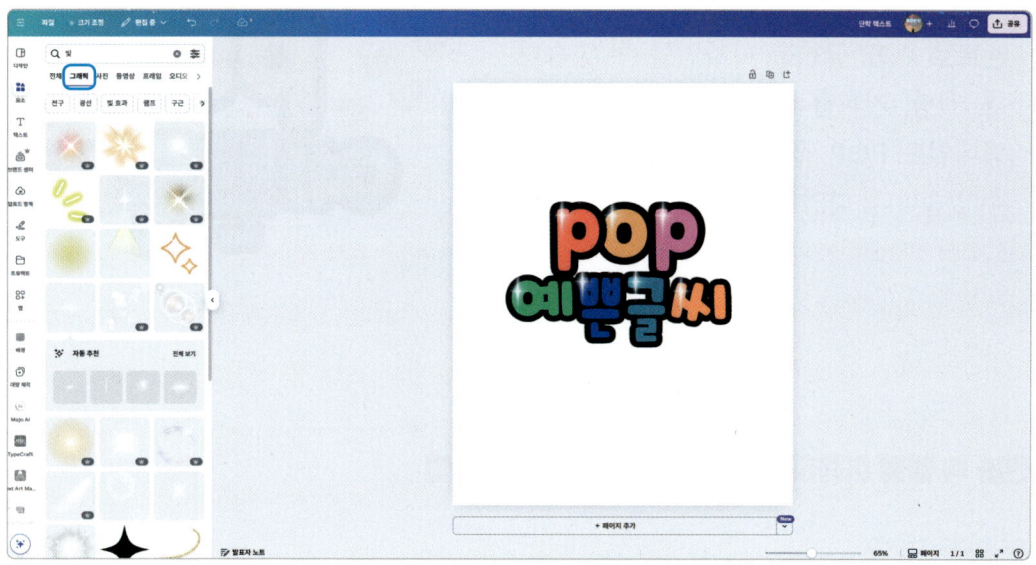

❻ 좀 더 풍성한 POP 예쁜 글씨를 만들기 위해 왼쪽 사이드 패널의 [요소] 메뉴에서 '하트', '폭죽' 등을 검색하여 다양한 요소로 글자 주변을 꾸밉니다.

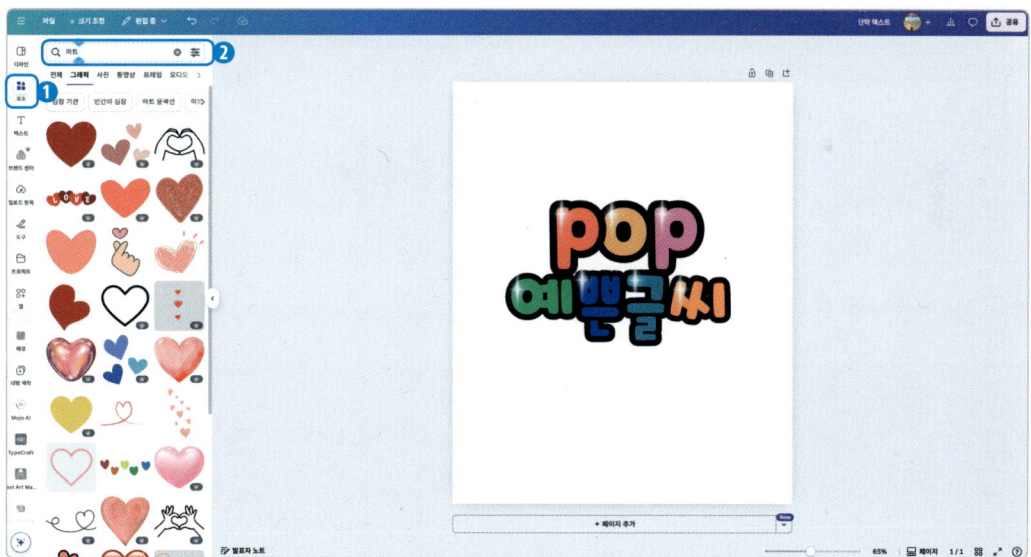

❶ 완성된 POP 글씨입니다. '클레이토이' 글꼴뿐만 아니라 'TDTD피오피캘리', 'BagelFat One', Gasoek One' 등 다양한 폰트로 POP 글씨를 디자인할 수 있습니다. 식당, 커피숍 메뉴판, 포스터, SNS의 썸네일도 POP 글씨로 디자인하여 만들 수 있습니다. 다양하게 활용해 봅니다.

2. 캔바 속 앱을 이용하여 예쁜 글씨 디자인하는 방법

KebabLetters

'KebabLetters'는 케밥 모양으로 글자를 생성할 수 있는 앱입니다.

❶ 왼쪽 사이드 패널에서 [앱] 클릭 후 검색창에서 'KebabLetters'을 검색하고 해당 앱을 클릭합니다.

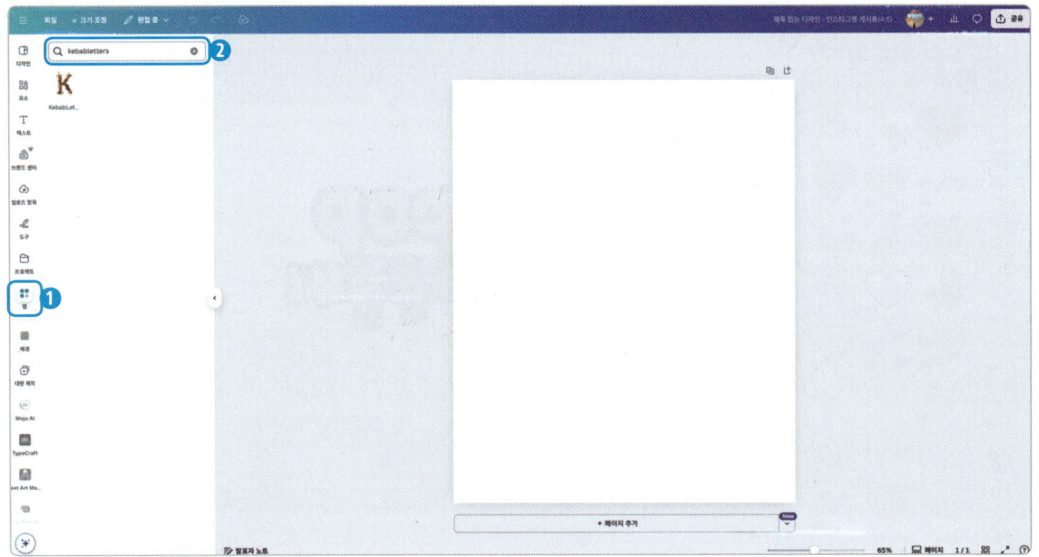

❷ [Text] 부분에 생성하려는 'canva' 텍스트를 입력합니다(한글은 지원이 되지 않으니 영어 키워드 입력하시길 바랍니다).

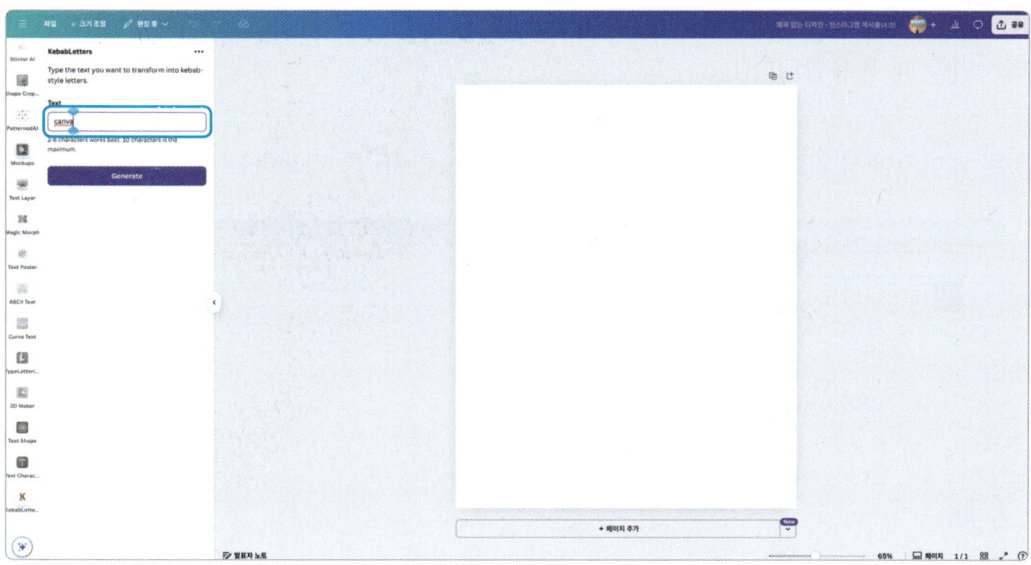

❸ [Generate]를 클릭하여 빈페이지에 케밥 모양의 텍스트를 생성합니다('KebabLetters' 앱은 캔바에서 1일 3번 텍스트를 생성할 수 있습니다. 더 많은 양의 KebabLetters를 생성하고 싶을 때는 해당 앱을 유료로 사용하여야 합니다).

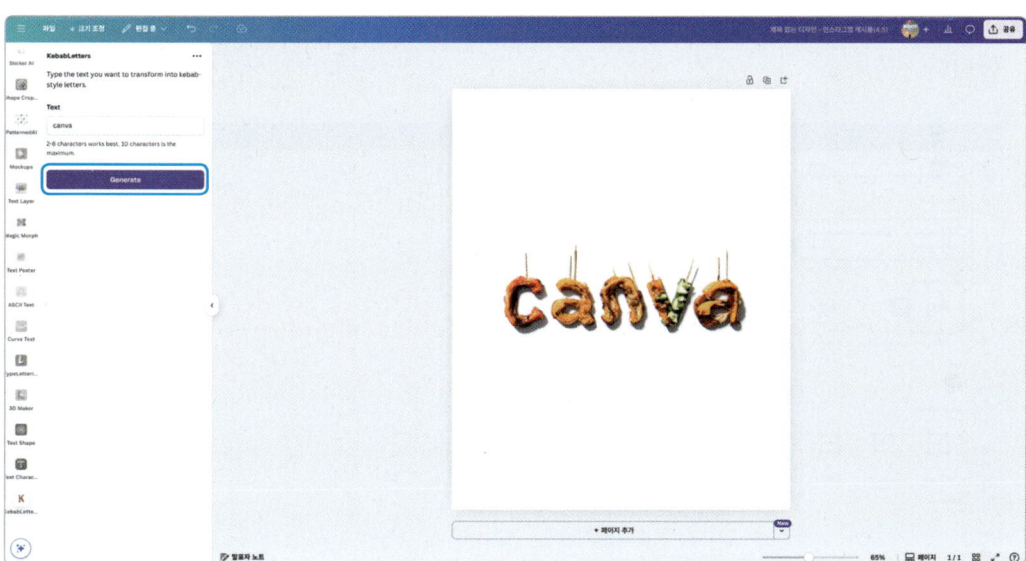

TypeCraft

'TypeCraft'는 키워드를 적고 크기 조절 핸들을 이용하여 자유자재로 글자의 크기와 모양을 변경하여 디자인하는 앱입니다. 아직 한글은 지원이 되지 않아서 영문 키워드를 이용하여 글자를 디자인할 때 유용합니다(Pro 구독자 전용).

❶ 빈 페이지에서 왼쪽 사이드 패널의 [앱]에서 'TypeCraft'를 검색하고 해당 앱을 클릭합니다.

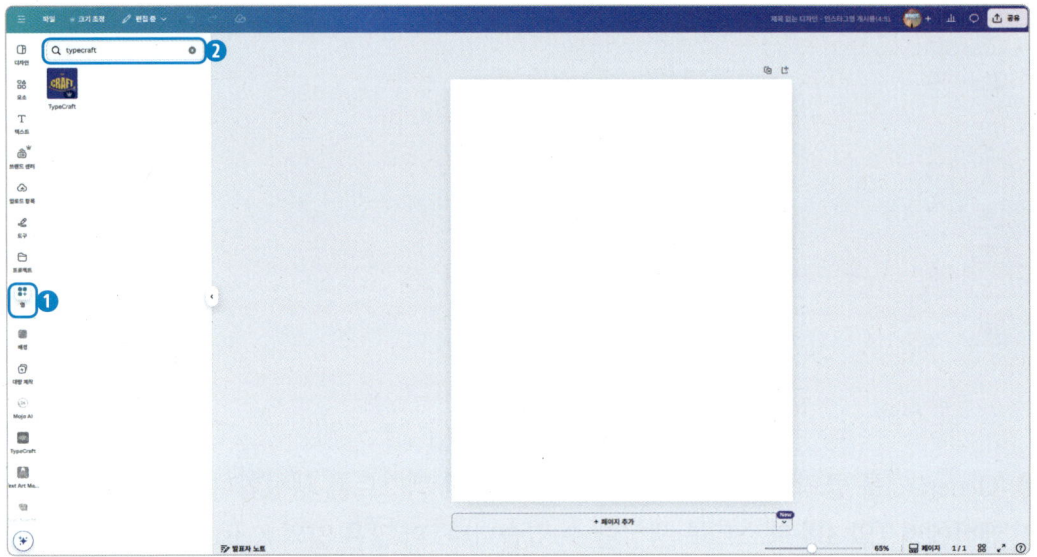

❷ [Text] 부분에 키워드를 적습니다. [Font]를 선택합니다. [Style] 세 가지 중 한 가지를 선택합니다.

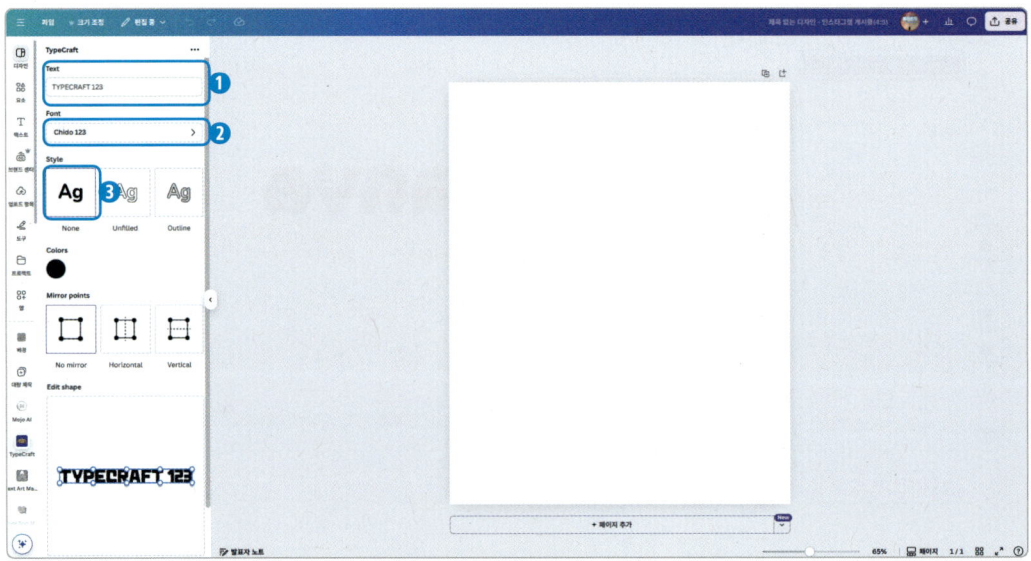

❸ [Colors]에서는 색상을 선택할 수 있고, [Mirror Points]를 통해 글자를 조정하는 포인트의 위치를 변경할 수 있습니다. [Edits shape]에서는 점을 드래그하여 텍스트를 원하는 모양으로 구부리거나 왜곡할 수 있습니다. 텍스트 꾸미기가 완료되면 [Add element to design]을 클릭하여 페이지에 삽입합니다.

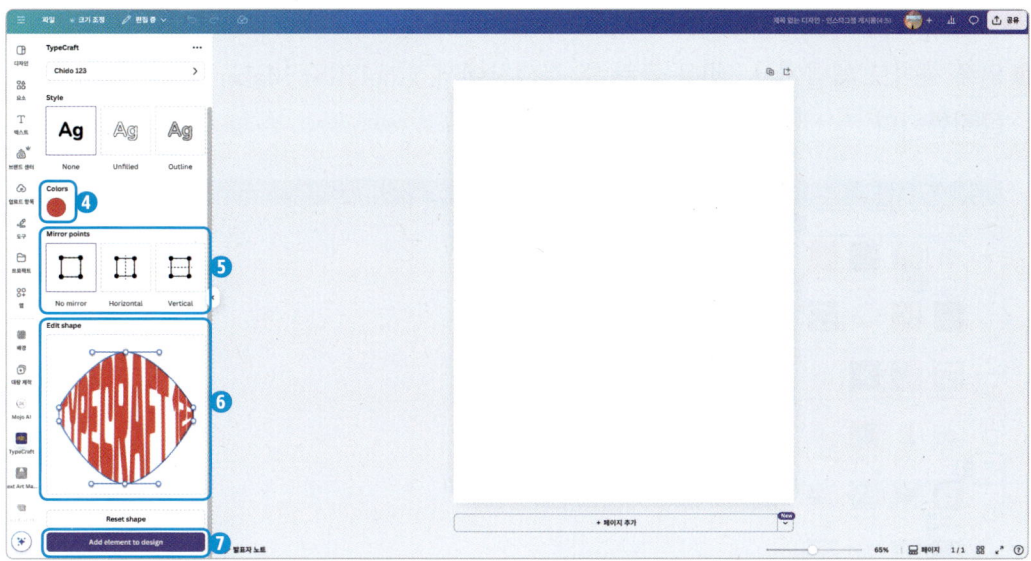

❹ 페이지에 삽입된 텍스트를 수정하려면 왼쪽 메뉴에서 원하는 부분을 변경한 후 [Update element]를 클릭합니다.

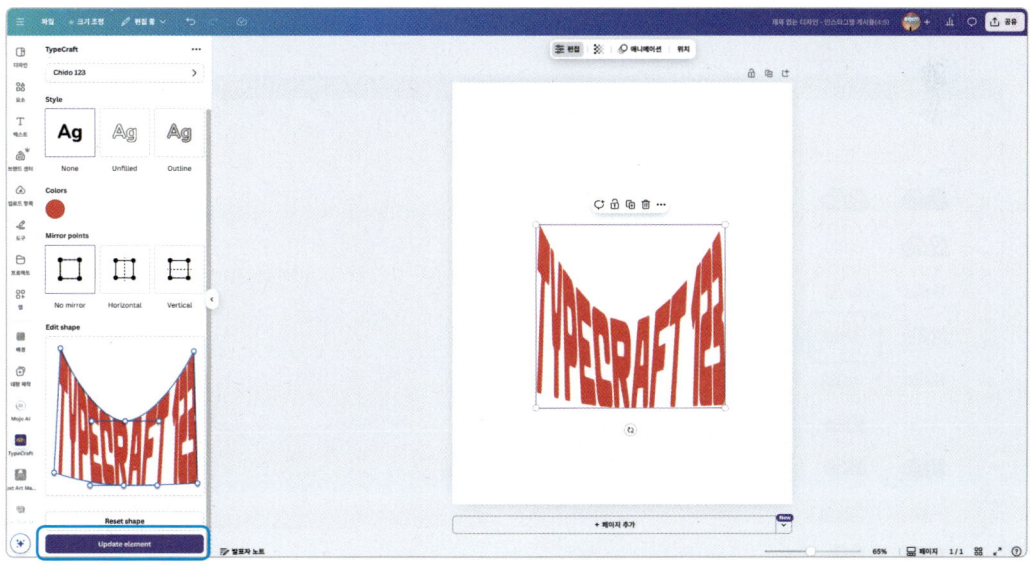

Cool Text Maker

'Cool Text Maker' 앱은 수십 개의 효과와 글꼴을 이용해서 다양한 글자 템플릿이 만들어져 있는 텍스트 앱입니다. 아래와 같이 원하는 스타일을 클릭하면 편집 페이지가 나오는데 텍스트와 글꼴, 색상 등을 변경하여 활용하시면 좋습니다.

❶ 왼쪽 사이드 패널에서 [앱]을 클릭 후 검색창에서 'Cool Text Maker'를 검색하고 해당 앱을 클릭합니다.

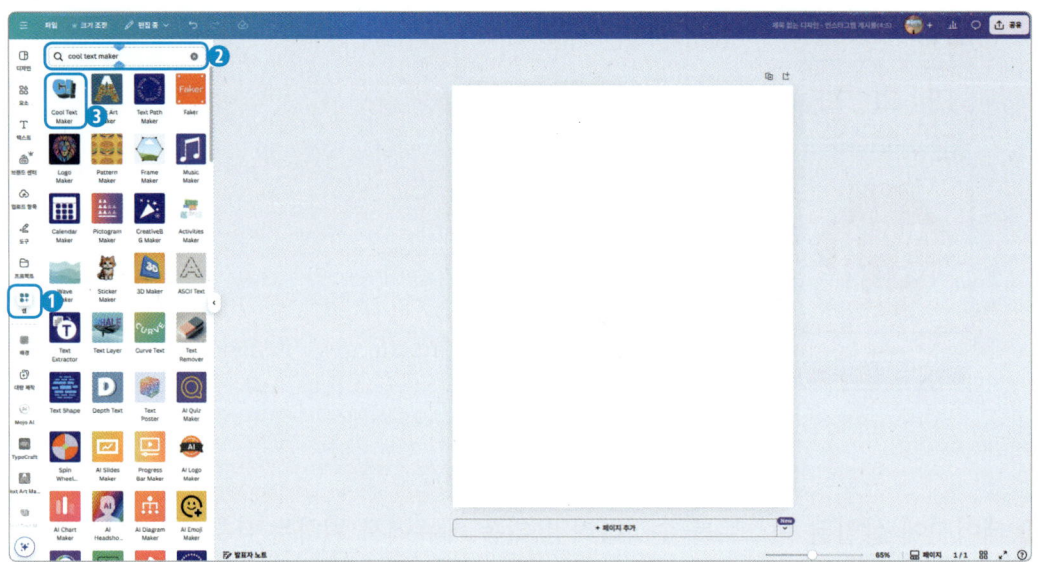

❷ 샘플 글자 모양들 중에서 원하는 디자인을 선택합니다.

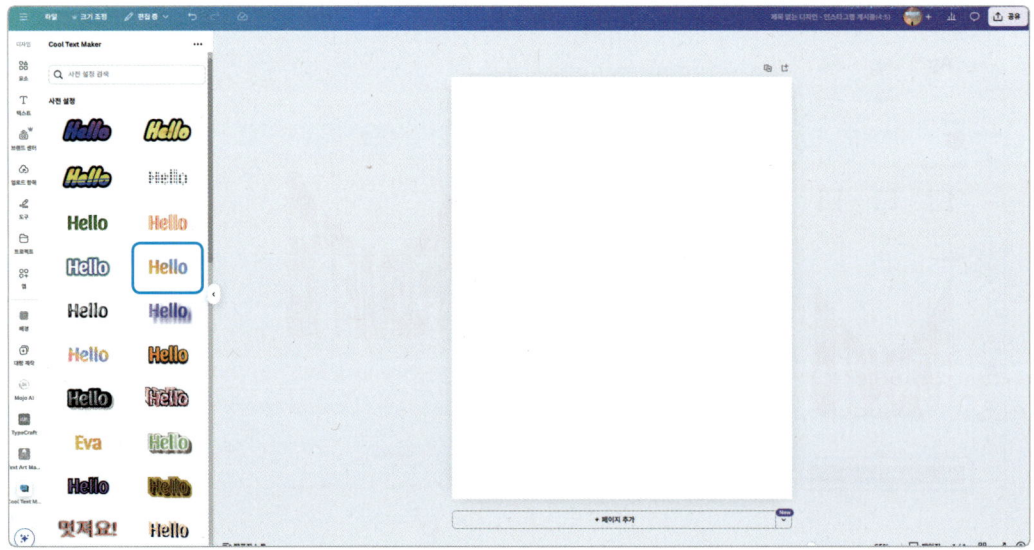

❸ [텍스트]에 단어를 입력한 후 [글꼴], [색상] 메뉴를 이용하여 텍스트를 꾸미고 [디자인에 추가를 클릭합니다.

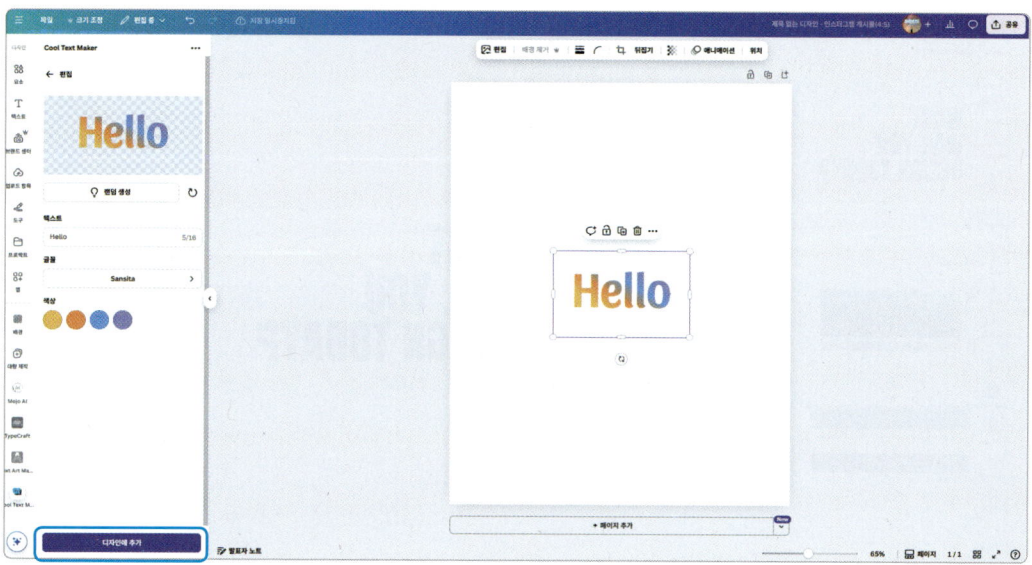

TypeGradient

'TypeGradient' 앱은 문장이나 키워드에 그라데이션 효과를 적용할 수 있는 텍스트 앱입니다. 글꼴과 색상 조정을 통해 다양한 그라데이션 효과를 만들 수 있습니다. (Pro 구독자 전용)

❶ 왼쪽 사이드 패널에서 [앱]을 클릭 후 검색창에서 'TypeGradient'을 검색하고 해당 앱을 클릭합니다.

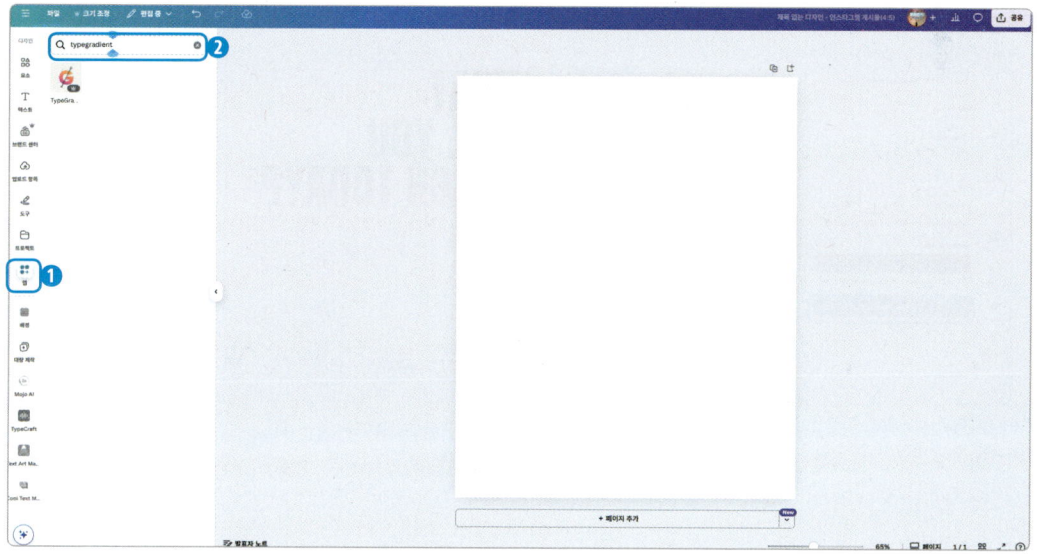

❷ [Main Text]에 원하는 문장이나 키워드를 입력하고 [Font], [Gradient colors] 등을 조절한 후 [Add to design]을 클릭하여 그라데이션 효과가 적용된 글씨를 디자인에 추가합니다.

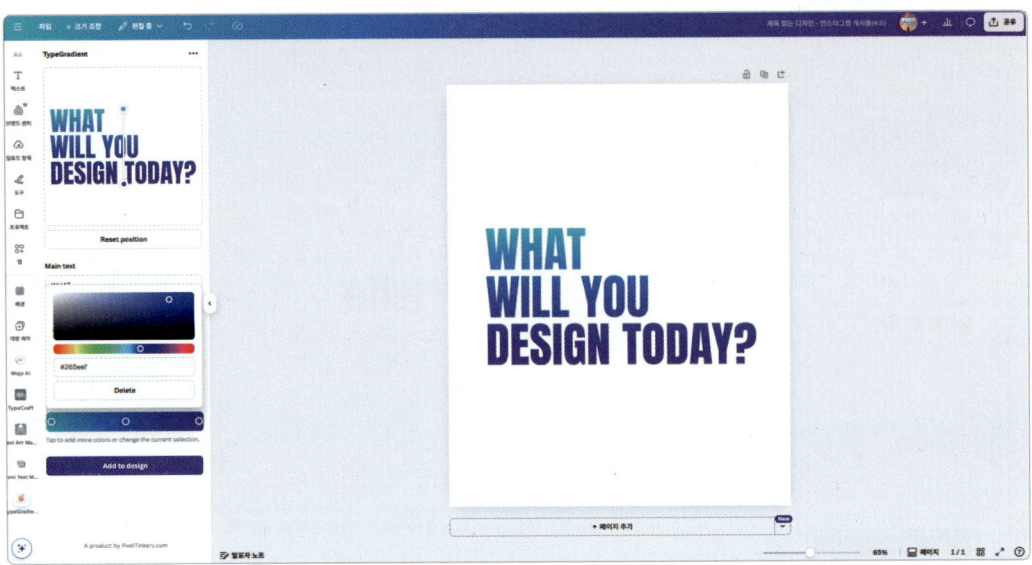

❸ 페이지에 삽입된 텍스트를 수정하려면 왼쪽 메뉴에서 원하는 부분을 변경한 후 [Update element]를 클릭합니다.

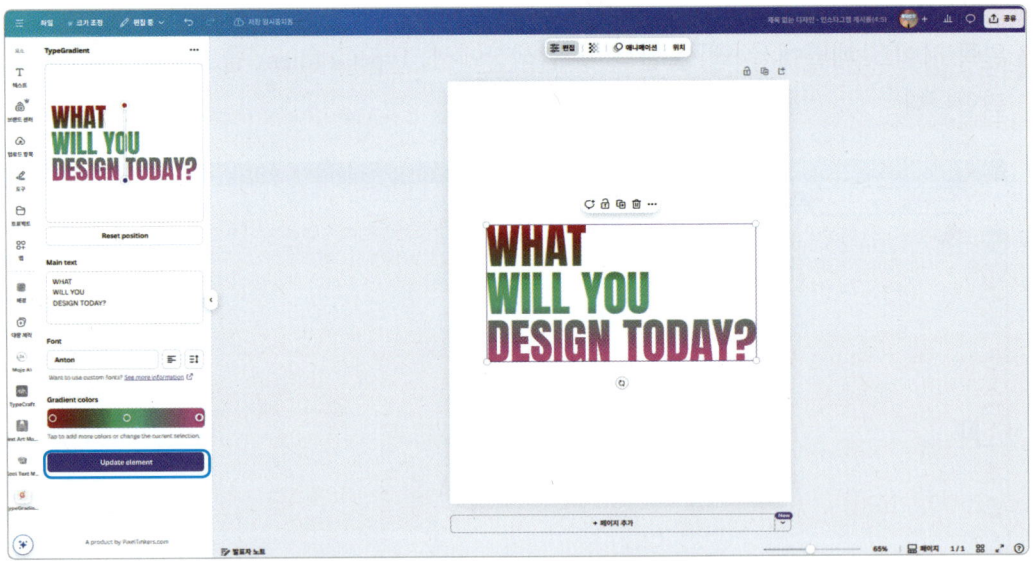

TextArt

'TextArt'는 글자 모양을 묘사할 수 있는 키워드를 넣으면 묘사한 모양의 글씨를 생성해 주는 텍스트 앱입니다.

❶ 왼쪽 사이드 패널에서 [앱]을 클릭 후 검색창에서 'TextArt'을 검색하고 해당 앱을 클릭합니다.

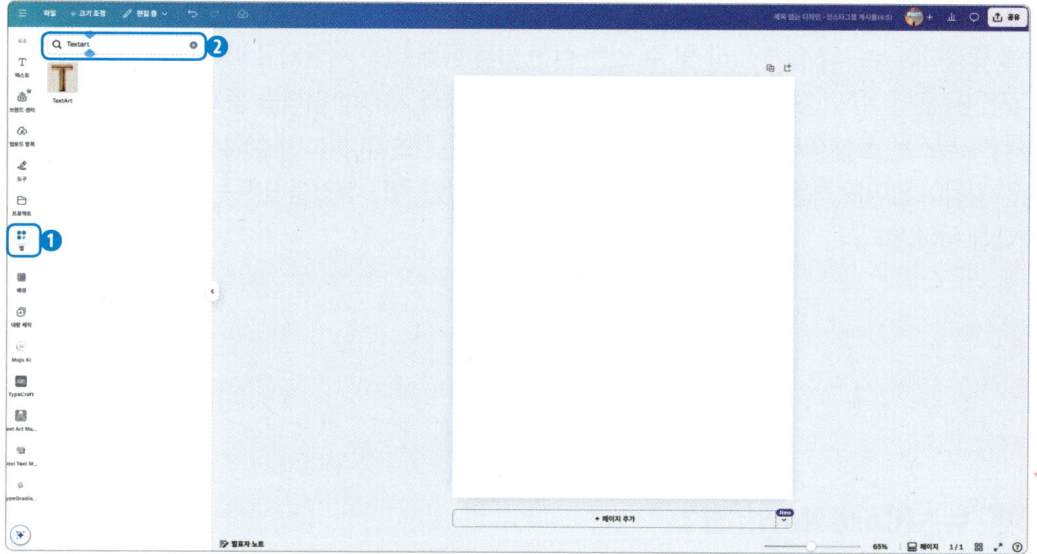

❷ [Text]에 원하는 키워드를 입력하고, [Art description]에 'bread'를 적은 후 [Generate]를 클릭하여 '빵' 모양으로 디자인된 글씨를 생성합니다(빵모양이 아닌 다른 모양의 디자인을 원하실 경우 'bread' 대신 다른 묘사할 단어를 적으시면 됩니다).

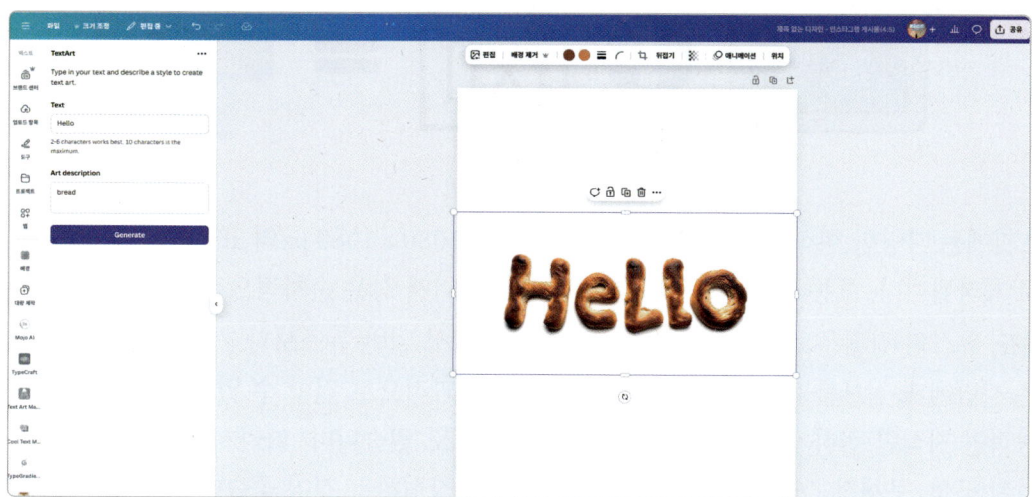

03 : 한 끗 차이로 멋스러운 카드 뉴스 만들기

STEP 3 Canva

캔바를 활용하여 누구나 쉽게 따라 할 수 있는 실전 팁을 통해 더욱 세련되고 매력적인 디자인을 만들 수 있습니다. 특히 정보의 효과적인 전달과 시각적 매력을 동시에 갖춘 카드 뉴스는 소셜 미디어에서 주목도를 높이는 핵심 콘텐츠입니다. 이 장에서는 디자인 감각이 없어도 작은 차이로 눈길을 사로잡는 감각적인 카드 뉴스를 만드는 방법에 대해 알아 봅니다.

1. 카드 뉴스(Card News)란?

카드 뉴스란, 주요 이슈나 뉴스를 이미지와 간략한 텍스트로 재구성하여 보기 쉽게 카드 형식으로 디자인한 '시각적 콘텐츠'를 말합니다.

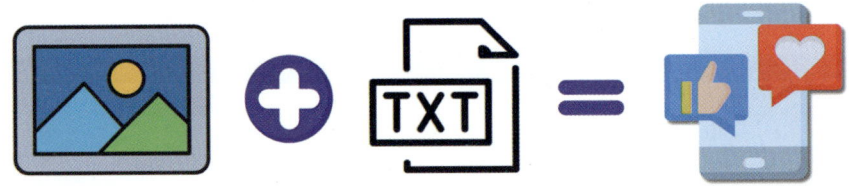

초기에는 다양한 형식으로 제작되었으나, 현재는 1080×1080 px의 표준 규격과 정해진 방식으로 제작됩니다. 보통 첫 장은 표지 역할을 하며, 나머지 장은 순차적으로 내용을 이어갑니다.

카드 뉴스의 장점은 소셜 네트워크 서비스(SNS)에서 일반 뉴스보다 가독성과 전파력이 높아 많은 사람에게 정보를 빠르게 전달하고 메시지를 효과적으로 전할 수 있다는 점입니다. 하지만 단편적인 지식만 접하게 되거나 정보가 왜곡될 위험도 있습니다. 따라서 작업 전에 내용 구상, 페이지 구성, 구체적 스케치를 포함한 스토리보드를 작성하는 것이 좋습니다.

2. 카드 뉴스 만들기

꽃 요소로 분위기를 더하는 감성 카드 뉴스

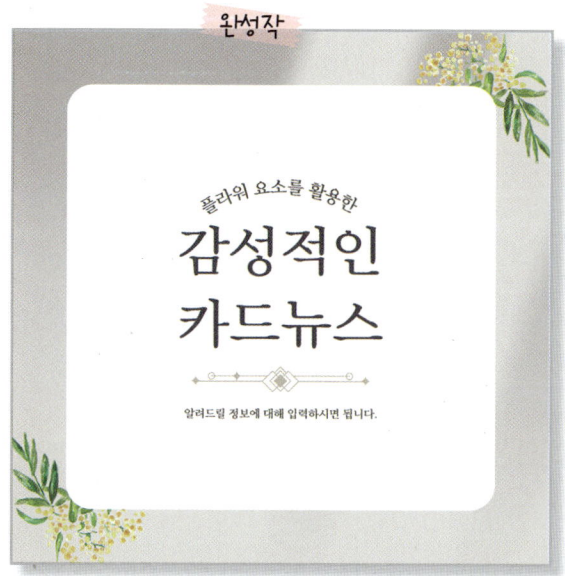

❶ 캔바 홈 화면에서 [만들기]를 클릭한 후 [소셜 미디어]-[Instagram]-[인스타그램 게시물(정사각형)]을 클릭합니다.

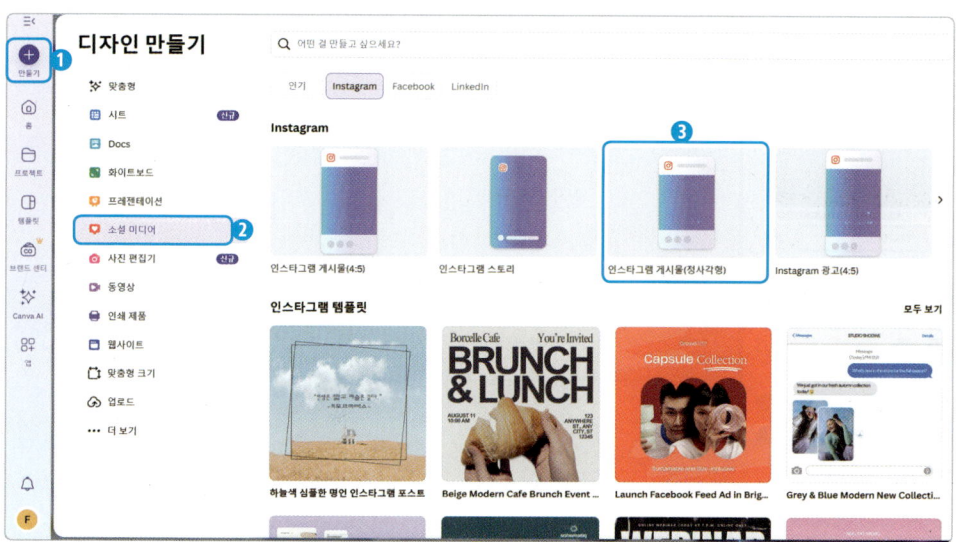

❷ 페이지 배경 색을 변경하기 위해 상단의 에디터 툴바에서 [배경 색상]을 클릭합니다.

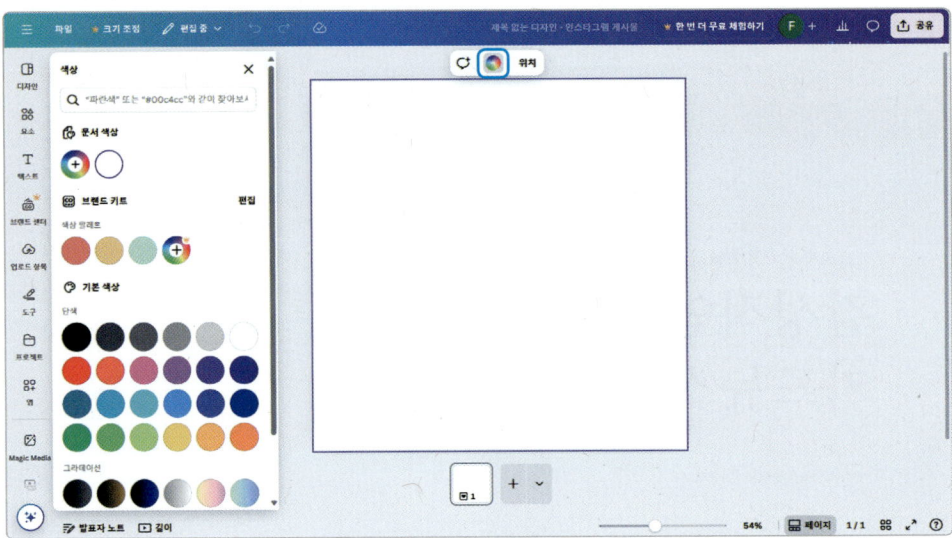

❸ [문서 색상]에서 [새로운 색상 추가]를 클릭하여 아주 연한 베이지 색상 '#E8E5E0'으로 변경합니다.

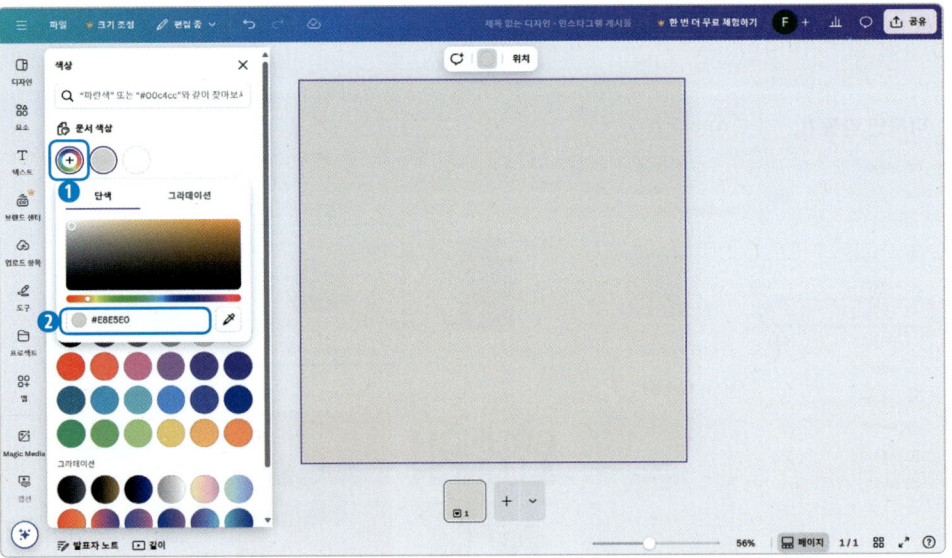

❹ 사이드 패널의 [요소]에서 'Window shadow' 검색한 후, [그래픽]에서 그림자 요소 하나를 클릭합니다.

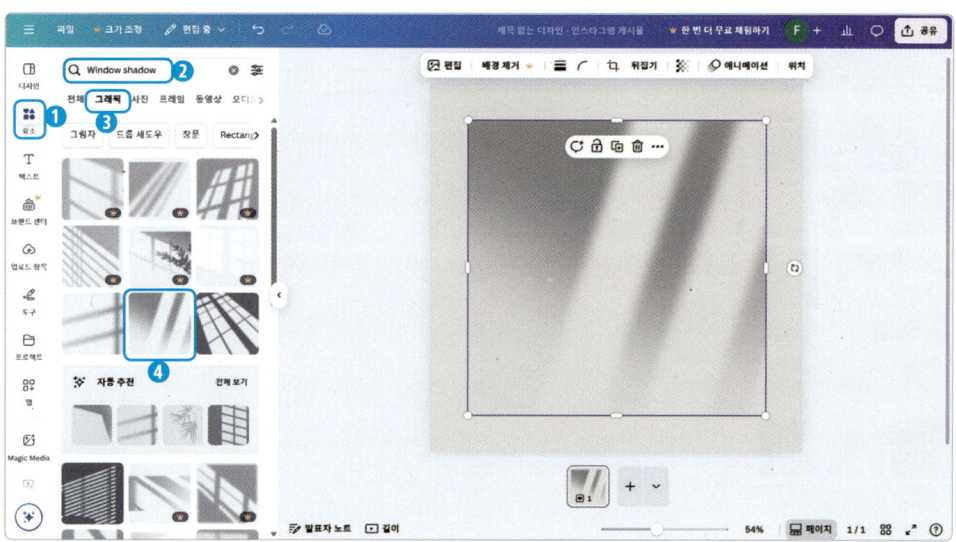

❺ 그림자 요소 클릭 후, 마우스 오른쪽 버튼을 눌러 [배경 교체]를 클릭합니다.

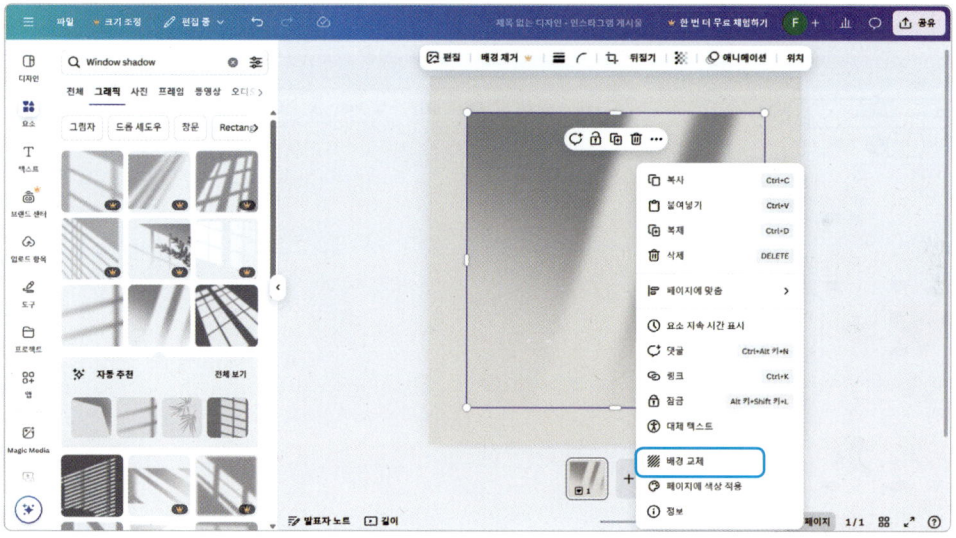

❻ 그림자 요소를 클릭한 후, 상단의 에디터 툴바에서 [투명도]를 '46'으로 설정해 줍니다.

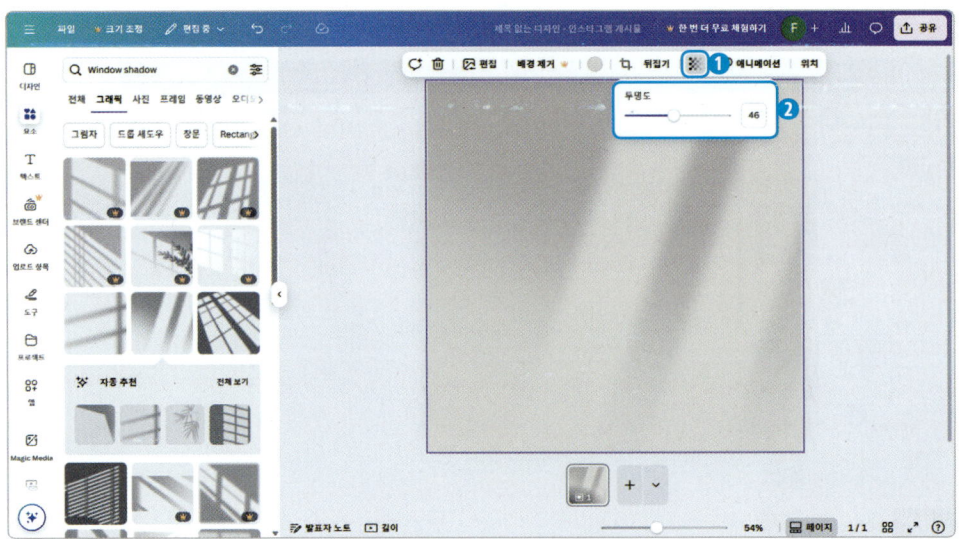

❼ 사이드 패널의 [요소]를 클릭한 후 검색창에 'Watercolor flower'를 검색합니다. [그래픽]에서 원하는 꽃 요소를 선택한 다음 모서리의 크기 조절 핸들을 이용하여 크기를 줄인 후 오른쪽 모서리로 이동합니다.

TIP	감성적인 느낌의 '꽃 요소' 추천 검색어
	'Dried flower', 'Vintage flower'

❽ 요소를 복사하기 위해 꽃 이미지를 선택하면 나타나는 플로팅 툴바에서 [복제]를 클릭합니다.

❾ 에디터 툴바의 [뒤집기]를 클릭하여 [수평 뒤집기], [수직 뒤집기]를 차례로 클릭한 후 왼쪽 아래 모서리로 이동합니다.

❿ 사이드 패널의 [요소] 검색창에서 'Watercolor flower' 검색어를 삭제합니다. 그런 다음 [도형]에서 둥근 모서리 사각형을 선택합니다.

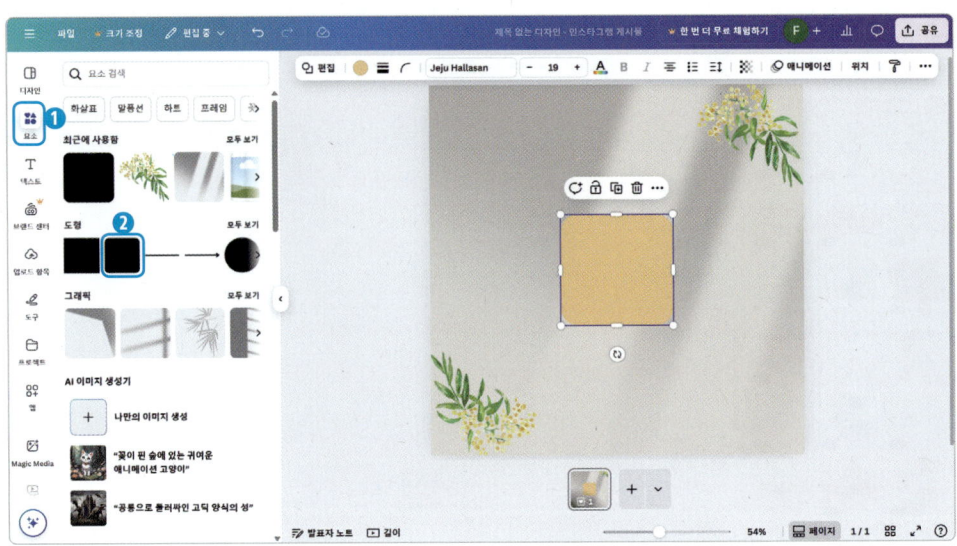

⓫ 가져온 둥근 모서리 사각형을 클릭한 후, 상단의 에디터 툴바에서 [색상]-[새로운 색상 추가]를 클릭하여 [색상코드 입력창]에 '#FFFCF9'을 입력해 색상을 변경합니다.

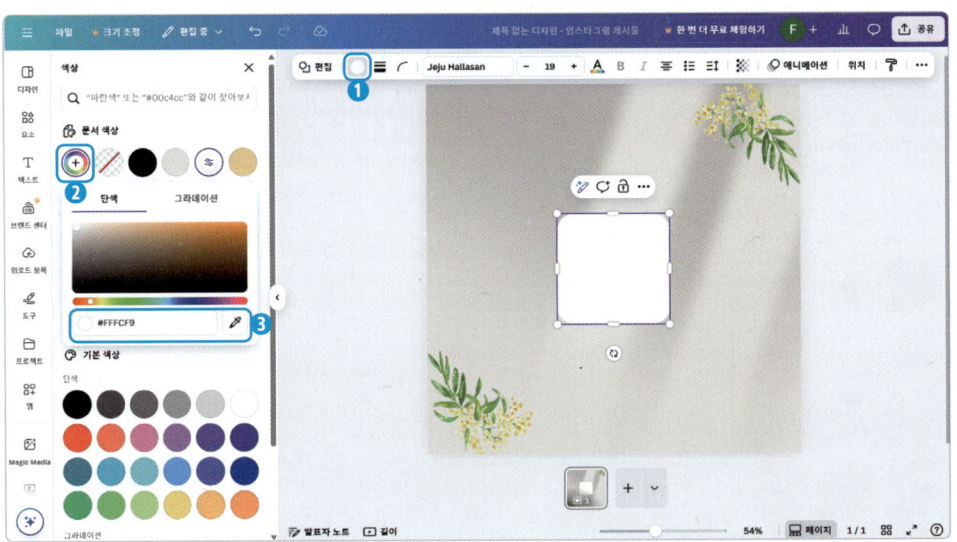

⑫ 둥근 모서리 사각형을 선택하면 네 모서리에 나타나는 원형 '크기 조절 핸들'을 드래그하여 크기를 조절할 수 있습니다. 또는 상단 에디터 툴바의 [위치]-[정렬]-[페이지에 맞춤]에서 [가운데], [가운데]를 클릭하여 위치를 맞추고, [고급]에서 [너비]와 [높이]에 각각 '852'px을 입력하여 정확한 크기로 조정합니다.

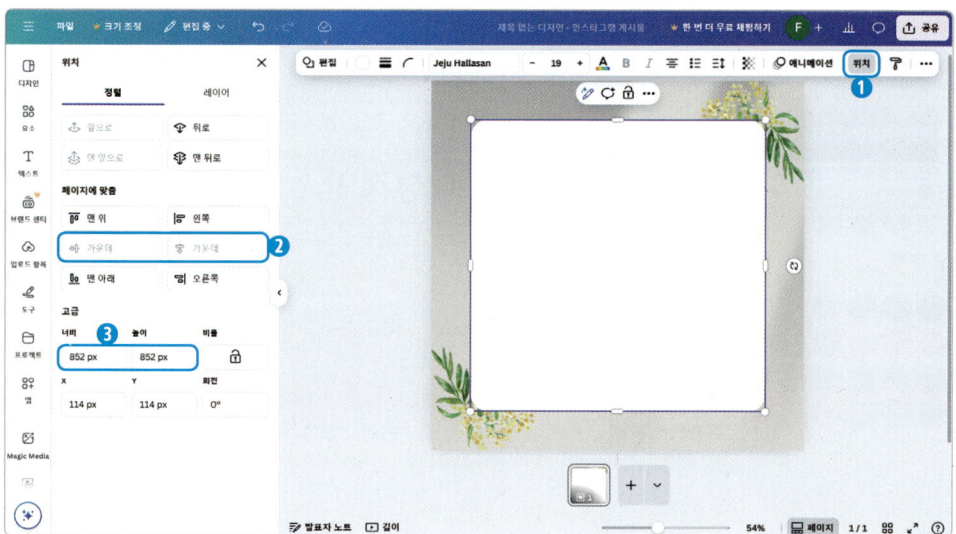

⑬ 사이드 패널에서 [텍스트]를 클릭하고 [텍스트 상자 추가]를 클릭합니다.

step 3 | 한 끗 차이로 멋스러운 카드 뉴스 만들기 ● 47

⓮ 텍스트 상자를 더블클릭하여 '감성적인 카드뉴스'로 수정합니다. 그런 다음 에디터 툴바에서 [글꼴]은 '윤명조', [크기]는 '78.4', [색상]은 '#545454'로 변경합니다.

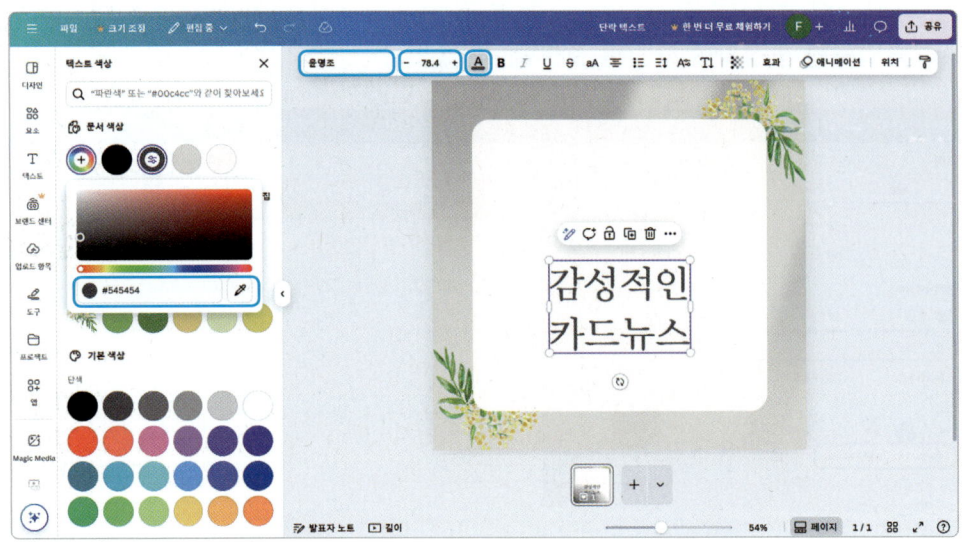

⓯ 텍스트를 가운데 정렬하기 위해 에디터 툴바에서 [위치]를 클릭하고 [정렬]탭에서 [페이지에 맞춤]에서 [가운데]를 선택합니다.

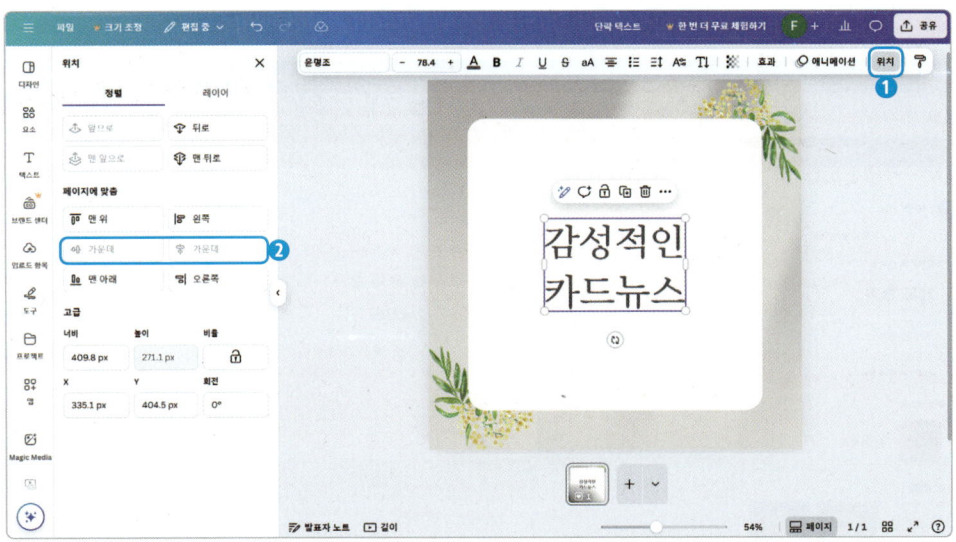

⑯ [텍스트]-[텍스트 상자 추가]를 클릭하여 '플라워 요소를 활용한' 텍스트를 입력합니다. 제목 위로 위치를 이동한 후 에디터 툴바에서 글자 크기를 '26'으로 변경합니다.

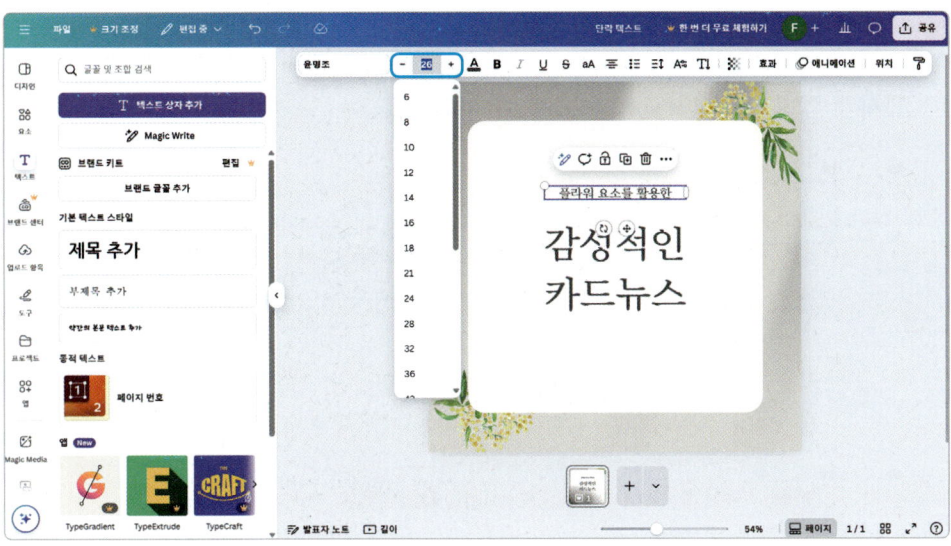

⑰ 에디터 툴바의 [효과]를 클릭한 다음 [도형]에서 [곡선]을 선택합니다. 둥글기를 조정하기 위해 [곡선]의 슬라이더를 드래그하거나 값을 입력해 모서리를 원하는 만큼 둥글게 만듭니다.

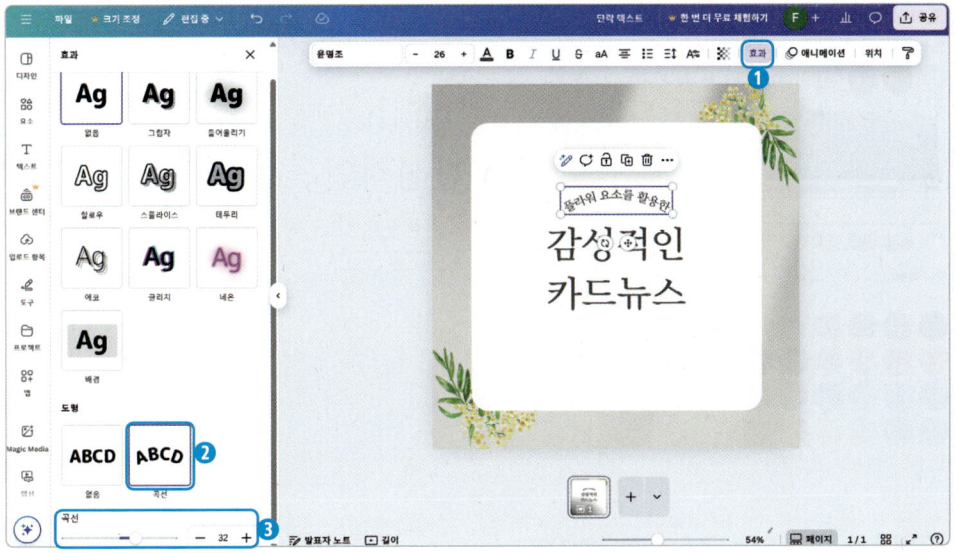

⓲ 포인트를 주기 위해 사이드 패널의 [요소]에서 'Line deco'를 검색한 후, [그래픽]에서 원하는 요소를 클릭합니다.

⓳ 에디터 툴바의 [색상]에서 라인 요소의 색상을 '#CEC4AE'로 변경하고, 크기조절 핸들로 크기를 조절하여 '감성적인 카드뉴스' 글자 하단에 배치합니다.

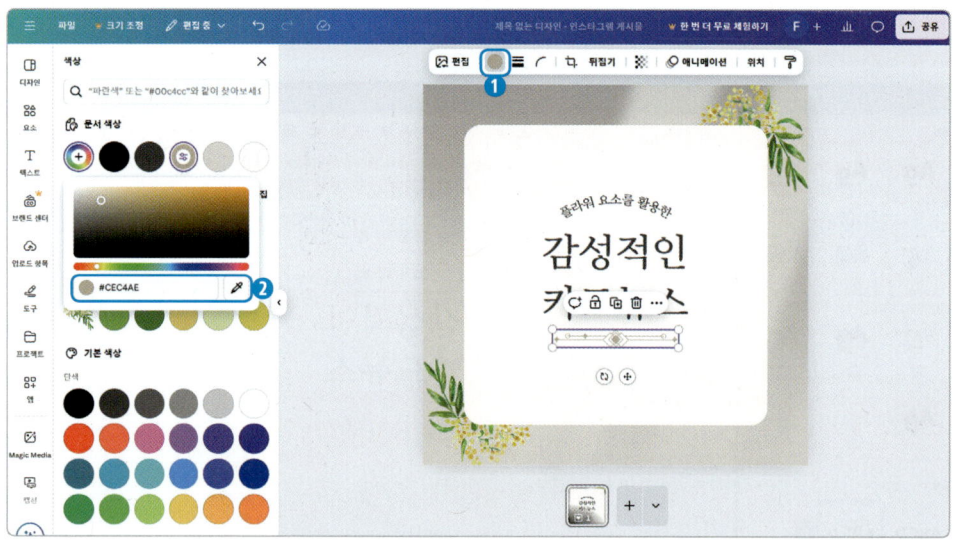

TIP	포인트를 줄 수 있는 요소 추천 검색어
	'Abstract line', 'Aesthetic shapes', 'Geometric shape', 'Newbrushstroke'

❷⓿ 추가로 텍스트 상자를 생성하여 '회사명, 상호, 연락 정보'등 '알려드릴 정보'를 입력하고, 에디터 툴바에서 글자 크기를 '16'으로 변경하여 완성합니다.

프레임으로 구조를 나누는 식물 카드 뉴스

완성작

❶ 작업하고 있는 카드 뉴스 페이지 하단의 [페이지 추가]를 클릭합니다.

❷ 사이드 패널의 [요소]에서 'Watercolor leaf'를 검색하여 [그래픽]에서 마음에 드는 요소를 클릭합니다.

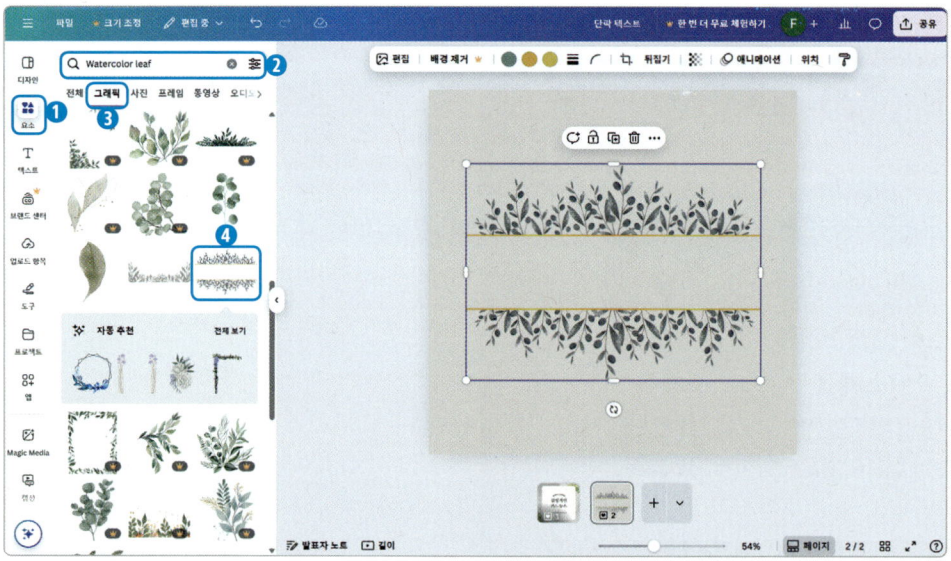

TIP	감성적인 느낌의 '나뭇잎' 요소 추천 검색어
	'foliage', 'leaves frame'

❸ 이미지 중 특정 부분만 필요하다면 요소를 선택한 후 나타나는 자르기 핸들을 드래그하여 필요한 부분만 남기고 자릅니다.

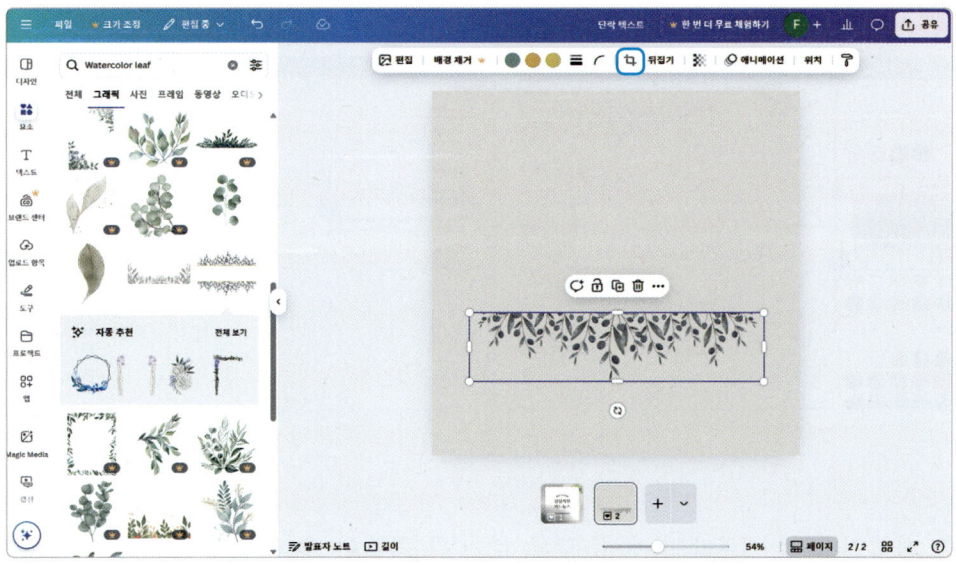

❹ 크기 조절 핸들을 이용하여 이미지를 확대한 다음 위치를 상단으로 이동합니다. [복제]를 클릭하여 이미지를 복사한 후 에디터 툴바의 [뒤집기]를 클릭하여 [수직 뒤집기]를 선택합니다. 그런 다음 복사된 이미지를 아래로 이동합니다.

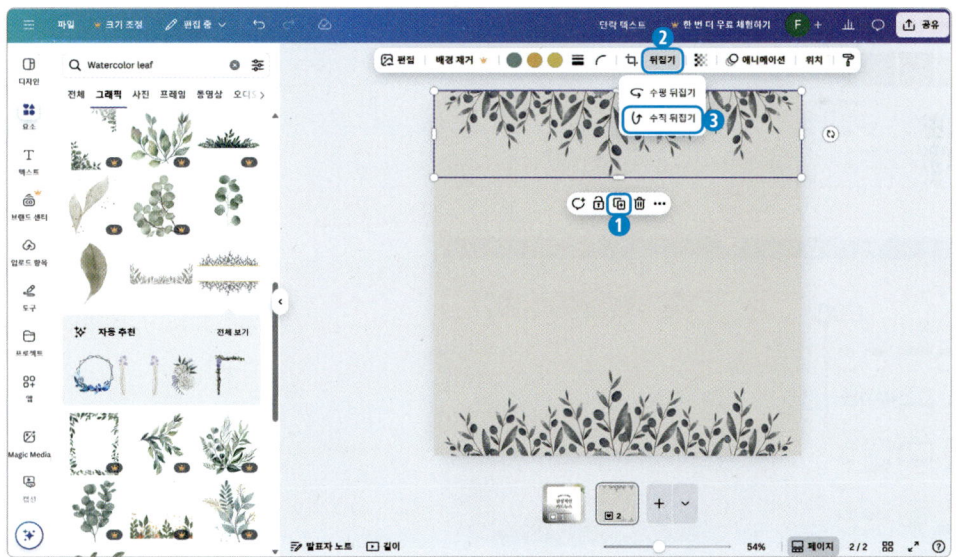

❺ [요소]-[도형]에서 둥근 모서리 사각형 요소를 추가합니다. [색상]을 '#FFFCF9'로 변경하고, [위치]를 클릭하여 [너비]와 [높이]를 '852px'로 조정한 후, 상하 좌우 가운데에 맞춤 정렬합니다.

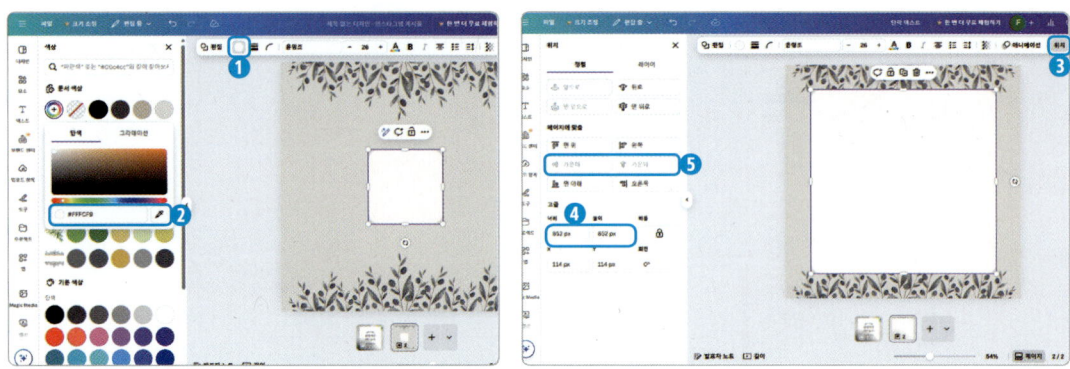

❻ 사이드 패널의 [요소]-[프레임]에서 '모두 보기'를 클릭한 후 다시 [기본 도형]의 [모두 보기]'를 클릭합니다.

❼ 맨 아래에 위치한 창문 모양 프레임을 선택합니다. 크기 조절 핸들을 이용하여 창의 크기를 줄인 다음 [복제]를 클릭하여 프레임을 하나 더 복사합니다. 그런 다음 두 프레임을 나란히 배치합니다.

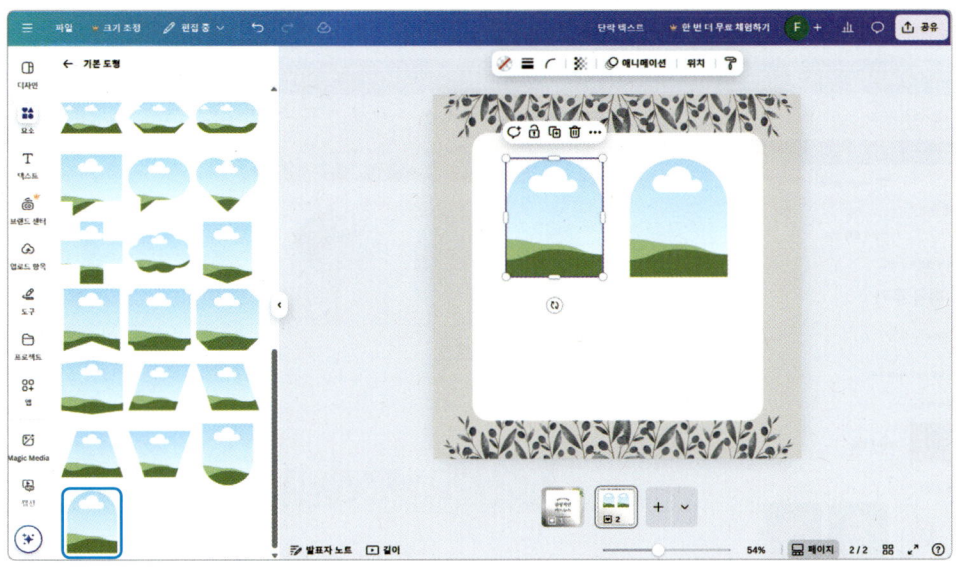

❽ 사이드 패널의 [요소]에서 'flower'를 검색한 후, [사진]에서 원하는 요소를 클릭합니다. 불러온 사진 요소를 클릭한 상태로 프레임 위로 '드래그 앤 드롭' 합니다. 사진 요소가 프레임 안에 자동으로 삽입됩니다.

❾ 사이드 패널에서 [텍스트]를 클릭하고 [텍스트 상자 추가]를 선택합니다. 에디터 툴바에서 [글꼴]을 클릭하여 '윤명조'를 선택합니다. 텍스트 상자를 더블클릭하여 '소제목'을 입력한 후, 에디터 툴바에서 [글꼴 크기]를 '38.4'로 변경하고 왼쪽 도형 프레임 아래에 배치합니다.

❿ 에디터 툴바의 [텍스트 색상]을 클릭한 후 [새로운 색상 추가]를 선택하고 [색상]을 '#545454'로 변경합니다. 텍스트 상자를 [복제]한 후 오른쪽 프레임 아래에 배치합니다.

⓫ 텍스트 상자를 추가하여 '내용을 입력하세요' 문장 입력 후, 복사(Ctrl + C) 후 Enter 를 눌러 다음 줄에 붙여넣기(Ctrl + V)하여 동일한 문장 4줄을 만들어줍니다. 텍스트 상자를 클릭하여 에디터 툴바에서 [글꼴 크기]를 '18.4'로 줄이고 [목록]을 클릭합니다.

⓬ 텍스트 상자를 선택한 후 Alt 를 누른 상태에서 드래그하여 복사합니다. 이렇게 모든 요소를 배치하고 조정하여 카드 뉴스를 완성합니다.

> **TIP** 요소의 '프레임'과 '그리드' 사용 용도
>
> - 프레임 : 이미지를 특정 모양으로 자르거나 추가할 때 사용합니다. 예를 들어, 원형, 하트 모양 등 다양한 형태로 이미지를 넣을 수 있습니다.
> - 그리드 : 사진이나 비디오를 정렬하고 배치할 때 사용합니다. 여러 개의 이미지를 깔끔하게 배열하거나, 사진 콜라주를 만들 때 유용합니다.
> - '드래그 앤 드롭'은 마우스를 사용해 요소를 선택하고 원하는 위치로 끌어다 놓으면 되는 간단한 작업 방식입니다. 텍스트, 이미지, 그래픽 등 다양한 요소를 드래그 앤 드롭으로 쉽게 배치하거나 이동할 수 있는데 '프레임'과 '그리드'는 사진과 동영상 요소를 드래그 앤 드롭 하면 자동으로 모양에 맞게 삽입됩니다.

그림자 효과로 포인트를 주는 음식 카드 뉴스

❶ 캔바 홈에서 [만들기]-[소셜 미디어]-[Instagram]-[인스타그램 게시물(정사각형)]을 클릭합니다. 사이드 패널의 [요소]에서 '햄버거'를 검색 후 [사진]에서 원하는 이미지를 클릭하여 삽입하고 오른쪽 버튼을 클릭하여 [이미지를 배경으로 설정]을 클릭합니다.

❷ 햄버거 이미지를 더블클릭한 후, 이미지를 클릭한 상태로 원하는 위치로 이동한 후 [완료]를 클릭합니다.

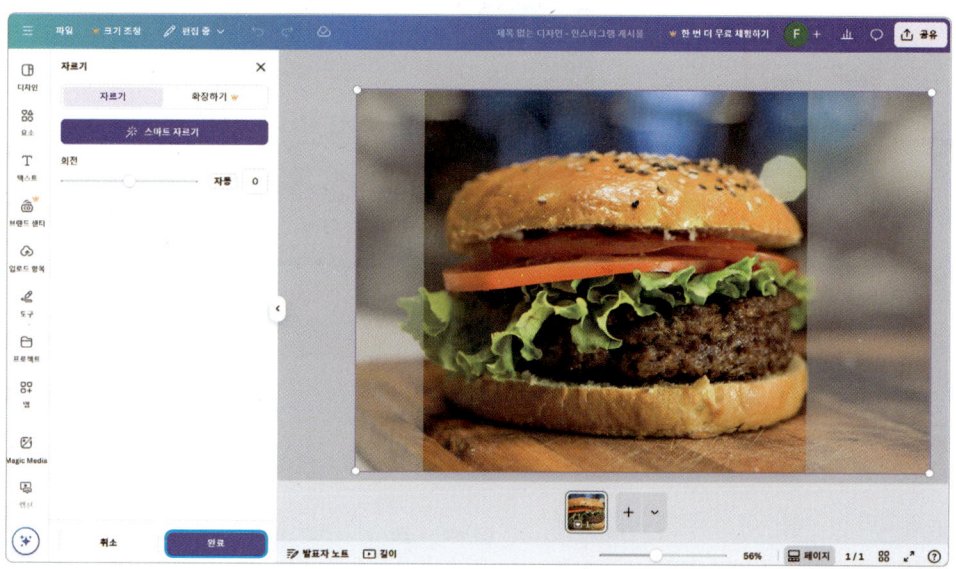

❸ 사이드 패널의 [요소]에서 'Shadow' 또는 'Rectangle Drop Shadow'를 검색한 후, [그래픽]에서 그림자 요소를 선택합니다. 그런 다음 크기 조절 핸들을 이용하여 그림자를 확대합니다.

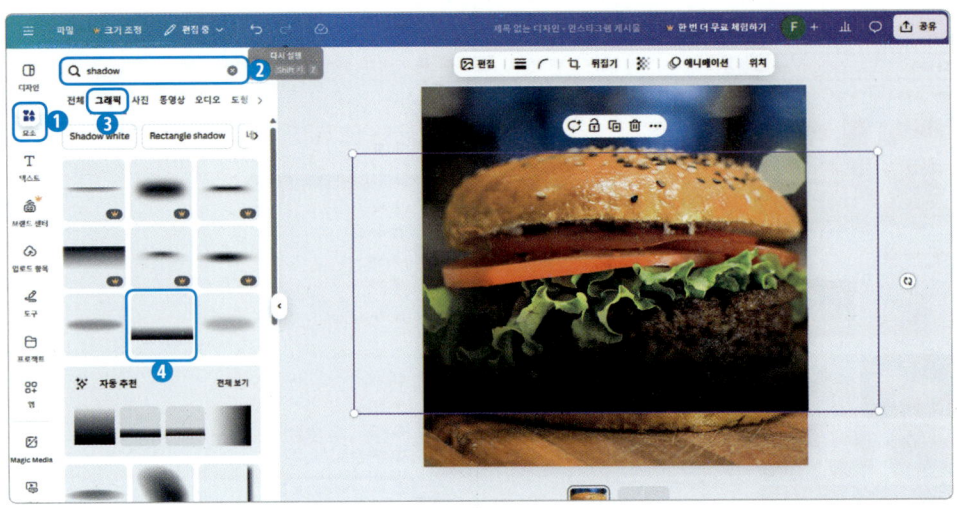

❹ 그림자의 위치를 변경하기 위해 에디터 툴바의 [뒤집기]를 클릭한 다음 [수직 뒤집기]를 선택합니다. 그런 다음 그림자를 상단으로 이동합니다.

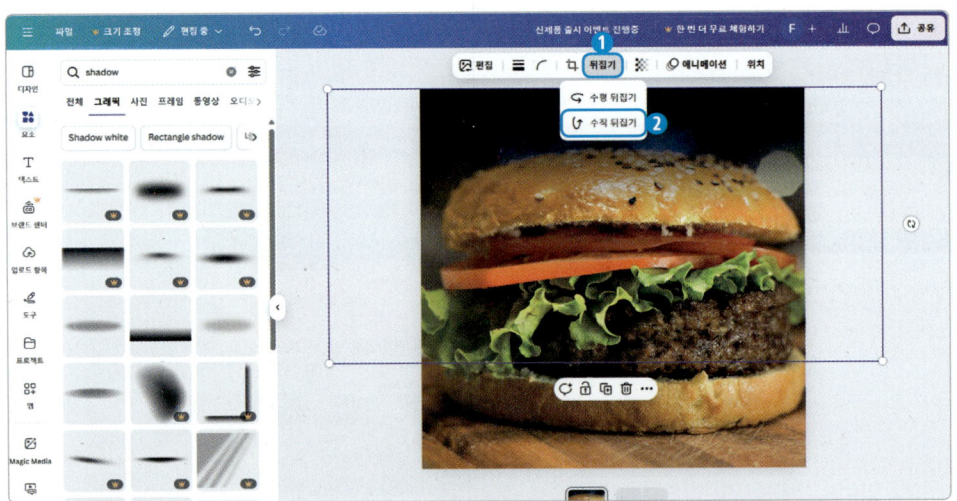

> **여기서 잠깐!**
>
> 그림자는 에디터 상단 툴바에서 [투명도]를 클릭한 후 슬라이더를 드래그하거나 옆의 필드에 값을 입력하여 투명도를 조절할 수 있습니다.
>
>

❺ 사이드 패널의 [텍스트]를 클릭한 후 '글꼴 조합'에서 '차갑다, 부드럽다 & 맛있다'를 찾아 클릭합니다.

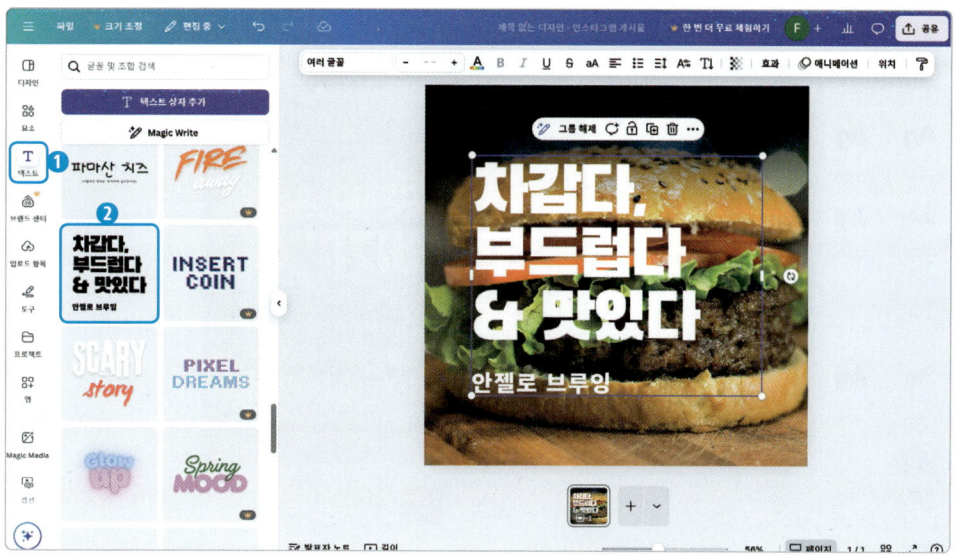

❻ 텍스트 상자를 더블클릭하여 '"캔바버거"'로 수정한 후, 에디터 툴바에서 [글꼴 크기]는 '122', [텍스트 색상]은 '따옴표-#F15A38', '캔바버거-#FFFCF9'로 설정합니다.

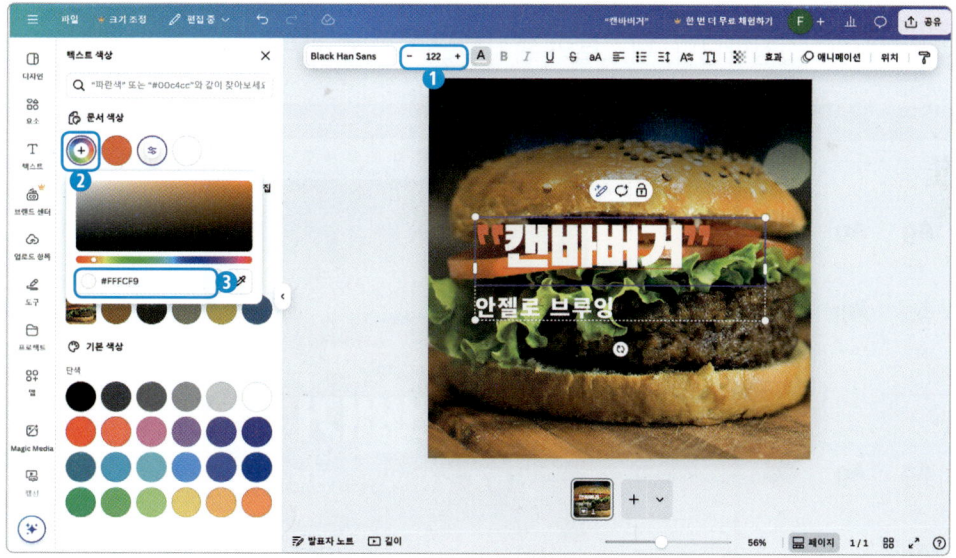

❼ '"캔바버거"'를 블록 지정한 후 에디터 툴바에서 [효과]-[스타일]-[테두리]를 선택합니다. 두께를 '50'으로 변경하고 색상을 검정색으로 설정하여 글씨를 선명하게 표현합니다.

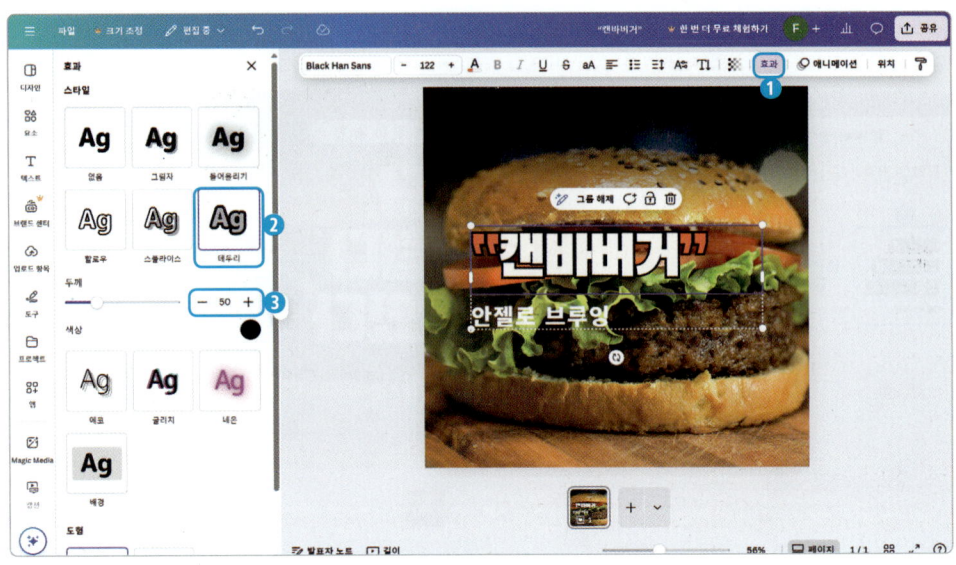

❽ '안젤로 브루잉' 텍스트 상자를 더블클릭하여 '신제품 출시 이벤트 진행중'으로 수정합니다. 에디터 툴바에서 [글꼴 색상]은 '신제품 출시'와 '진행중'은 '#FFFCF9', '이벤트'는 '#FCAE15'로 설정합니다. [효과]-[스타일]-[테두리]에서 [두께]를 '130'으로 변경하고 색상을 검정색으로 설정합니다. 텍스트의 위치를 조정한 후 카드 뉴스를 완성합니다.

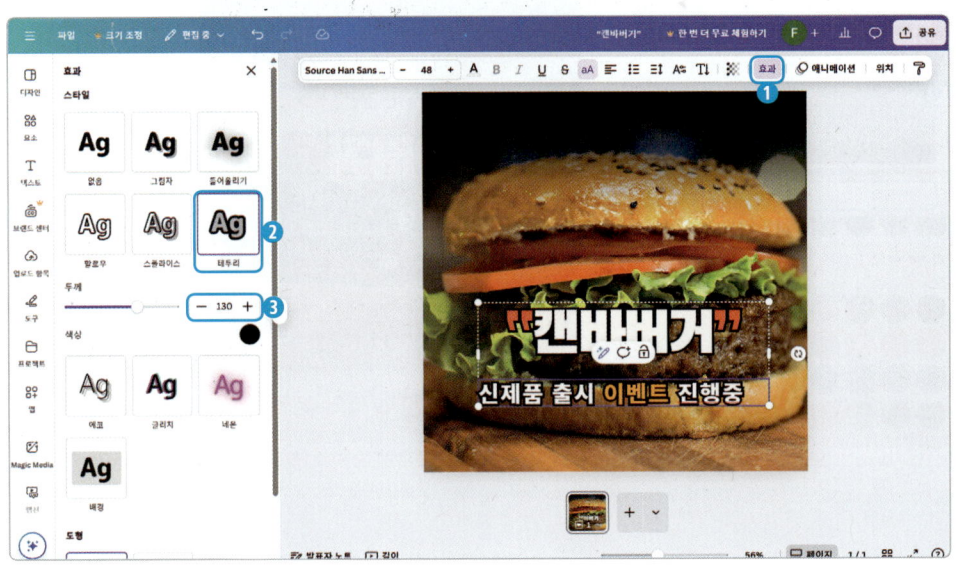

그리드 배치로 여러 정보를 담는 여행 카드 뉴스

완성작

❶ 캔바 홈에서 [만들기]-[소셜 미디어]-[Instagram]-[인스타그램 게시물(정사각형)]을 클릭합니다. [배경 색상]을 검은색(#000000)으로 설정합니다.

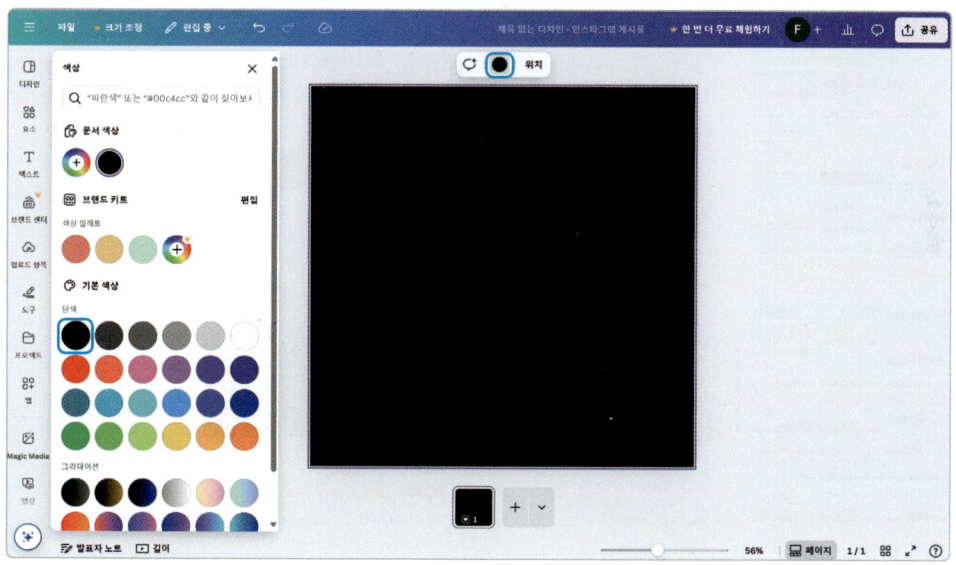

❷ 사이드 패널의 [요소]-[그리드]의 '모두 보기'를 클릭합니다.

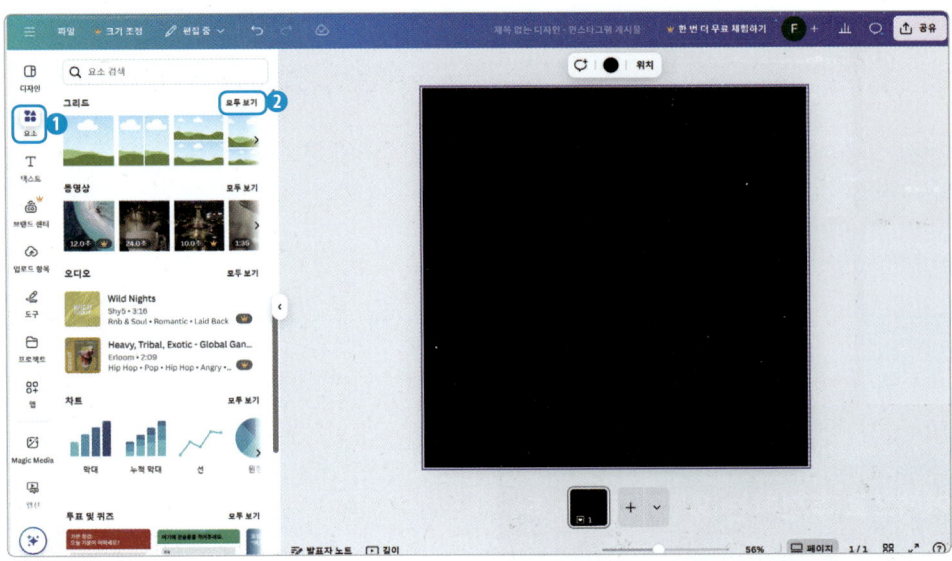

❸ 6칸의 그리드를 선택하여 페이지에 삽입합니다. 그런 다음 크기 조절 핸들을 이용하여 그리드의 크기를 조정합니다.

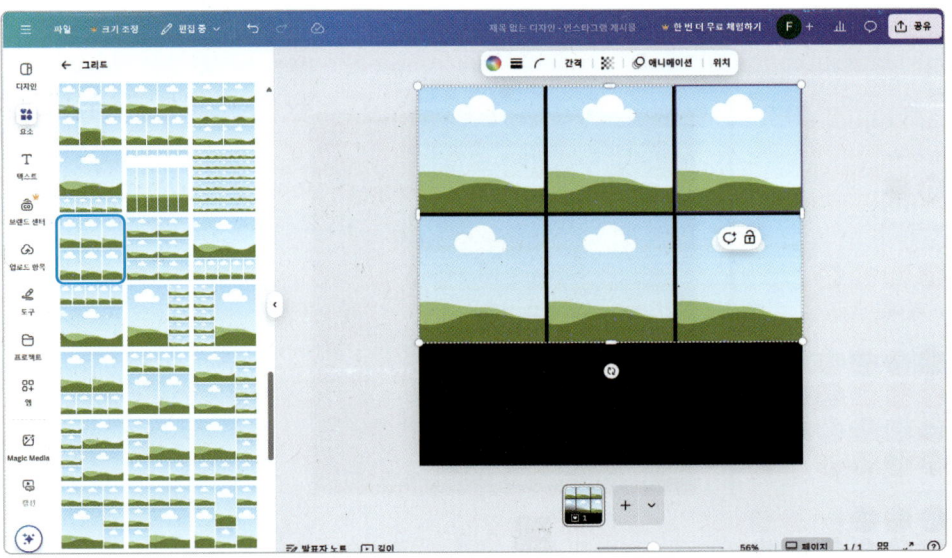

❹ Shift 를 누른 상태에서 그리드를 클릭하면 전체 그리드가 선택됩니다. 에디터 툴바에서 [간격]을 클릭하여 '20'을 입력합니다.

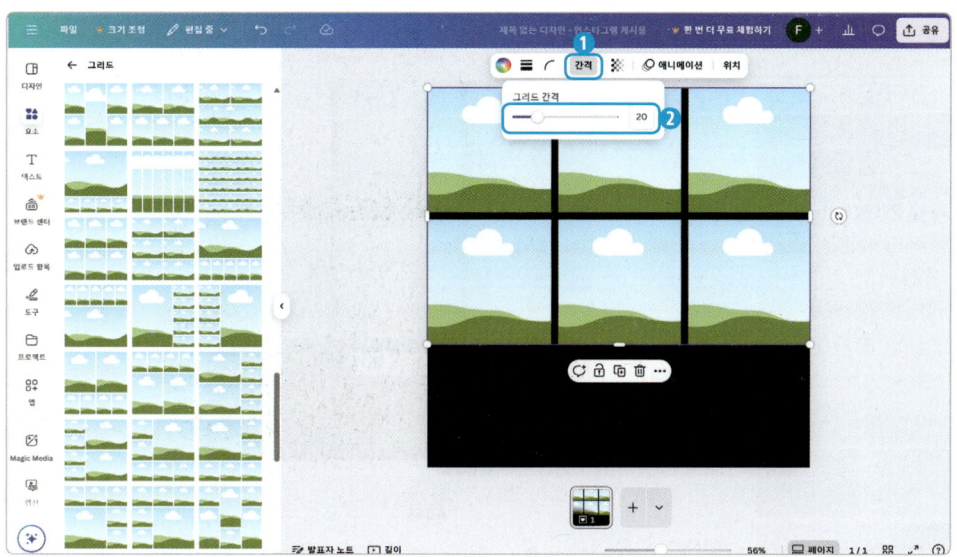

❺ [모서리 둥글게 만들기]를 클릭하여 '25'를 입력합니다.

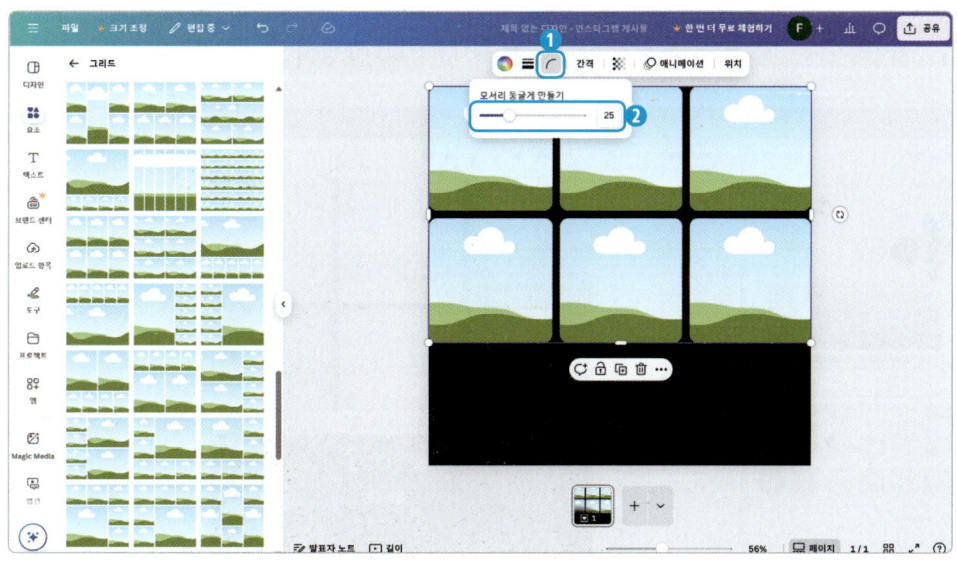

❻ 사이드 패널의 [요소]에서 '바다'를 검색한 후, [사진]에서 이미지를 클릭합니다. 이미지를 드래그 앤 드롭하여 프레임 안에 삽입합니다.

❼ 사이드 패널의 [텍스트]-[텍스트 상자 추가]를 클릭한 후 [글꼴]을 '210 오늘은'으로 변경합니다. 해시태그 형식의 글자 '#휴양지, #여름휴가, #핫플레이스'를 입력한 후, 에디터 툴바에서 [글꼴 크기]는 '35.9', [글꼴 색상]은 '#F1F1F1'로 설정하고 배치합니다.

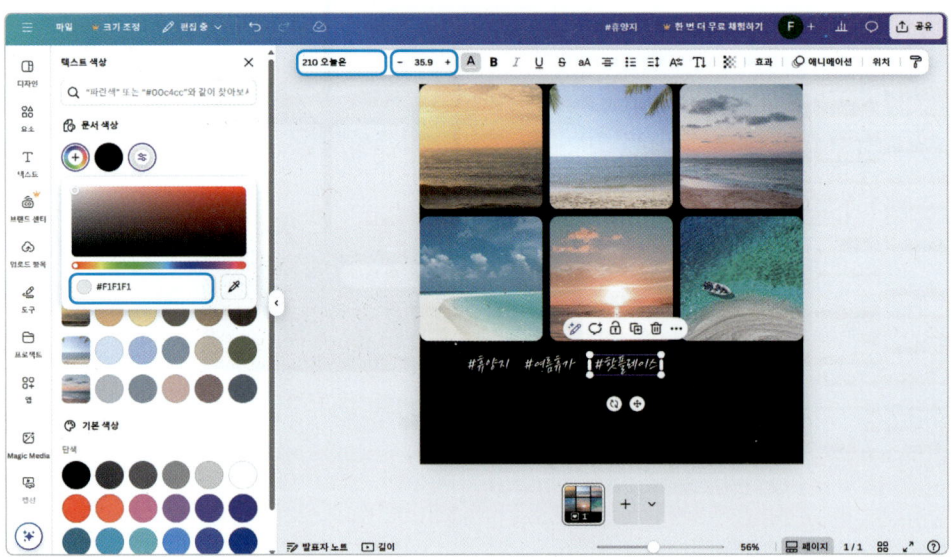

❽ 사이드 패널의 [텍스트]-[텍스트 상자 추가]를 클릭한 후 [글꼴]을 'TDTD귀여워귀여워'로 변경합니다. '가족여행으로 추천하는 휴양지 Best 5'를 입력합니다. 에디터 툴바에서 [글꼴 크기]는 '50.9'로 설정하고, [글꼴 색상]은 '가족여행'은 '#E5C5BD', '으로 추천하는'과 'BEST 5'는 '#F1F1F1', '휴양지'는 '#56CACD'로 지정합니다. 위치를 조절하여 배치하면 카드 뉴스가 완성됩니다.

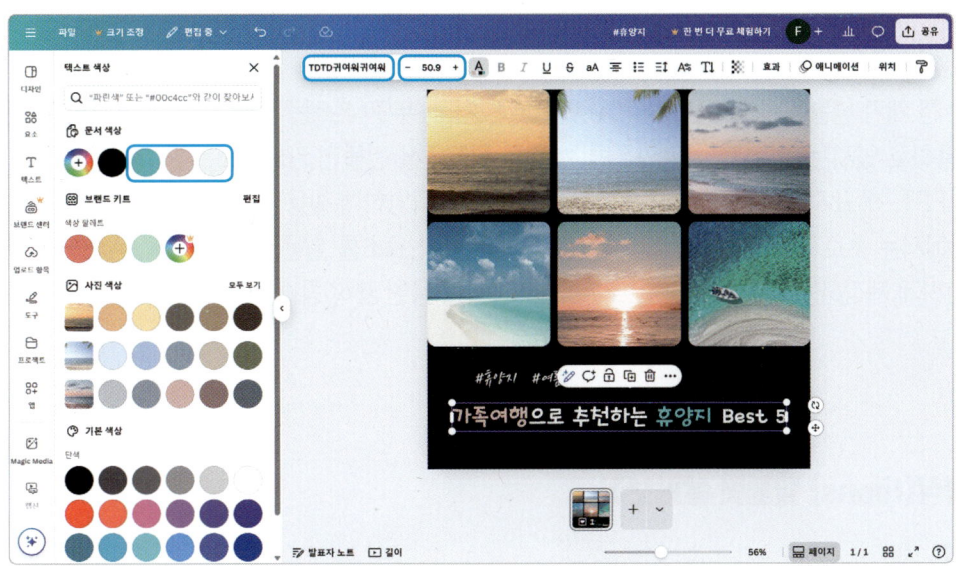

TIP 제목으로 쓸 만한 캔바 추천 글꼴

'TDTD아이스', 'Bagle fat one', '네버랜드', 'Tlab 트리플엑스', '캘리그라피 Crayon'

04 : 템플릿으로 손쉽고 간단하게 컷툰 제작하기

STEP 04　　Canva

캔바에는 수천 개가 넘는 다양한 템플릿들이 있습니다. 지금, 누구나 쓰는 흔한 템플릿만 늘 사용하고 있지는 않나요? 나만의 특별한 컷툰 디자인을 만들면 카드뉴스, 썸네일, 홍보, PPT, 책 표지, 엽서, 전단지, 학교수업 교재 등에 다양하게 활용할 수 있습니다. 이 장에서는 초보자도 쉽게 따라할 수 있도록 템플릿과 요소를 활용해 컷툰을 손쉽고 간단하게 제작하는 과정과 character builder 앱을 활용한 제작 방법을 알아 봅니다.

1. 만화 형식(toons) 템플릿 살펴보기

캔바 홈 화면에서 만화와 관련된 템플릿을 검색해 봅니다. '카툰', '컷툰', '만화', 'comic strips', 'cartoon', 'comic' 등의 검색어로 다양한 템플릿을 찾을 수 있습니다. 이 검색어들은 때로 중복되거나 비슷해 보이지만, 각각 조금씩 다른 스타일의 템플릿들이 검색됩니다.

❶ 캔바 홈 화면에서 템플릿을 클릭한 후 검색창에 'cartoon'을 입력하고 Enter 를 누릅니다.

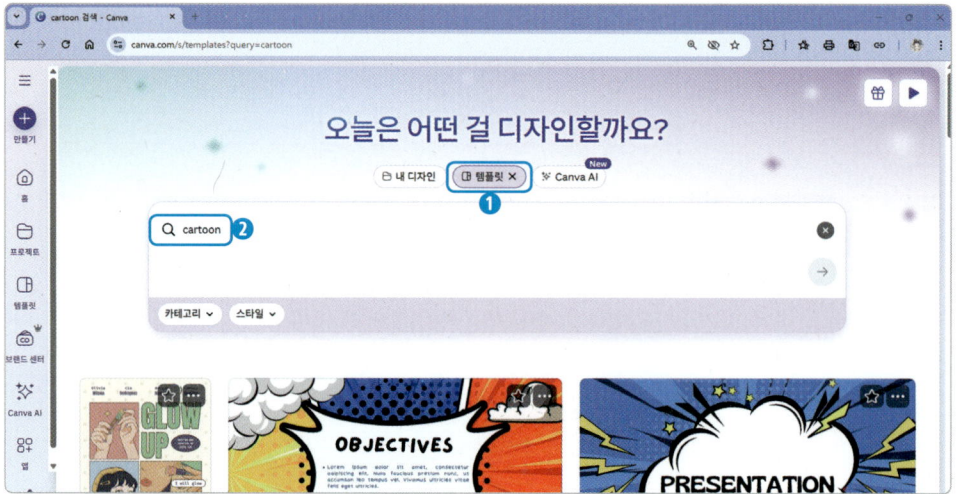

❷ 검색창 아래에 있는 '카테고리'와 '스타일'에서 원하는 유형을 선택하여 적용할 수 있습니다. 다양한 카테고리와 스타일을 적용해 보며 자신에게 적합한 템플릿을 찾아봅니다.

❸ 재미있고 다양한 카툰 스타일의 템플릿들을 확인할 수 있습니다.

❹ 아래 이미지는 'comic'으로 검색된 템플릿들입니다. 'cartoon'으로 검색했을 때와 비교하면 화면 구성이나 스타일이 더 다양하게 나타나는 것을 확인할 수 있습니다.

❺ 이번에는 '컷툰'으로 검색했을 때의 결과입니다. 'cartoon'이나 'comic'으로 검색했을 때 보다 사이즈가 비슷하고 컷으로 나누어진 이미지로 구성된 템플릿이 많이 검색되고, 왼쪽 상단에는 '빈 컷툰 만들기' 메뉴가 보입니다. 이는 캔바에서 'comic-strips' 파트를 만들어 두었기 때문입니다.

> **TIP**
>
> 'Comic-strips'는 일반적으로 만화 형식으로 이야기를 전달하는 디자인 스타일입니다. 여러 장의 패널로 구성되어 있고, 각 패널은 그림과 텍스트를 조합해 이야기를 이어갑니다. 보통 재미있거나 창의적인 방식으로 메시지를 전달하는 데 사용됩니다.

❻ '빈 컷툰 만들기'를 클릭하면 자동으로 25x20cm 사이즈의 빈 보드가 활성화되고 왼쪽에 해당 사이즈에 맞는 컷툰 템플릿들이 자동으로 검색되어 나타나는 것을 확인할 수 있습니다.

> **TIP**
>
> '컷툰'은 모바일 전용 웹툰 게재 방식입니다.
> https://www.canva.com/ko_kr/create/comic-strips 에 접속하면 캔바에서 알려주는 컷툰 튜토리얼을 확인할 수 있습니다.

2. 복사(Ctrl + C), 붙여넣기(Ctrl + V)로 컷툰 제작하기

이제 다양한 컷툰 템플릿 중에서 하나를 선택해 컷툰을 만들어 봅니다.

스토리 정하기

ChatGPT나 캔바의 Magic Write 기능을 활용해 네컷 툰에 맞는 짧은 스토리를 정하거나, 광고, 홍보 목적의 네컷 툰 내용을 미리 구상합니다.

웹툰은 일반적으로 '아이디어 및 시나리오 개발-스토리보드와 레이아웃 설계-그림 작업-텍스트 작업-편집 및 배포'의 5단계로 제작되지만, 캔바에서는 테마별, 스타일별, 레이아웃별로 미리 완성된 템플릿에 텍스트만 추가하면 되므로, 그림 실력 없이도 누구나 간단하고 편리하게 작업할 수 있습니다.

템플릿 선택하기

예시에서는 여섯 컷의 컷툰을 템플릿을 이용해 한 페이지에 손쉽게 만들어 봅니다.

❶ 캔바 홈 화면에서 '템플릿'을 클릭한 후, 검색창에 'colorful blob'을 입력합니다. 'Colorful Blob 6 Panel Comic Strip' 템플릿을 찾아 클릭합니다.

❷ 다음과 같이 팝업창을 통해 템플릿의 구성을 미리 확인을 할 수 있습니다. 이제 [이 템플릿 맞춤 편집하기]를 클릭합니다.

여기서 잠깐!

'이 템플릿 맞춤 편집하기' 옆의 별(☆) 모양을 클릭해 즐겨찾기를 해두면 다음에 템플릿을 쉽게 찾을 수 있습니다.

복사(Ctrl + C), 붙여넣기(Ctrl + V)로 캐릭터 꾸미기

이 템플릿은 편집 및 구성을 할 수 있는 '기본 페이지'와 2개의 '리소스 페이지', '예시 페이지'의 총 4페이지로 구성되어 있습니다. '리소스 페이지'에 있는 요소들을 활용하여 컷툰을 편집해 봅니다.

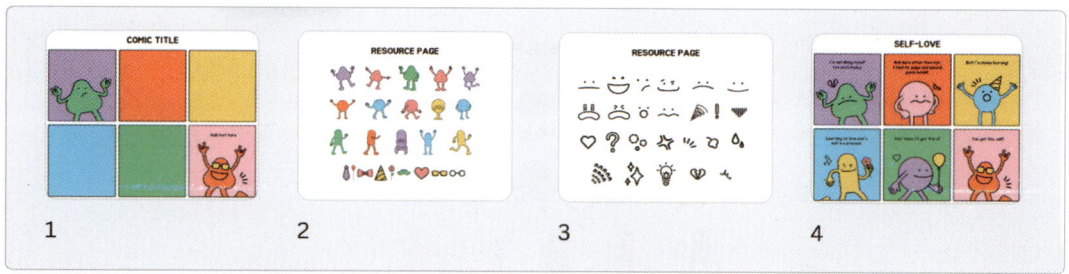

❶ 페이지 제목 오른쪽의 [페이지 복제]를 클릭합니다. 편집 화면이 아래와 같지 않을 때에는 편집 화면 오른쪽 하단에서 '페이지 페이지 썸네일 숨기기(표시)' 버튼을 클릭하여 화면 전환 후 작업을 이어갑니다.

> **여기서 잠깐!**
>
> 템플릿을 사용할 때는 항상 복제본을 만들어 둔 후 사용하는 것이 좋습니다. 원본을 남겨두어야 나중에 실수로 잘못 편집이 되었을 때 처음으로 다시 되돌리기가 쉽습니다.

❷ '리소스 페이지'에서 컷툰 내용에 맞는 캐릭터를 '복사(Ctrl + C)' 한 다음 '페이지2'의 원하는 위치에 '붙여넣기(Ctrl + V)'를 합니다. 미리 시나리오가 정해져 있다면 장면 구성이 훨씬 더 수월할 수 있습니다.

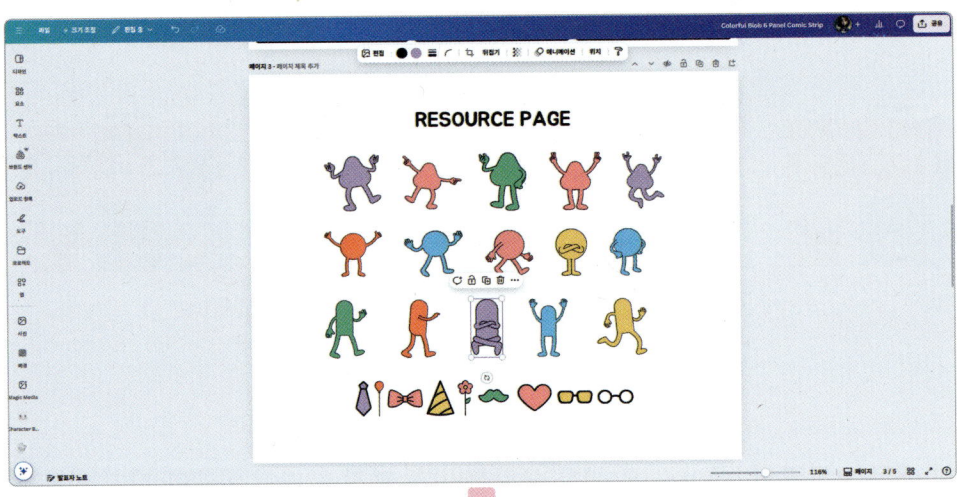

❸ '페이지2'에서 초록색 캐릭터와 같이 이미지의 일부분을 잘라내고 싶을 때는 자르고자 하는 캐릭터를 클릭한 후, 상단 에디터 툴바에서 [자르기]를 클릭합니다.

❹ 네 모서리의 자르기 핸들을 이용하거나, [가로세로 비율]에서 원하는 비율을 선택한 후 [완료]를 클릭합니다. 자르기를 원하지 않을 경우 [취소]를 클릭합니다.

> **여기서 잠깐!**
>
> ❶ [스마트 자르기]를 선택하면 캔바가 배경과 이미지를 고려하여 자동으로 적절한 자르기 크기를 제안합니다.
>
> ❷ 자르기를 완료한 후 다시 원래의 이미지로 되돌리고 싶을 때는 상단 메뉴에서 [실행 취소 ↶]를 클릭하거나 키보드 단축키 `Ctrl` + `Z` 를 사용하면 됩니다.

❺ 소품과 표정 리소스도 알맞은 위치에 복사(`Ctrl` + `C`), 붙여넣기(`Ctrl` + `V`)하여 캐릭터와 배경을 꾸밉니다.

76 ● 캔바로 쉽고 빠르게 콘텐츠 디자인 하기

❻ 왼쪽 사이드 패널의 [요소] 검색창에서 템플릿에 추가하고 싶은 요소나 배경을 검색해 더 꾸며줍니다. 아래에는 '말풍선'과 '칠판' 요소를 추가합니다.

❼ 마지막으로 왼쪽 사이드 패널의 [텍스트]-[텍스트 상자추가]로 대화를 완성합니다.

다양한 컷툰 템플릿 활용 & 나만의 컷툰 만들기

더 많은 템플릿을 통해 학생들 수업에 활용하거나 간단한 동화 만들기, 또는 아이들의 사진을 넣어 더 재미있는 일상 컷툰을 손쉽게 제작할 수 있습니다.

또한 [요소]에서 비슷한 스타일의 표정과 캐릭터들을 모아 리소스를 구성하고, [프레임]이나 [그리드]를 활용해 컷툰 기본 틀을 만들어 나만의 컷툰 템플릿도 만들 수 있습니다.

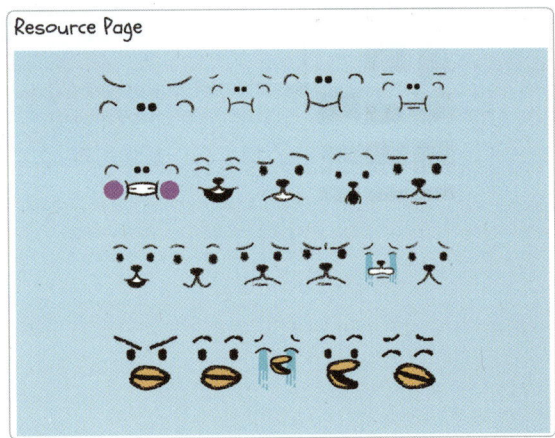

여기서 잠깐!

컬렉션 세트 확인방법

❶ 요소 검색 후 [자동 추천]에서 [전체 보기]를 클릭하거나 '컬렉션'으로 묶여 있는 요소들을 찾으면 비슷한 리소스를 구성하는데 편리합니다.

❷ 컬렉션 검색 방법 : [요소 검색]-[요소 선택]-[더보기(…)]-[정보]-[컬렉션 보기]

❸ 컬렉션 요소별로 set 번호를 저장해 두었다가 컬렉션 세트 검색을 손쉽게 할 수 있습니다.

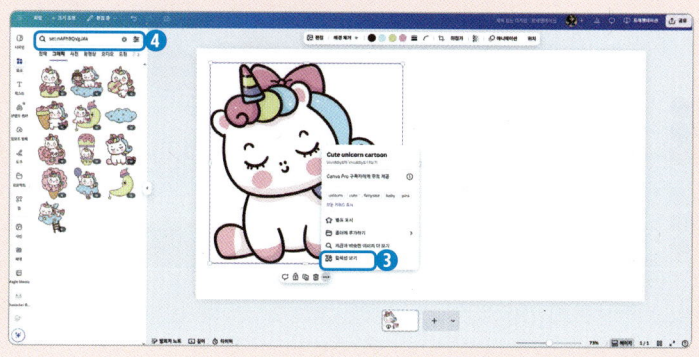

3. Character Builder 앱으로 컷툰 제작하기

기본 틀 만들기

❶ 화면 분할이 되어 있는 그리드를 삽입하여 기본 틀을 쉽게 완성합니다. 사이드 패널의 [요소]-[그리드]-[모두 보기]를 클릭하여 원하는 형태의 그리드를 찾아 선택합니다. 여기에서는 4칸 그리드를 사용합니다.

❷ 상단의 에디터 툴바에서 그리드의 스타일을 원하는 대로 설정합니다. [테두리 스타일]을 클릭하여 '실선'을 선택하고, [테두리 굵기]는 '1'로 지정합니다. 다음으로 [테두리 색상]은 '검은색', [간격]은 '6'으로 설정합니다.

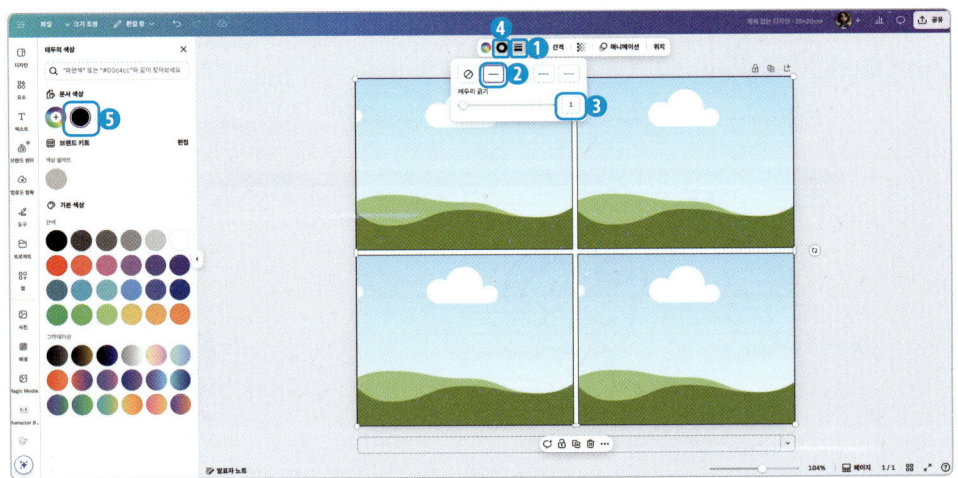

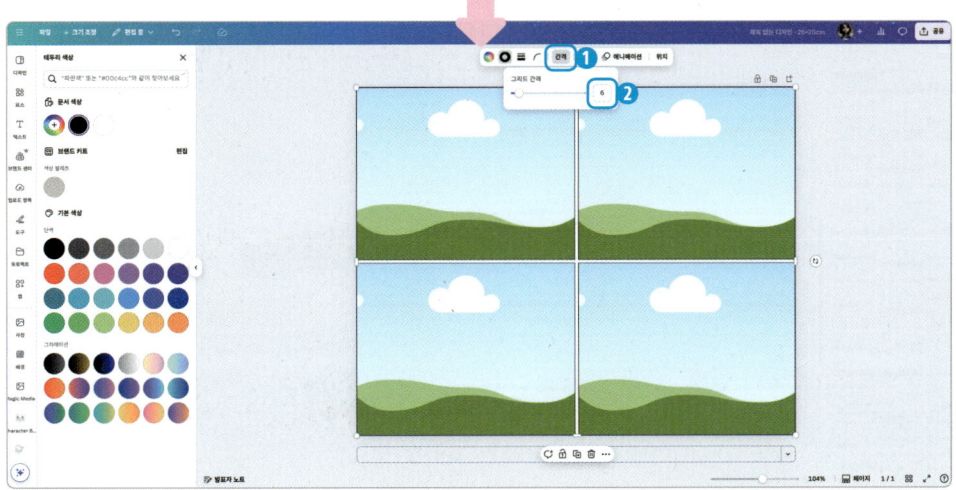

> **여기서 잠깐!**
>
> 그리드 한 칸만 선택하면, 선택한 그리드 칸에만 편집이 적용됩니다. 전체 그리드를 선택하려면 그리드 네 모서리에 위치한 동그란 모양의 '크기 조절 핸들'을 클릭하거나 Shift 를 누른 상태에서 그리드를 클릭합니다. 보라색 테두리를 통해 한 칸만 선택되었는지 전체가 선택되었는지 구분할 수 있습니다.

❸ 그리드를 클릭한 후 아래 또는 오른쪽에 나타나는 [회전 핸들]을 클릭한 상태에서 오른쪽으로 살짝 회전시켜 좀 더 독특하게 연출해 주고 '크기조정 핸들'을 이용하여 크기를 캔버스 사이즈에 맞게 조절하여 키웁니다.

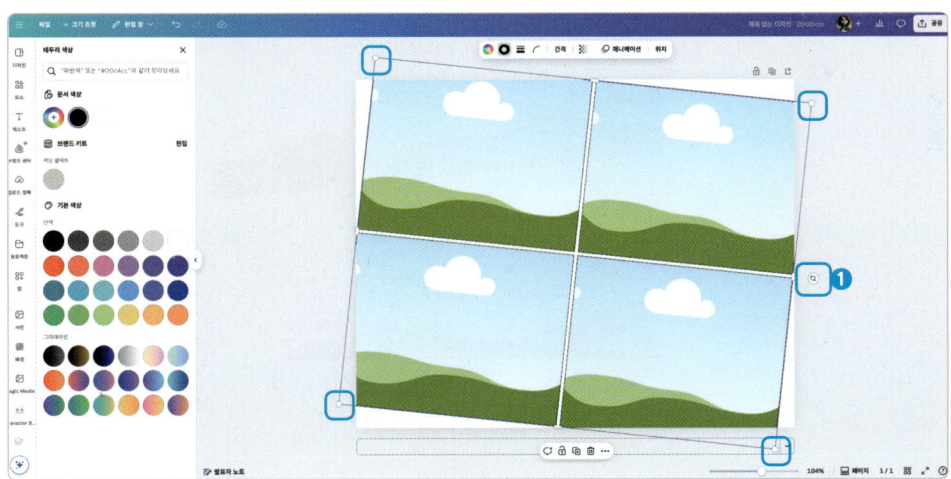

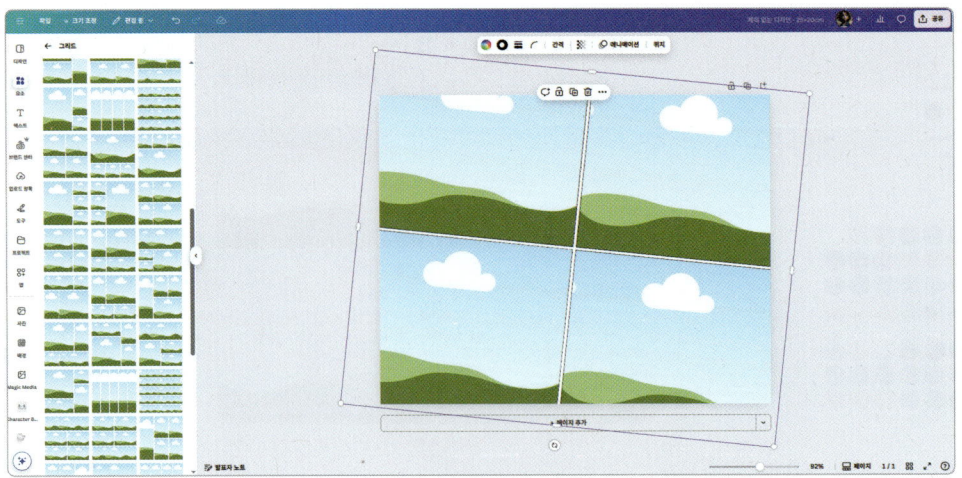

Character Builder 앱 열기

이번에는 템플릿이 아닌 캔바의 앱 중에서 사람 캐릭터를 다양하게 꾸밀 수 있는 Character Builder 앱을 이용해 캐릭터를 만들어 봅니다.

❶ 페이지 오른쪽 위의 [페이지 추가] 또는 페이지 아래의 [페이지 추가]를 클릭하여 빈 페이지를 추가합니다.

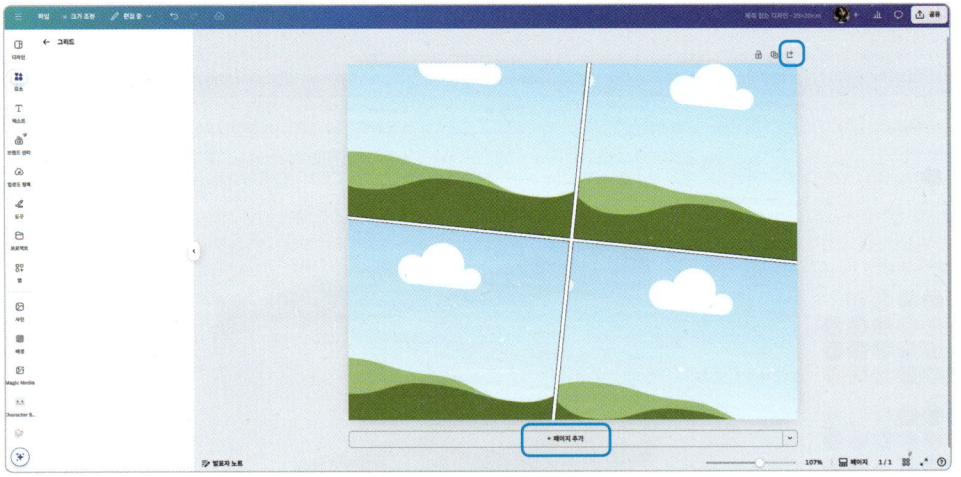

❷ 사이드 패널에서 [앱]을 클릭하고 검색창에 'Character Builder'를 검색해 해당 앱을 클릭합니다.

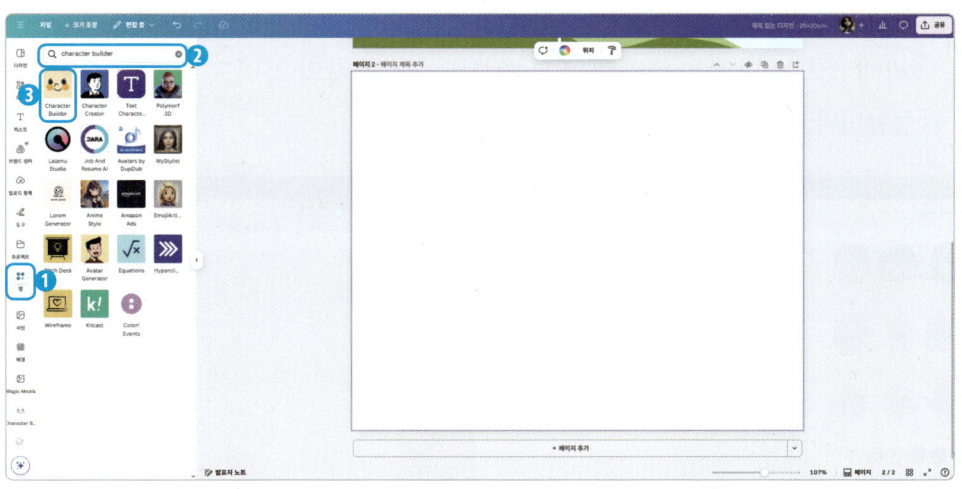

TIP 캔바 홈에서 앱 열기

❶ 캔바 [홈] 화면 왼쪽의 사이드 패널에서 [앱]을 클릭하고 검색창에 'Character Builder'를 검색합니다.

❷ 'Character Builder' 앱을 클릭한 후, 상황에 따라 [기존 디자인에서 사용] 혹은 [새 디자인에서 사용]을 클릭합니다.

❸ [새 디자인에서 사용]을 클릭해 만들고자 하는 보드의 사이즈를 선택해 줍니다. 예시에서는 '컷툰'을 클릭합니다.

캐릭터 만들기

❶ 왼쪽의 디자인 만들기 패널에서 머리, 얼굴, 몸통 중 하나를 클릭하면 화면 가운데에 캐릭터가 나타납니다. 캐릭터를 클릭한 상태(보라색 테두리)에서 [Head], [Body], [Face]의 [See all]을 클릭해 각각 스타일을 변경해 주고 피부와 머리카락의 컬러도 변경하여 나만의 캐릭터를 완성합니다.

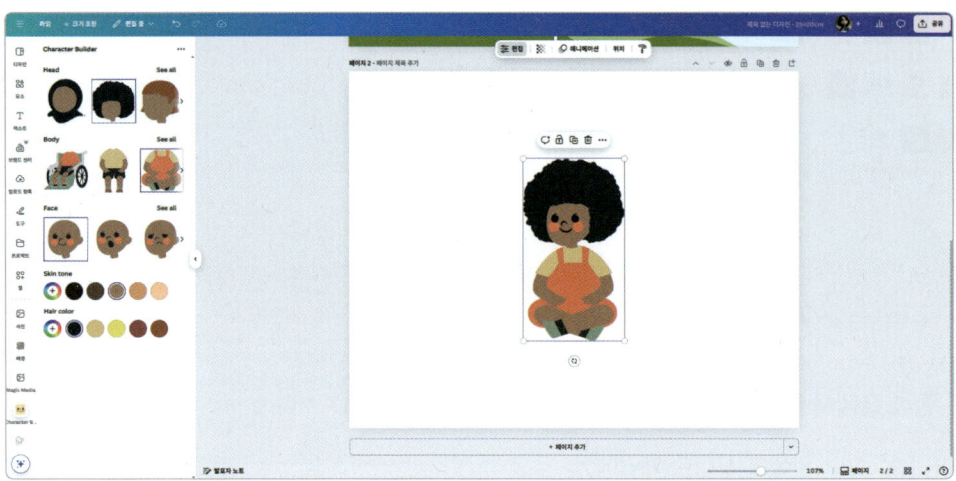

❷ 캐릭터를 하나 더 만들고자 할 때는 화면의 빈 공간을 클릭하여 이미 만들어진 캐릭터의 선택을 해제한 후, 다시 ❶번 과정을 반복하여 새 캐릭터를 만듭니다.

TIP
이미 만들어진 캐릭터의 스타일을 변경할 때는 캐릭터를 클릭한 상태에서 변경이 가능합니다.

리소스 페이지 만들기

페이지를 추가하여 'Character Builder' 앱에서 만든 캐릭터 외에 [요소]와 [텍스트] 리소스를 만들어 둡니다.

❶ 사이드 패널의 [요소]에서 '명상', '악보', '말풍선'을 검색한 후, 그래픽 요소와 배경으로 쓰일 사진 요소를 가져오고, 컷툰에 들어갈 대사도 사이드 패널의 [텍스트]-[텍스트 상자 추가]로 미리 작성합니다.

컷툰 완성하기

❶ 먼저 배경 요소를 복사(Ctrl + C), 붙여넣기(Ctrl + V)한 후, 복사된 사진이 그리드에 완전히 들어가도록 '드래그 앤 드롭'합니다.

> **여기서 잠깐!**
>
> 에디터 툴바의 [뒤집기]를 클릭하여 요소를 수평 또는 수직 방향으로 뒤집을 수 있습니다.

❷ 그리드는 이미지를 그리드 위로 '드래그 앤 드롭'하면 자동으로 배경으로 삽입됩니다. 따라서 배경 요소를 넣은 후에는 다른 요소들이 그리드 안으로 들어가 배경이 되지 않도록 플로팅 툴바에서 '부분잠금'을 클릭한 후 '잠금'을 한번 더 클릭하여 그리드를 완전히 '잠금'상태로 설정합니다.

> **여기서 잠깐!**
>
> '부분잠금'은 캔바 pro 사용자만 나타나는 기능으로 요소의 위치만 잠가서 이동은 불가능 하지만 텍스트나 색상 같은 요소의 편집은 여전히 가능한 기능입니다. 무료 사용자는 [잠금]을 클릭하여 완전히 잠가서 이동하거나 편집할 수 없게 만들 수 있습니다.

❸ 나머지 그래픽 요소와 텍스트를 그리드 위로 복사(Ctrl + C), 붙여넣기(Ctrl + V)하여 컷툰을 완성합니다.

STEP●5

05 : 쉽게 완성하는 컬러링북 만들기

Canva

디자인 경험이 없는 사람도 캔바의 무료 도구를 활용하면 단순한 색칠 놀이를 넘어 학습과 집중력 향상에 도움이 되는 다양한 컬러링북을 손쉽게 제작할 수 있습니다. 컬러링북은 취미뿐만 아니라 미술 치료나 교육용으로도 활용되기 때문에, 연령과 목적에 맞는 디자인이 중요합니다. 이 장에서는 캔바를 활용해 컬러링북을 제작하는 과정을 단계별로 자세히 알아 봅니다.

1. 요소를 활용한 컬러링 이미지 만들기

❶ 캔바 홈 화면에서 [만들기]-[인쇄 제품]-[전단지(세로형)]을 클릭합니다.

❷ 왼쪽 사이드 패널의 [요소]에서 '색칠공부'나 '컬러링'을 검색한 후, [그래픽]에서 원하는 이미지를 클릭합니다. 예시에서는 '돌고래' 요소를 클릭합니다.

여기서 잠깐!

캔바의 요소는 전 세계적으로 사용되기 때문에, 영어로 검색하면 더 다양한 결과를 얻을 수 있습니다. 찾고 싶은 주제 뒤에 'coloring'이나 'line art'를 덧붙여 검색하면 더 다양한 컬러링북 이미지를 찾을 수 있습니다.

❸ 삽입된 이미지 네 모서리의 '크기 조절 핸들'을 이용해 이미지를 원하는 크기로 조절합니다.

❹ [요소]-[그래픽]에서 비슷한 이미지를 하나 더 추가하여 쉽고 간단하게 컬러링 이미지를 완성합니다. 그런 다음 새로운 이미지를 만들기 위해 [페이지 추가]를 클릭합니다.

❺ 이번에는 왼쪽 사이드 패널 [요소]의 검색창에서 '꽃 컬러링'을 입력 한 후, 원하는 이미지를 클릭하여 추가합니다.

❻ 삽입된 이미지 네모서리의 '크기 조절 핸들'을 이용해 이미지 크기를 조절합니다. [요소]에서 결과 중 하나를 클릭하여 페이지에 삽입하면 비슷한 스타일의 요소를 추천하는 [자동 추천] 메뉴가 나타납니다. '전체 보기'를 클릭합니다.

❼ [자동 추천] 된 이미지 중 마음에 드는 요소를 클릭하여 페이지를 완성합니다.

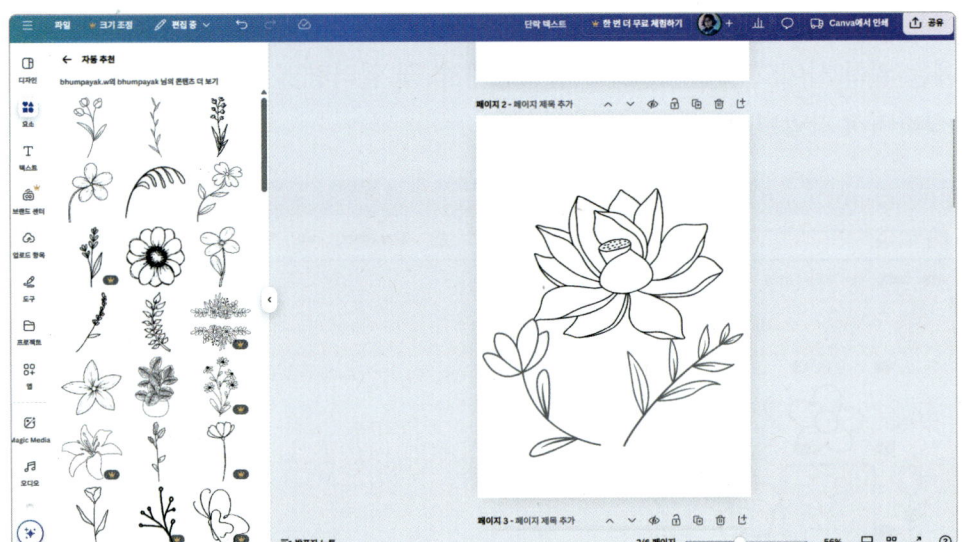

TIP

- 왕관 표시가 있는 요소는 Pro 구독자만 이용할 수 있습니다.
- 디자인에 하나의 이미지 또는 그래픽만 있을 경우 다운로드가 되지 않습니다. 캔바에 있는 디자인 콘텐츠를 변형하지 않은 원본 그대로 판매, 재배포할 수 없기 때문입니다. 요소, 도형과 선 등을 추가하여 디자인을 변형한 후 다운로드하기 바랍니다.

2. 앱을 활용한 컬러링 이미지 만들기

컬러링북을 만드는 또 다른 방법은 캔바 앱을 활용하는 것입니다.

❶ 캔바 홈 화면에서 [만들기]-[인쇄 제품]-[전단지(세로형)]을 클릭합니다. 사이드 패널의 [앱]을 클릭한 후, 검색창에 'coloringbook'을 검색하고 해당 앱을 클릭합니다.

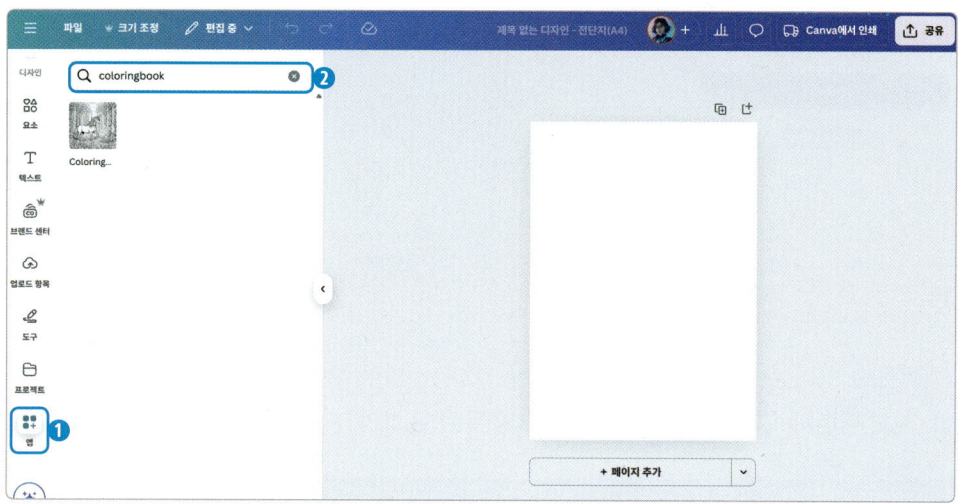

❷ 해당 앱을 처음 사용한다면 [열기]를 클릭합니다.

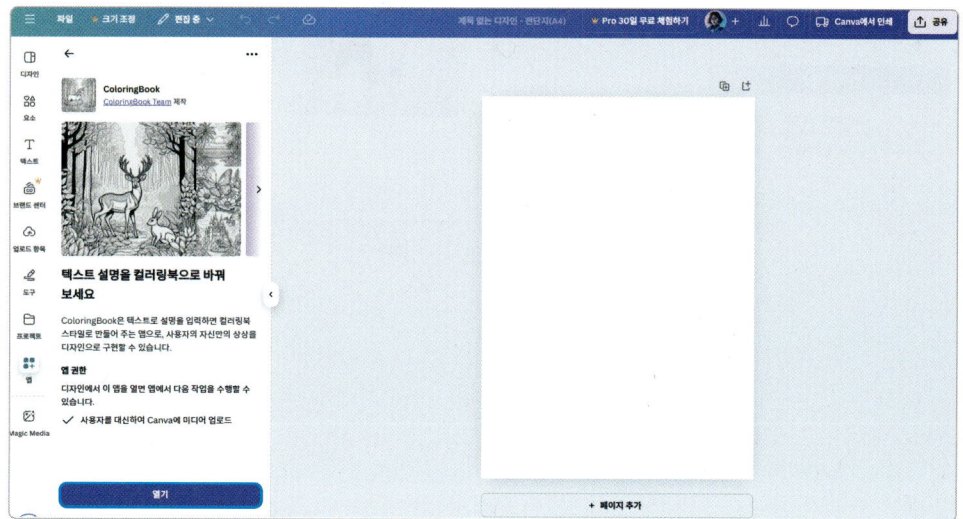

❸ 원하는 컬러링 스타일의 프롬프트를 입력한 후 [이미지 생성]을 클릭합니다. 최적의 결과를 얻고 싶다면 프롬프트를 영어로 입력하는 것이 좋습니다.

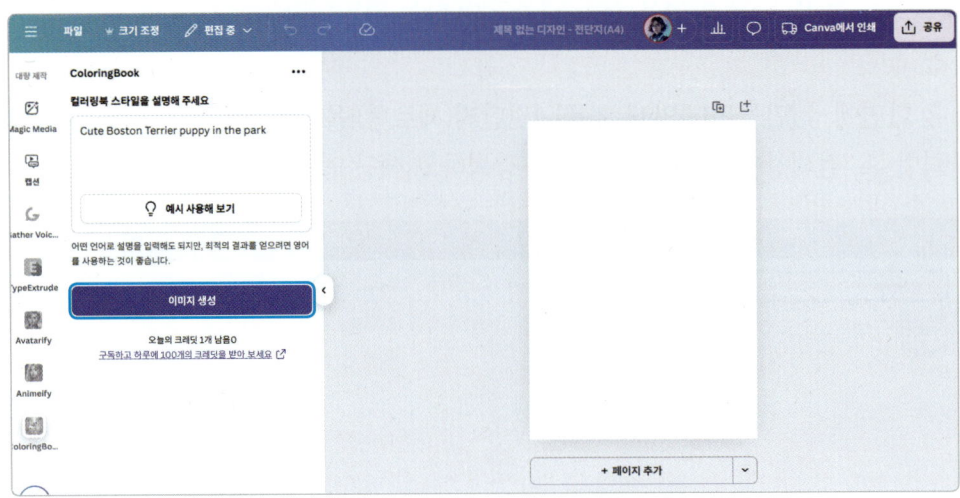

❹ 입력한 프롬프트에 맞춰 생성된 이미지가 자동으로 페이지에 추가됩니다.

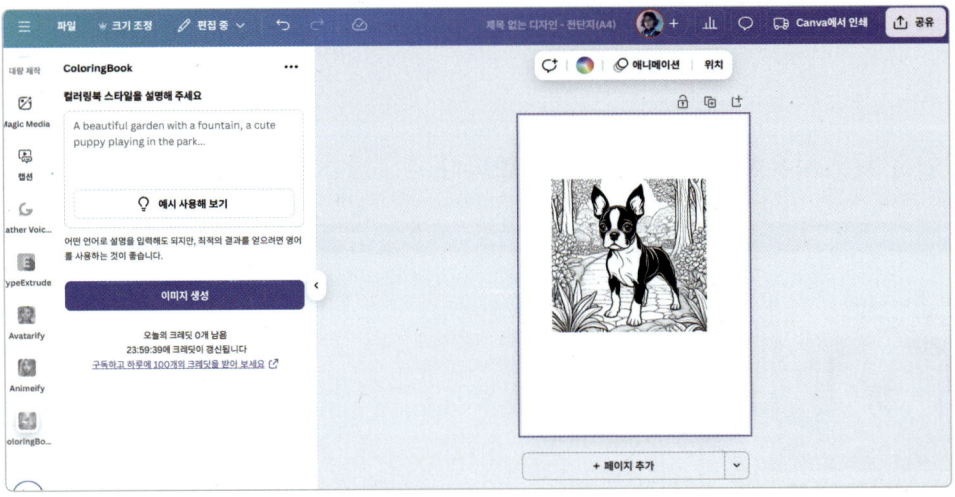

❺ 'coloringbook' 앱은 매일 1 크레딧이 주어지므로 하루에 1개의 이미지만 생성이 가능합니다.

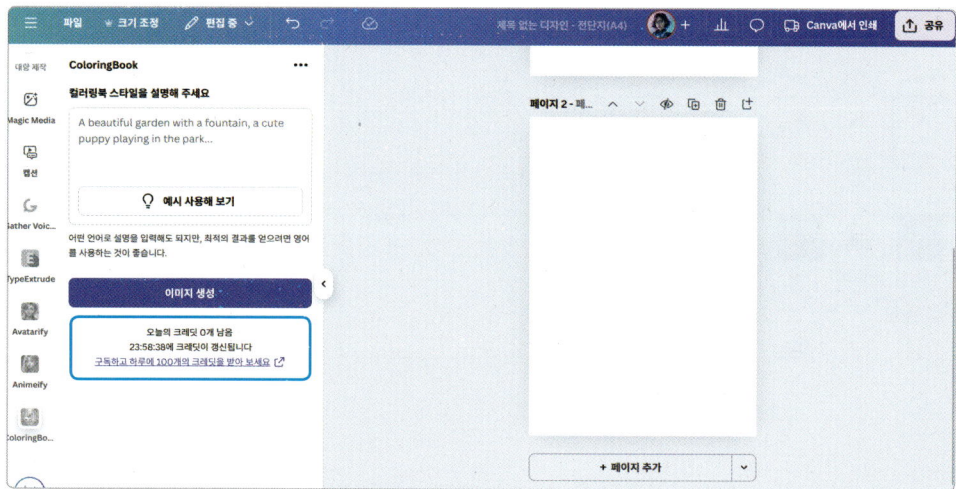

> **TIP**
>
> [요소]에 있는 이미지 중 일부는 유료 요소가 많을 수 있고 'ColoringBook' 앱은 하루에 1개의 이미지만 생성 가능합니다. 여러 개의 이미지를 만들고 싶다면 '드리미나' 또는 '레오나르도 AI'를 이용해 보세요. 키워드를 조합하여 프롬프트를 입력하면 원하는 스타일의 컬러링 이미지를 무료로 생성 할 수 있습니다.
> - 드리미나 : https://dreamina.capcut.com
> - 레오나르도 AI : https://leonardo.ai
> - 프롬프트 예시 : 'coloring page for kids, cat, cartoon style, thick line, low detail, no shading'

3. Magic Media로 컬러링 이미지 만들기

[Magic Media]를 활용하면 컬러링 이미지를 손쉽게 만들 수 있습니다.

❶ 캔바 홈 화면에서 [만들기]-[인쇄 제품]-[전단지(세로형)]을 클릭합니다. 왼쪽 사이드 패널에서 [앱]-[Magic Media]를 찾아 클릭합니다.

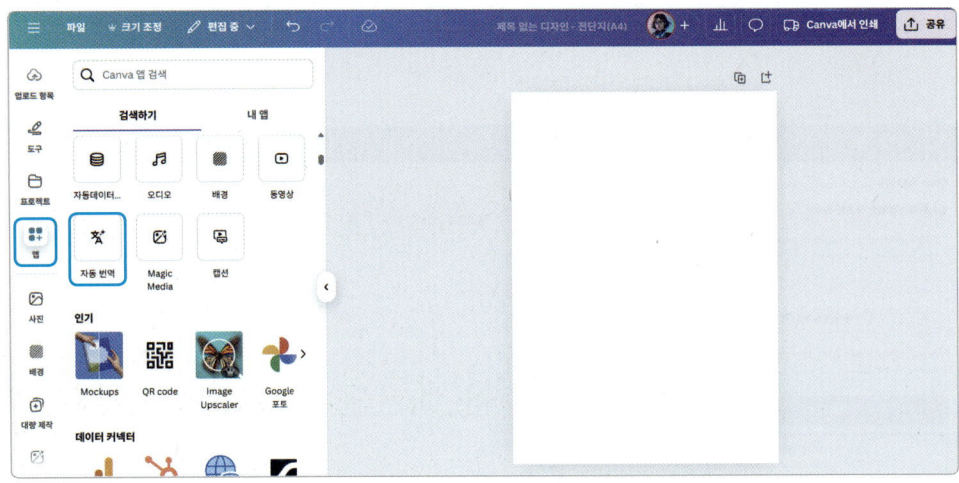

❷ 프롬프트 창에 만들고 싶은 이미지의 프롬프트를 입력한 후, [그래픽]-[스타일]-[라인아트]를 선택하고 [그래픽 생성]을 클릭합니다.

❸ 4개의 이미지가 생성되면 그중 마음에 드는 이미지를 클릭하여 페이지에 삽입합니다. 마음에 드는 이미지가 없다면 [다시 생성]을 클릭하거나, [돌아가기]를 클릭하여 프롬프트 내용을 수정한 후 [그래픽 생성]을 다시 클릭합니다.

> **TIP**
>
> 캔바 무료 사용자는 [Magic Media] 이용 시 50크레딧이 제공되고, 이미지를 한 번 생성할 때마다 1크레딧이 차감됩니다.

❹ 같은 프롬프트를 [그래픽]-[모노라인] 스타일로 적용하여 이미지를 생성한 모습입니다.

❺ 다음은 같은 프롬프트를 [그래픽]-[스케치] 스타일로 적용하여 생성한 이미지입니다. 여러 스타일을 비교하여 원하는 이미지를 생성합니다.

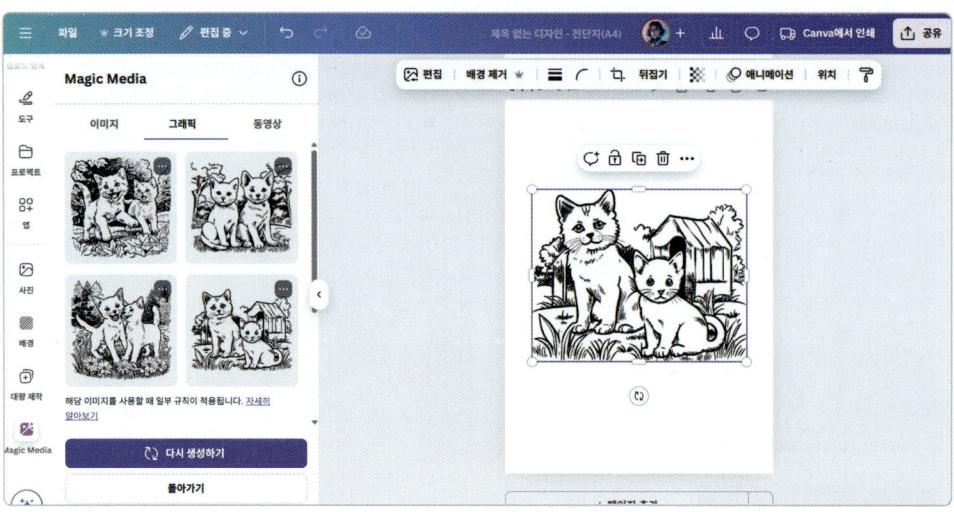

> **TIP**
>
> [Magic Media]에 입력할 내용은 한글도 가능하지만, 영어 프롬프트를 활용하면 더 좋은 결과를 얻을 수 있습니다. 영어 프롬프트가 필요할 경우 ChatGPT에 아래와 같은 방법으로 질문을 입력하고 결과값을 프롬프트로 활용합니다.
> - '5~7세 아이들을 위한 귀여운 동물 컬러링 이미지용 영어 프롬프트 10개만 만들어 줍니다.'

4. 컬러링 이미지 출력하기

완성된 컬러링 이미지 낱장으로 출력하기

완성된 컬러링 이미지를 파일로 저장한 후 한 장씩 출력할 수 있습니다.

❶ 캔바 화면 오른쪽 위의 [공유]-[다운로드]를 클릭합니다.

❷ [파일형식]을 클릭하여 [PNG]로 설정하고, [페이지 선택]에서 '현재 페이지'를 선택한 다음 [완료]를 클릭합니다.

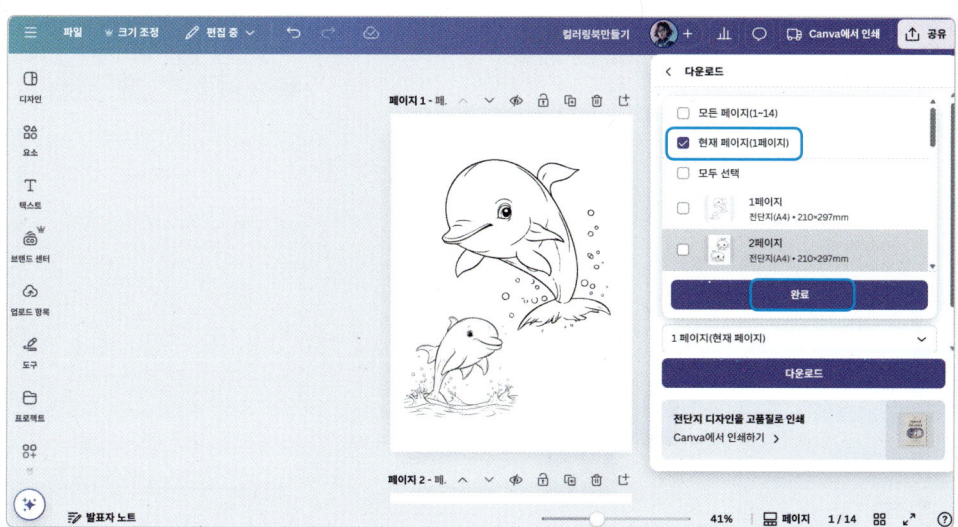

❸ 설정을 완료한 후 [다운로드]를 클릭하여 이미지를 저장합니다. 저장된 이미지는 '다운로드' 폴더에서 확인할 수 있습니다.

완성된 컬러링 이미지를 책으로 출력하기

컬러링 이미지를 책으로 제작하려면, 먼저 표지를 디자인한 후 PDF 파일로 저장하여 출력합니다.

❶ 캔바 홈 화면의 [최근 디자인]에서 작업한 컬러링북 디자인을 클릭하여 연 후, 표지를 만들기 위해 [페이지 추가]를 클릭합니다.

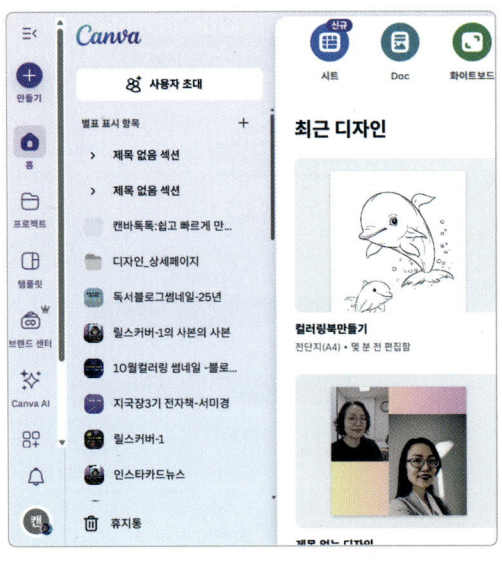 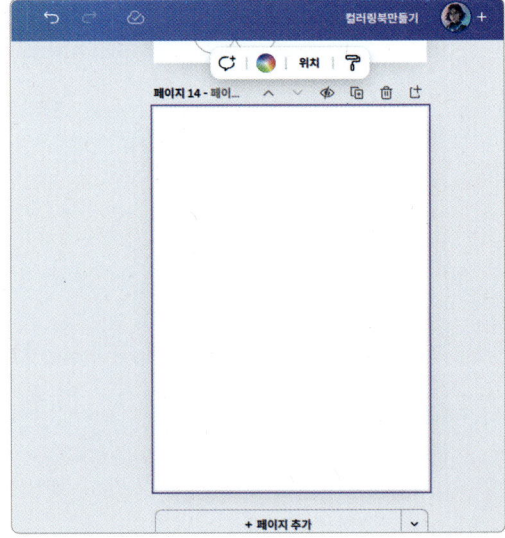

❷ 왼쪽 사이드 패널에서 [디자인]을 클릭한 후 검색창에 'kid book' 또는 'kids coloring book'을 검색하여 마음에 드는 표지 템플릿을 클릭합니다.

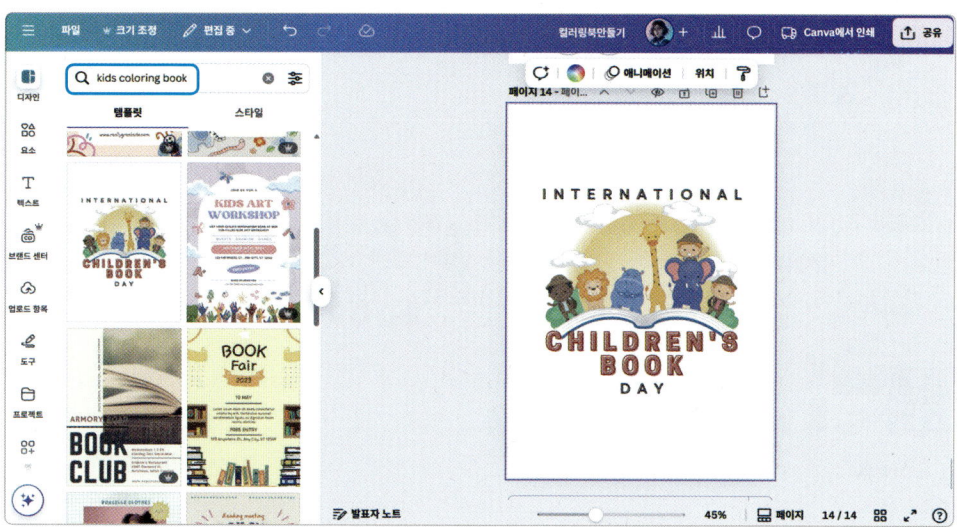

❸ 제목이 입력된 텍스트 상자를 더블클릭 한 후 원하는 제목을 입력한 후 에디터 툴바를 이용하여 [글꼴], [글꼴 크기], [텍스트 색상] 등을 변경합니다. 예시에서는 제목을 'COLORING BOOK'으로 변경하고, 폰트는 '210네버랜드'를 사용합니다.

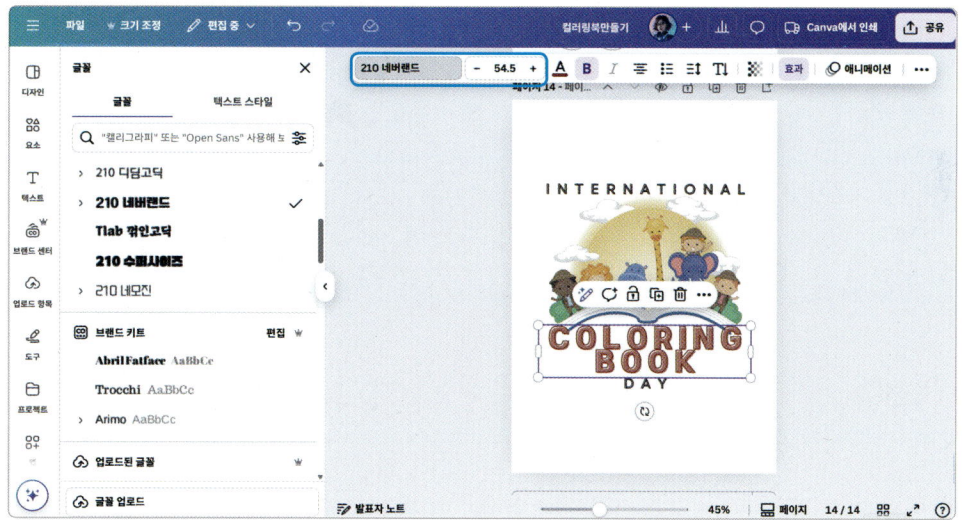

❹ 디자인에서 불필요한 요소는 선택하여 삭제합니다.

❺ 화면 오른쪽 아래의 [그리드 뷰]를 클릭하여 표지 페이지를 1페이지로 드래그하여 이동합니다.

❻ 컬러링북을 저장하기 위해 오른쪽 상단의 [공유]-[다운로드]를 클릭합니다.

❼ [파일형식]을 'PDF 표준'으로 설정하고 [다운로드]를 클릭하여 저장합니다.

다음은 3세부터 12세까지 어린이들이 쉽게 활용할 수 있도록 정리한 교육용 색칠 공부 자료 제작 가이드입니다. 색칠 공부는 즐거운 놀이를 통해 한글과 영어 단어를 익히고, 자연과 과학 개념도 쉽고 재미있게 배울 수 있는 좋은 학습 방법입니다.

한글 & 영어 단어 색칠 공부

동물, 과일, 탈것 등 다양한 주제의 단어를 색칠하며 자연스럽게 익힐 수 있습니다. 색칠하면서 단어를 기억할 수 있어, 아이들의 어휘력 향상에도 도움이 됩니다.

주제	내용
강아지	Dog
사과	Apple
자동차	Car

과학 & 자연 색칠 공부

동물, 식물, 지구 환경 등 자연과 관련된 개념을 색칠하면서 쉽고 재미있게 배울 수 있습니다. 학습과 놀이를 동시에 즐길 수 있어 교육 효과도 높습니다.

주제	내용
식물과 나무	나무와 식물의 모양
지구 환경	바다, 공기, 재활용 개념
과학 개념	태양계 행성, 날씨 변화

도구별 추천 컬러링북 스타일

컬러링북을 색칠할 때 사용하는 도구에 따라 결과물이 달라집니다. 색연필, 크레용, 마커는 각각의 특징과 장점이 있으므로, 원하는 스타일에 맞게 선택합니다.

도구	추천 스타일	추천 컬러링북 테마
크레용	단순한 라인아트, 넓은 면적이 있는 도안	어린이용 컬러링북, 귀여운 캐릭터, 배경이 많은 그림
색연필	디테일한 선화, 섬세한 명암 조절 가능	동물, 인물, 정교한 패턴, 자연풍경
마커(펜)	강렬한 대비, 만화 스타일 표현	애니메이션 스타일, 만다라, 그래픽 디자인

크레용 사용법 & 특징

- 부드럽게 발색되며, 강한 압력 없이도 색칠 가능
- 여러 번 덧칠하면 색이 더 진해짐
- 텍스처(질감) 효과가 생기며, 빈 공간 없이 칠하기 좋음
- 손으로 문질러 그라데이션 효과 연출 가능

활용법
- 넓은 면적을 빠르게 채우고 싶을 때 사용(예 하늘, 잔디, 배경)
- 부드러운 색감이 필요한 장면에서 적합(예 인형, 동물)

색연필 사용법 & 특징

- 세밀한 부분을 정교하게 색칠 가능
- 명암과 그라데이션 표현이 쉬움
- 겹쳐 칠하면 깊이 있는 색감 연출 가능

활용법
- 정교한 캐릭터 색칠(예 눈동자, 머리카락, 나뭇잎)
- 색을 여러 번 덧칠하면 명암 표현 가능(예 그림자의 자연스러운 흐름)

마커(펜) 사용법 & 특징

- 강한 발색, 색이 매우 선명함
- 빠르게 색칠할 수 있음
- 번짐 주의해야 하며, 종이가 얇으면 뒷면으로 배어 나올 수 있음

활용법

- 선명하고 강렬한 색상이 필요한 경우(예 만화, 그래픽 스타일 색칠)
- 번짐이 없는 마커를 사용하면 깔끔한 색칠 가능

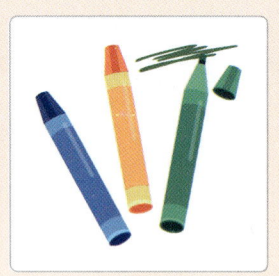

직접 만든 컬러링북을 출판하면, 나만의 작품을 세상에 알리고, 판매까지 할 수 있습니다. 캔바를 활용하면 누구나 손쉽게 컬러링북을 제작할 수 있으니, 지금 바로 도전해 보세요!

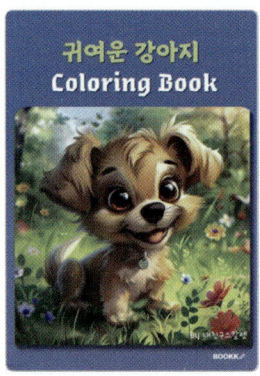

STEP 06

Canva

06 : 재미있는 한글 퀴즈/빙고 게임 활동지 만들기

캔바를 활용하여 교육적이고 재미있는 한글 학습 도구를 만들 수 있습니다. 이러한 활동지는 학습자의 어휘력, 사고력, 패턴 인식 능력을 향상시키는 데 도움이 됩니다. 또한 흥미와 몰입을 통해 학습자들이 자연스럽게 한글의 구조와 의미를 익힐 수 있게 합니다. 이 장에서는 캔바를 활용해 한글 퀴즈와 빙고 게임 활동지를 제작하는 방법을 알아 봅니다.

1. 캔바로 만들 수 있는 한글 퀴즈

O.X 퀴즈, 맞춤법 퀴즈, 가로세로 낱말퀴즈, 단어 퀴즈, 초성 퀴즈, 이모티콘 속담 퀴즈, 고사성어 퀴즈 등 다양한 한글 퀴즈를 캔바로 제작할 수 있습니다. 캔바에서 퀴즈 템플릿을 검색하면 여러 형태의 템플릿이 있지만, 대부분 영어로 되어 있습니다. 원하는 한글 퀴즈를 만들기 위해서는 이러한 템플릿을 한글로 수정하거나 직접 새롭게 디자인해야 합니다.

- 맞춤법 퀴즈

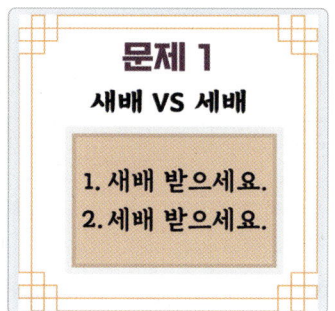

- 가로세로 낱말 퀴즈

- 한글 단어 퀴즈

- 초성 퀴즈

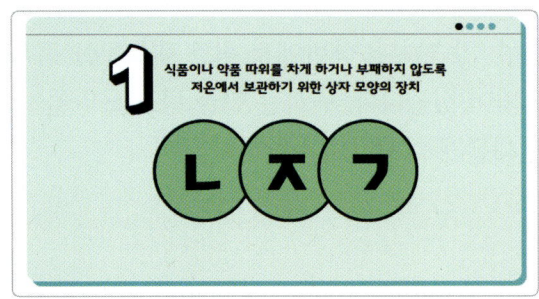 

- 이모티콘 속담 퀴즈

- 고사성어 퀴즈

 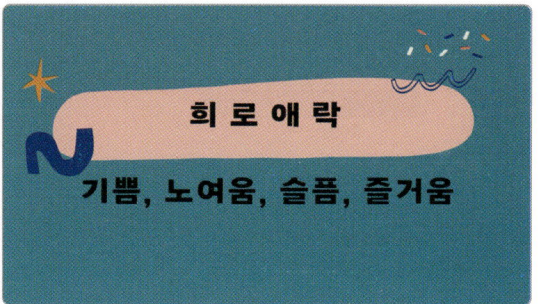

앞서 제시된 예시처럼 캔바로 다양한 퀴즈를 만들어 SNS 콘텐츠나 PPT 강의 자료로 활용할 수 있습니다. 또한 활동지 형태로 제작하여 학습자들의 문해력 향상을 위한 교육 도구로도 사용할 수 있습니다. 그럼 위의 예시 중 한글 단어 퀴즈를 함께 만들어 보겠습니다.

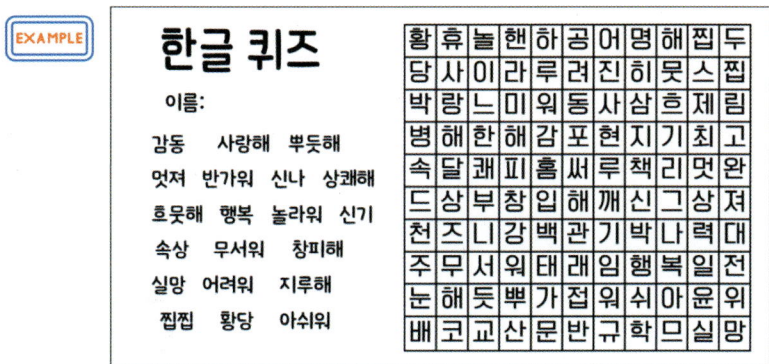

디자인 시작하기

❶ 캔바 홈 화면에서 [프레젠테이션]을 클릭합니다.

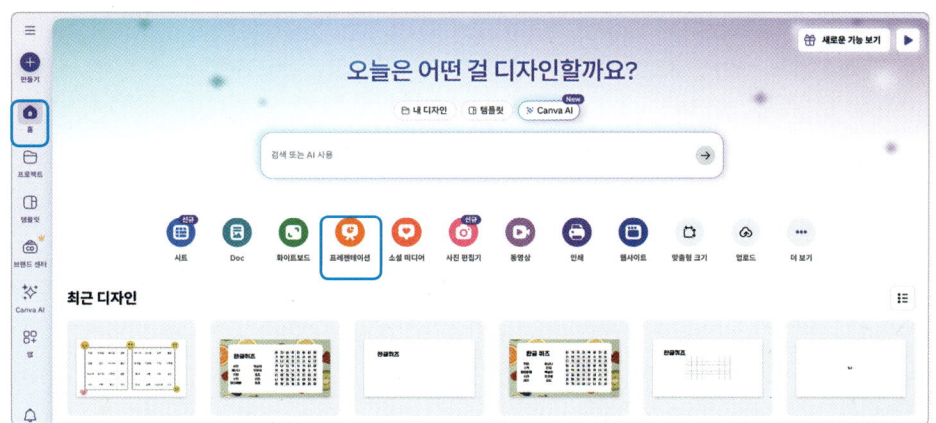

❷ 왼쪽 사이드 패널에서 [텍스트]-[텍스트 상자 추가]를 클릭합니다.

❸ '한글 퀴즈' 또는 '한글 단어 퀴즈'로 제목을 작성하거나 자신만의 퀴즈 제목을 입력합니다. 네 방향 화살표 모양의 이동 핸들을 클릭하여 제목을 왼쪽 상단에 배치하고 상단의 에디터 툴바에서 글꼴 및 글꼴 크기를 변경합니다.

디자인에 표 삽입하기

❶ 왼쪽 아래에 있는 반짝이는 [빠른 작업] 아이콘을 클릭합니다. 검색창에 '표'를 입력한 후, 아래에 나타나는 [표] 메뉴를 선택합니다.

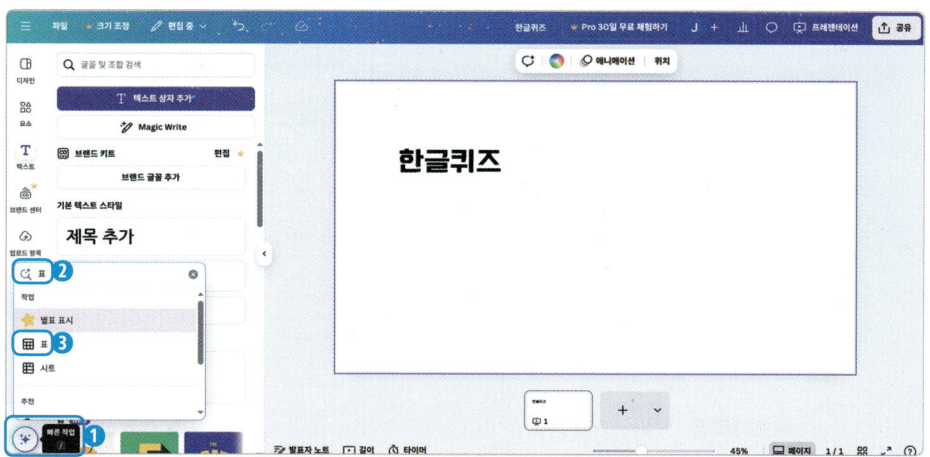

> **여기서 잠깐!**
>
> **빠른 작업**
>
> 빠른 작업은 캔바에서 필요한 기능을 빠르게 찾고, 다양한 도구에 즉시 접근할 수 있도록 도와주는 기능입니다. 키보드에서 단축키 슬래시(/)를 눌러 빠른 작업 메뉴를 열 수도 있습니다.

❷ 첫 번째 칸에서 오른쪽 아래로 드래그하면 8×8 크기까지 쉽게 만들 수 있습니다. 활동지의 대상에 따라서 난이도를 결정하고 원하는 표 크기에 맞춰 드래그하면 바로 디자인에 표가 삽입됩니다. 예시에서는 8×8 사이즈로 선택합니다.

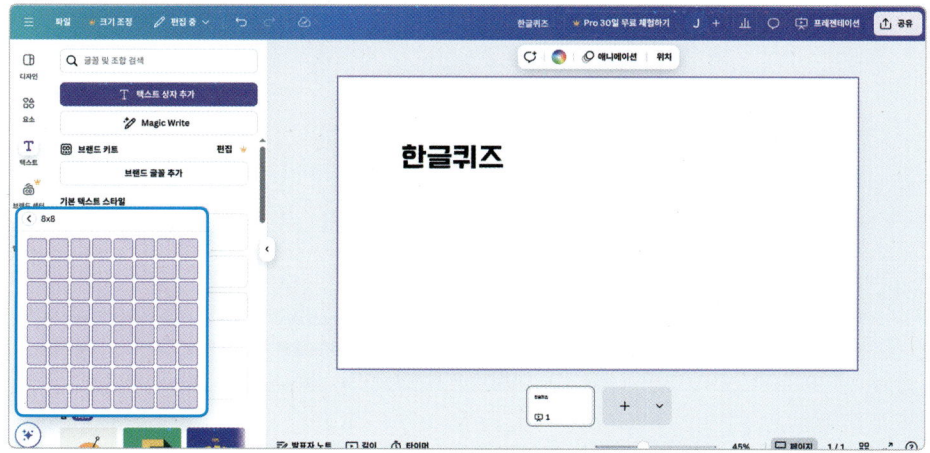

> **여기서 잠깐!**
>
> **표의 세부조정**
>
> 표를 선택한 상태에서 상단 메뉴의 [더보기(···)] 아이콘을 누르면, 행과 열의 추가, 삭제, 이동 등의 세부조정도 가능합니다.

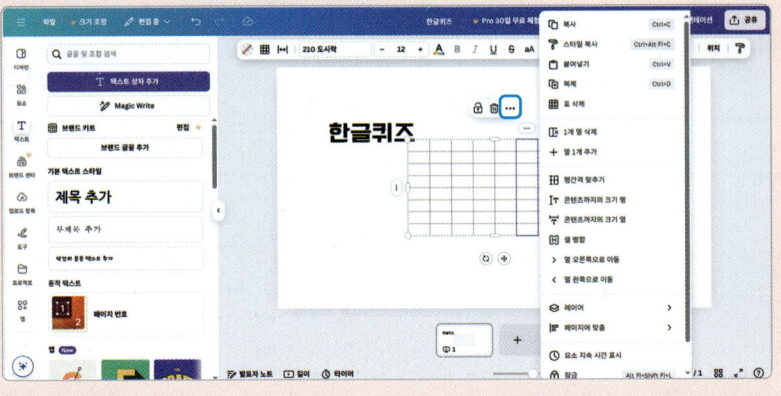

ChatGPT를 이용하여 퀴즈 내용 작성하기

한글 퀴즈는 표에 직접 단어를 입력해 만들 수도 있지만, ChatGPT를 활용하면 더 빠르고 쉽게 제작할 수 있습니다. 8×8 퀴즈에는 10개 정도의 단어가 적합하고, 12×12 퀴즈에는 약 15개의 단어가 적절합니다.

❶ ChatGPT에 다음과 같은 프롬프트를 입력합니다.

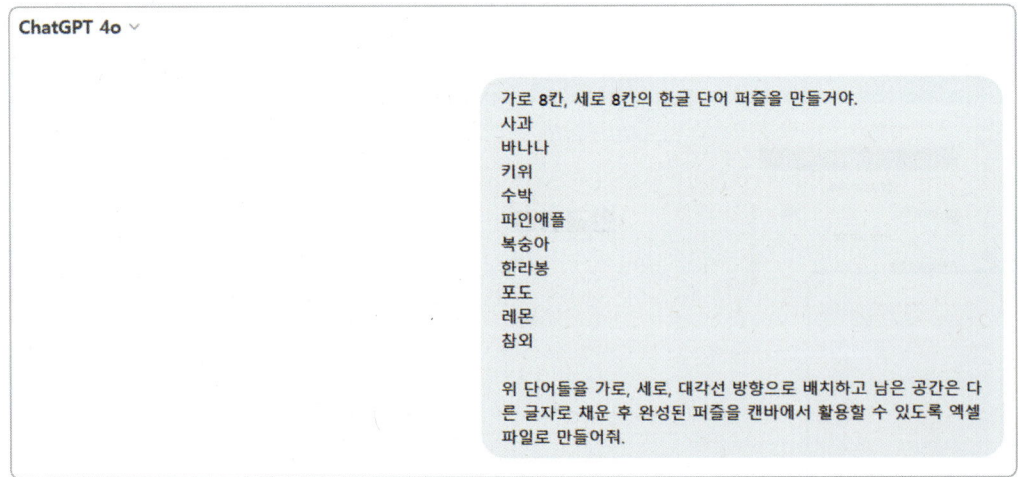

❷ ChatGPT에서 생성된 엑셀 파일을 다운로드한 후 해당 파일을 엽니다.

❸ 전체 텍스트를 드래그하여 선택 한 후, 마우스 오른쪽 버튼을 눌러 [복사]를 클릭합니다.

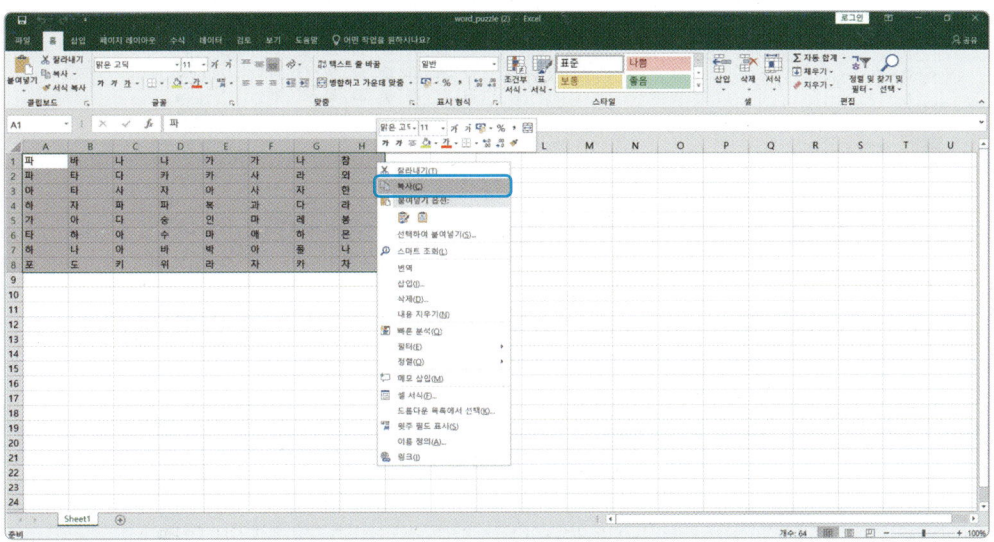

❹ 캔바 화면으로 돌아와 표의 첫 번째 칸을 클릭한 후 마우스 오른쪽 버튼을 클릭하여 [붙여넣기]를 선택합니다. 엑셀 자료가 표에 삽입됩니다.

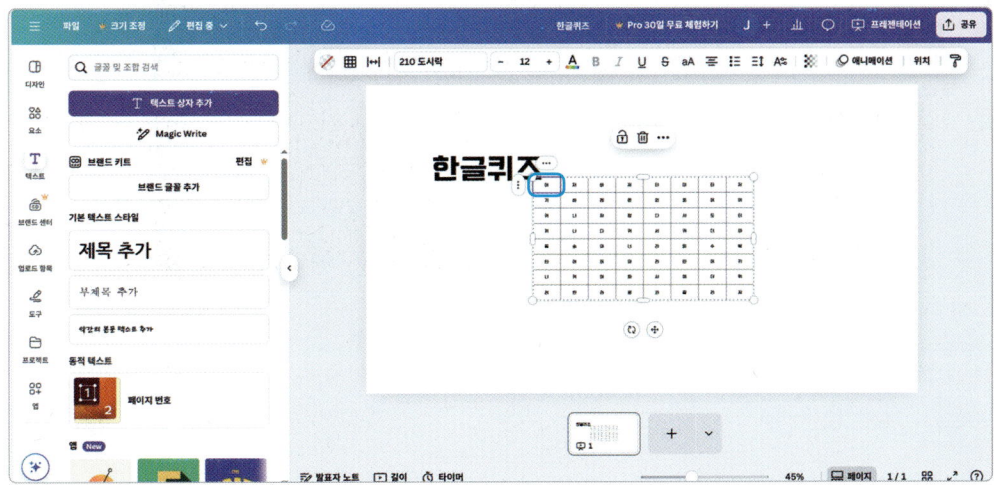

❺ 표에서 네 방향 화살표 모양의 이동핸들을 클릭하여 표 전체를 선택한 후, 에디터 툴바에서 글꼴은 '210도시락', 글꼴 크기는 '40'으로 설정합니다.

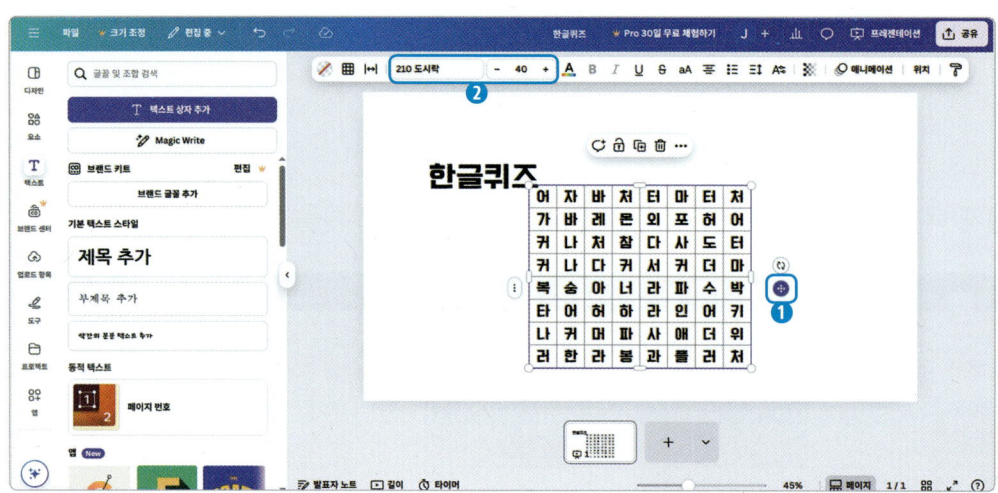

❻ 표의 이동핸들을 클릭한 상태로 드래그하여 오른쪽으로 배치합니다.

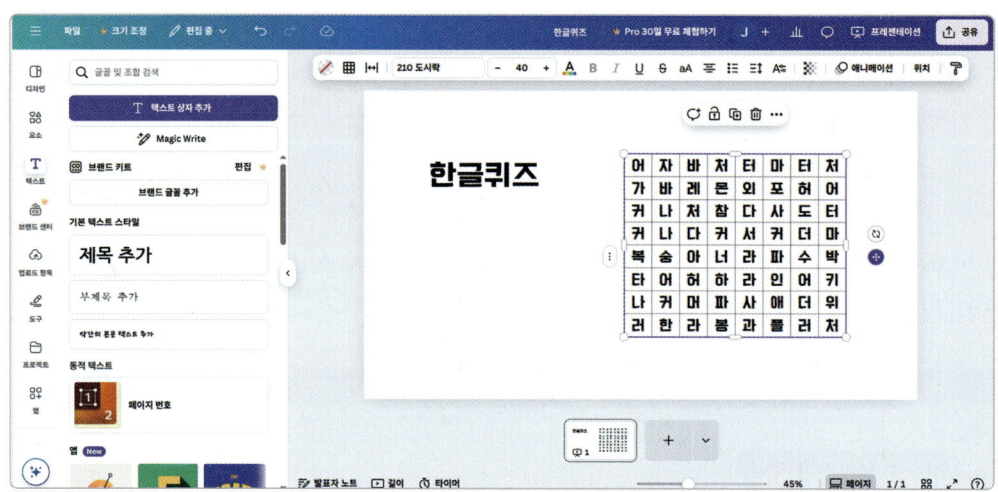

퀴즈 단어 배열하기

❶ 표에서 찾아야할 단어가 무엇인지 헷갈리지 않도록 사이드 패널에서 [텍스트]-[텍스트 상자 추가]를 클릭한 후, 정답을 제목 아래에 입력합니다.

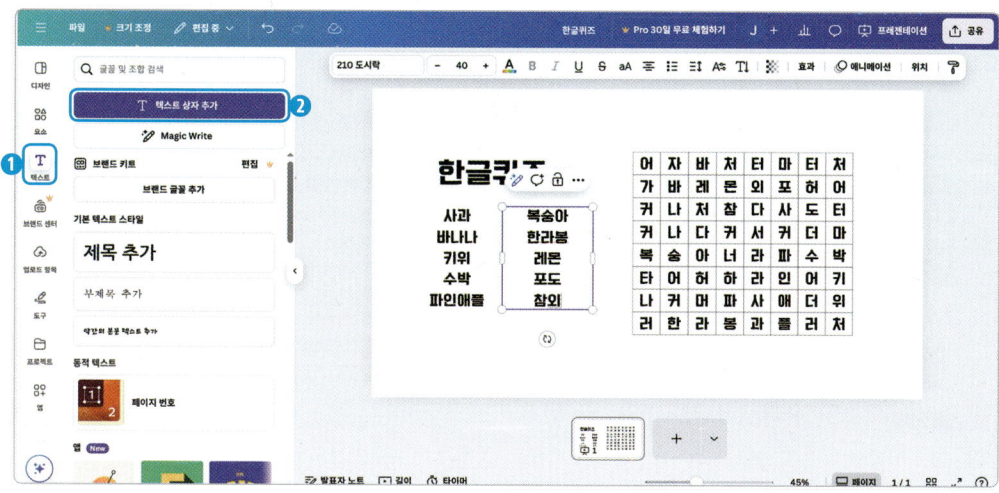

템플릿과 요소를 이용하여 완성하기

❶ 사이드 패널의 [요소]를 클릭한 후 검색창에 '과일배경'이라고 입력합니다. [그래픽] 메뉴에서 어울리는 배경을 클릭하여 페이지에 삽입합니다.

❷ 삽입한 이미지를 배경으로 지정하기 위해 마우스 오른쪽 버튼을 클릭하여 [이미지를 배경으로 설정]을 선택합니다.

❸ 사이드 패널의 [요소] 검색창에서 이전에 입력한 '과일배경' 검색어를 삭제합니다. [요소]-[도형]에서 둥근 사각형을 클릭하여 삽입합니다. 도형 네 모서리의 크기 조정 핸들을 사용해 크기를 조절합니다.

❹ 에디터 툴바에서 [색상]을 클릭하여 둥근 사각형의 색을 변경합니다.

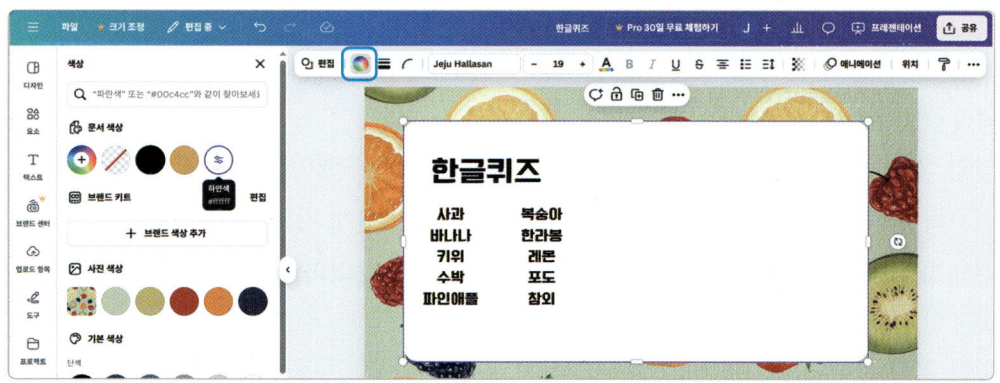

❺ 에디터 툴바에서 [위치]를 클릭한 후, [레이어] 탭을 선택합니다. 둥근 사각형 레이어를 클릭한 상태로 배경 바로 위로 드래그하여 위치를 조정하고 한글 단어 퀴즈를 완성합니다.

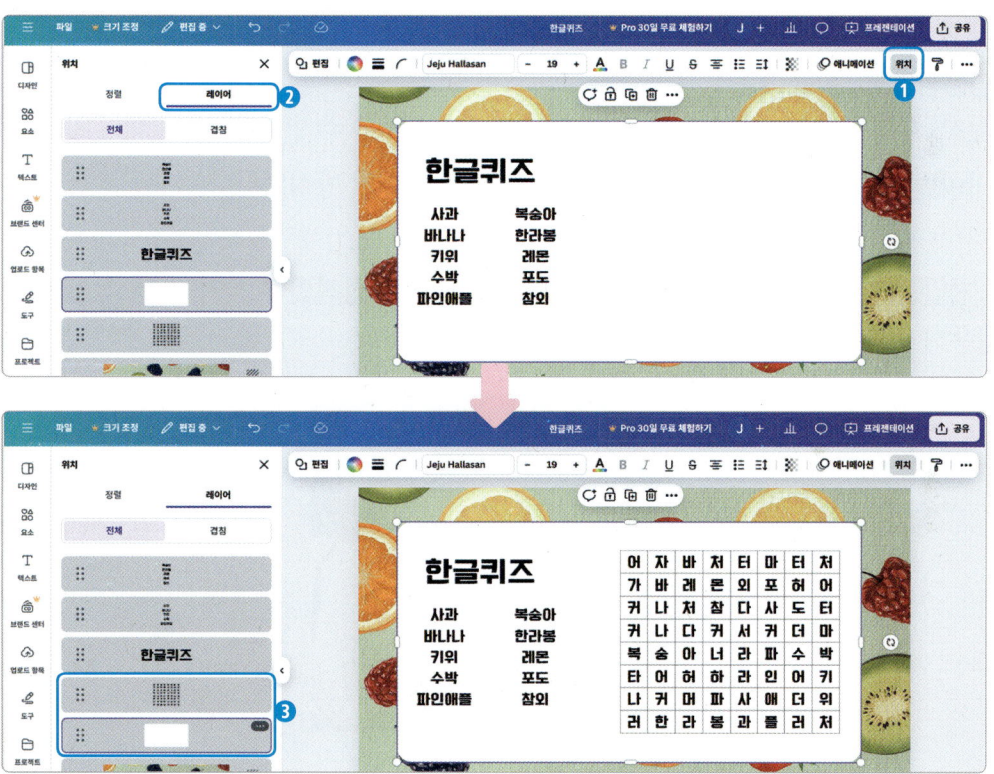

> **TIP** **레이어란**
>
> 레이어는 디자인에서 요소들이 쌓이는 순서를 말합니다. 마치 투명한 종이를 겹겹이 쌓아 올리는 것처럼, 각 요소가 서로 위아래로 배치됩니다. 이를 통해 어떤 요소가 앞에 보이고, 어떤 요소가 뒤에 숨겨질지 결정할 수 있습니다.

2. 빙고 게임 활동지 제작

빙고 게임은 다양한 분야에서 활용되며 다음과 같은 장점을 가지고 있습니다.

- **교육적 활용**
  - 단어 학습: 영어, 수학, 과학 등 다양한 과목에서 개념을 재미있게 익힐 수 있습니다.
  - 암기력 향상: 특정 정보를 반복적으로 접하며 자연스럽게 기억에 남습니다.
  - 문제 해결력: 전략적으로 숫자나 단어를 선택하며 사고력과 논리력이 향상됩니다.
- **팀워크 및 소통 강화**
  - 그룹 활동을 통해 협동심과 커뮤니케이션 능력을 기를 수 있습니다.
  - 친구 또는 가족과 함께 즐기면서 관계를 돈독히 할 수 있습니다.
- **재미와 몰입감**
  - 단순한 규칙으로 누구나 쉽게 참여할 수 있습니다.
  - 게임 요소로 인해 흥미를 유발하고 집중력을 높일 수 있습니다.
- **다양한 환경에서 활용 가능**
  - 교실, 사무실, 파티, 워크숍 등 다양한 상황에서 활용할 수 있습니다.
  - 아이들뿐만 아니라 성인들도 즐길 수 있는 유연한 게임 방식입니다.

빙고 게임은 단순하지만 교육적, 사회적, 심리적으로 긍정적인 효과가 많은 게임으로, 캔바 앱을 활용해 쉽게 제작할 수 있습니다.

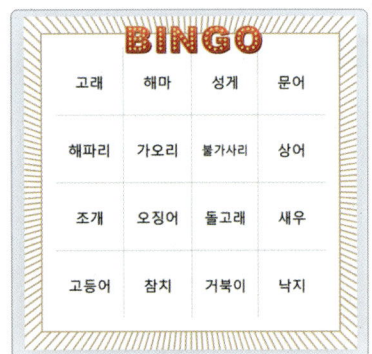  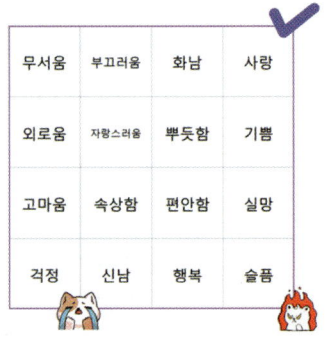

Bingo cards 앱 선택하기

❶ 직사각형, 가로형, 세로형 등 원하는 형태의 빙고 카드를 만들기 위해 캔바 [홈] 화면에서 캔버스 사이즈를 선택해 줍니다. 예시에서는 [프레젠테이션]을 클릭하여 열고 사이드 패널에서 [앱]을 클릭합니다.

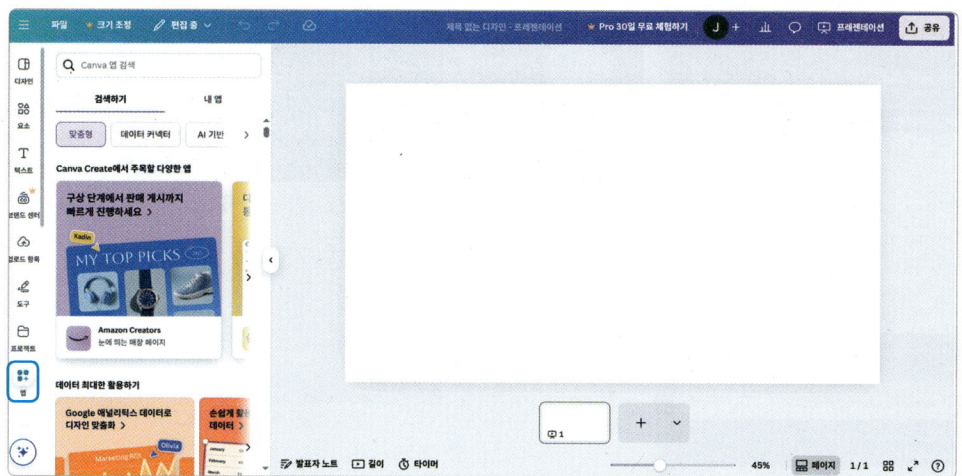

❷ 검색창에 'Bingo'를 입력한 후, [Bingo cards] 앱을 클릭합니다. 이때 해당 앱을 처음 사용한다면 [열기]를 클릭합니다.

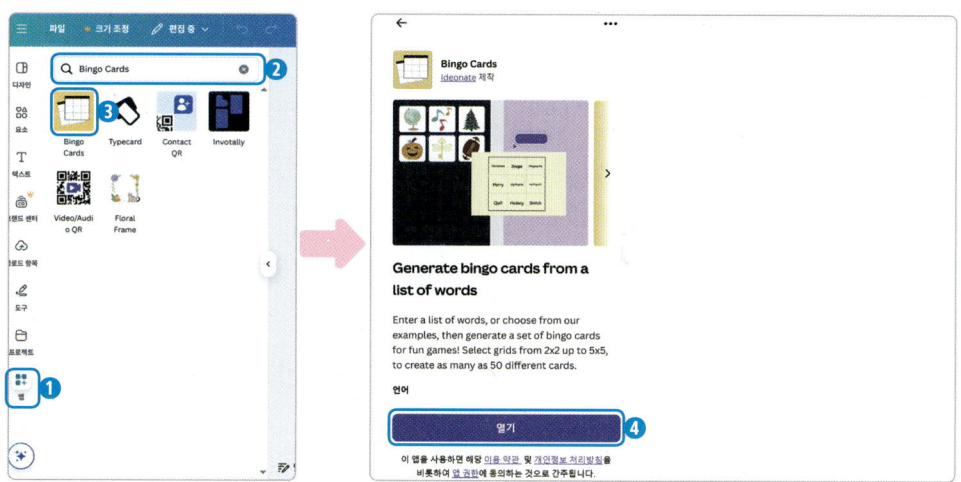

❸ [Bingo cards] 메뉴를 확인합니다.

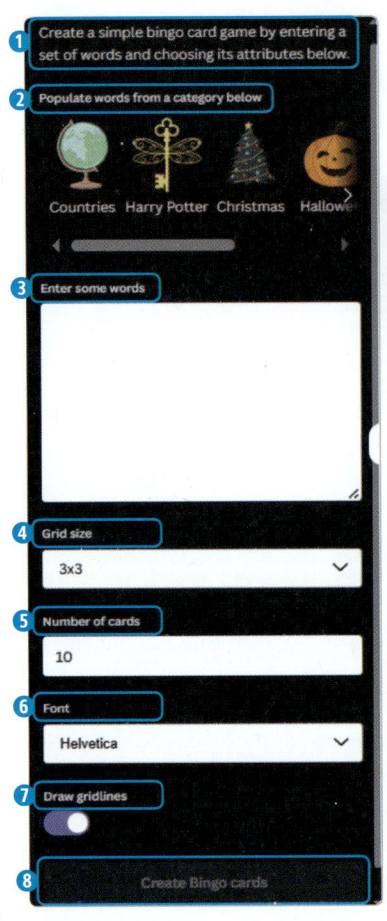

❶ 간단한 빙고 카드 게임을 만들려면 단어 리스트를 입력하고 아래 항목들을 순서대로 설정합니다.

❷ 아래 이모티콘 항목을 클릭하면, 해당 주제의 단어 리스트가 자동으로 입력됩니다.(예 나라, 해리 포터, 크리스마스 등)

❸ 원하는 주제가 없다면, 직접 단어를 입력해 나만의 리스트를 만들 수 있습니다.

❹ 그리드 사이즈를 2X2부터 5X5까지 선택할 수 있습니다.

❺ 생성할 빙고 카드의 개수를 선택합니다. 1부터 50까지 자유롭게 만들 수 있습니다.

❻ 생성할 빙고 카드의 글씨체를 선택합니다.

❼ 빙고 카드의 테두리 유, 무를 선택합니다.

❽ 빙고 카드를 생성합니다.

빙고 카드 생성하기

❶ 실제 수업에서 활용할 수 있도록 4×4 형식의 빙고 카드를 만들어 보겠습니다. 4×4 형식을 사용하려면 최소 16개의 단어가 필요하므로, 감정을 표현하는 16개의 단어를 하얀색 빈칸에 입력합니다.

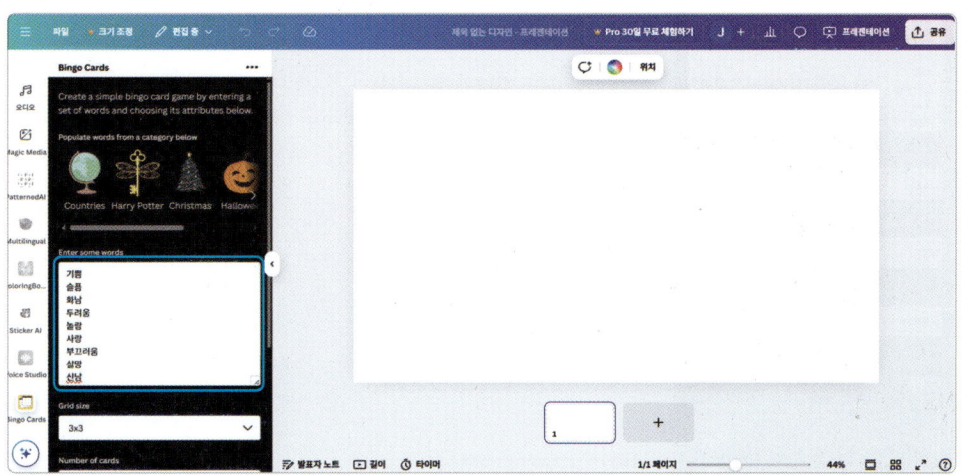

> **TIP**
>
> 빙고 앱에 단어를 입력할 때는 한 단어를 입력한 후 반드시 '엔터'를 눌러 줄 바꿈 해주어야 합니다. 그렇지 않으면 모든 단어가 한 칸에 몰려 제대로 구분되지 않을 수 있으니 주의합니다.

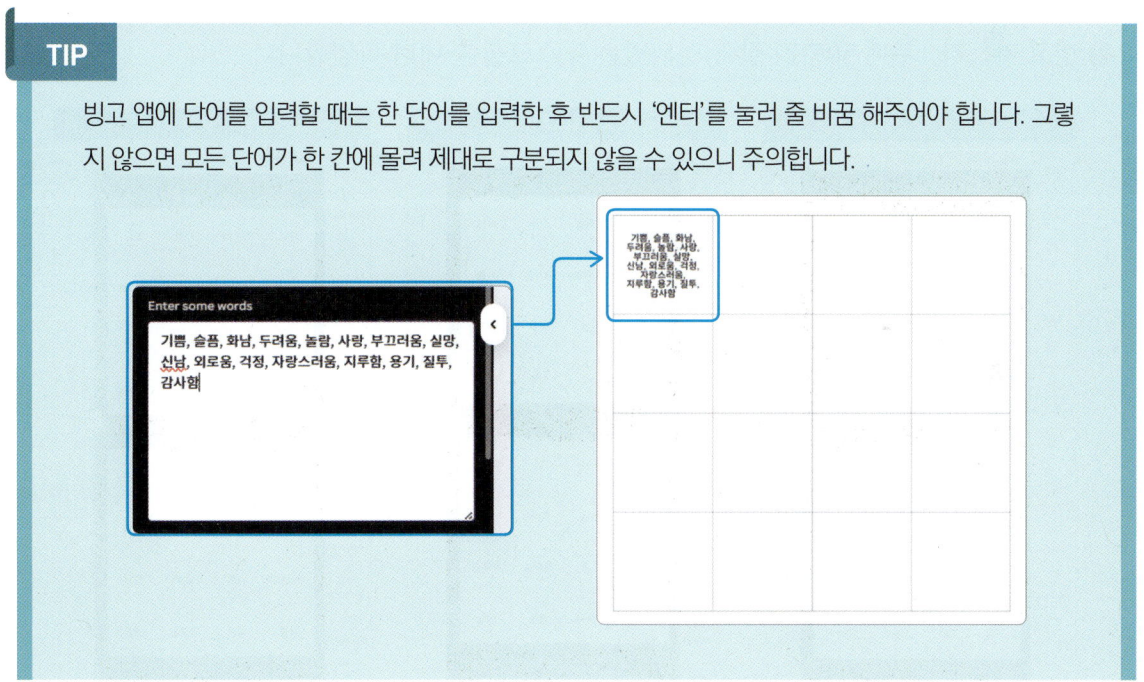

❷ 그리드 사이즈를 4×4로 설정하고 생성할 카드 개수를 50으로 입력한 후 [Create Bingo cards]를 클릭하여 빙고 카드를 만듭니다.

❸ 빙고 카드가 1부터 50까지 잘 생성되었는지 스크롤을 내려 확인합니다.

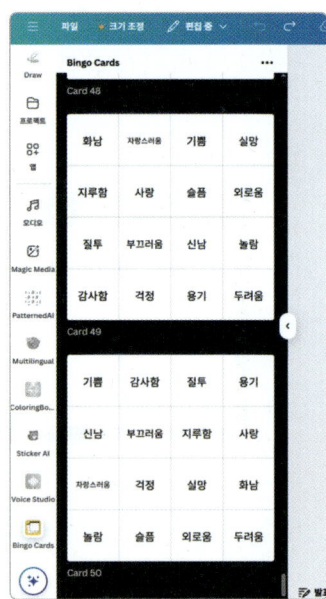

빙고 카드 완성하기

❶ 빙고 카드를 선택하여 가져온 후, 크기를 조절해 한 장에 여러 개의 빙고 카드를 배치합니다. 게임을 진행할 인원수와 필요한 카드 수를 고려하여 적절한 개수를 페이지에 추가합니다.

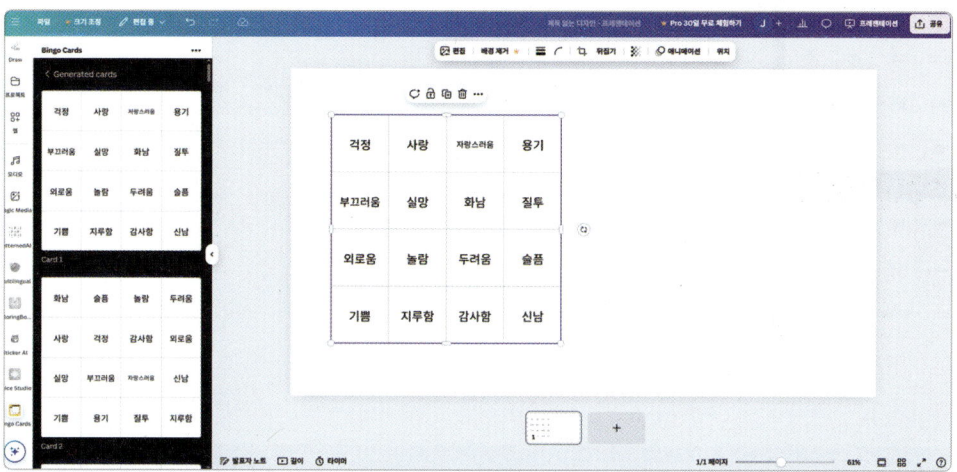

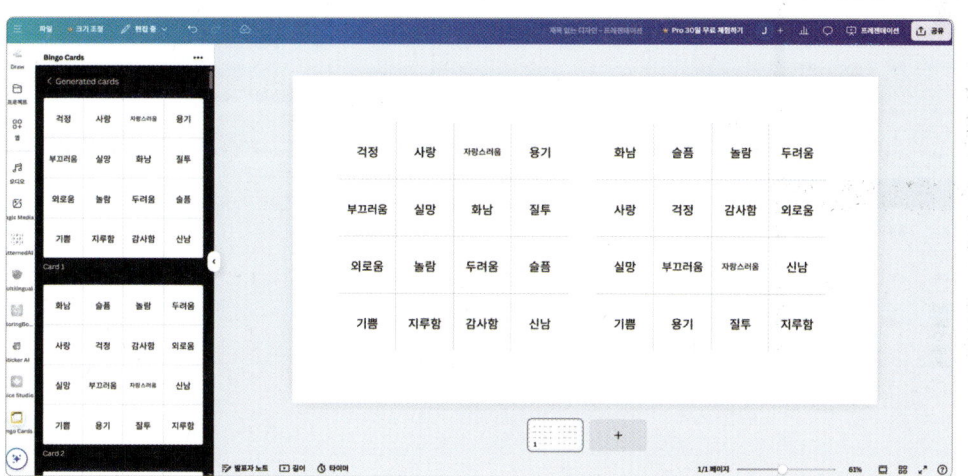

❷ 빙고 카드를 선택한 후, 에디터 툴바의 [테두리 스타일]을 클릭하여 테두리 선의 모양과 굵기를 설정합니다. 필요에 따라 테두리 색상도 변경할 수 있습니다.

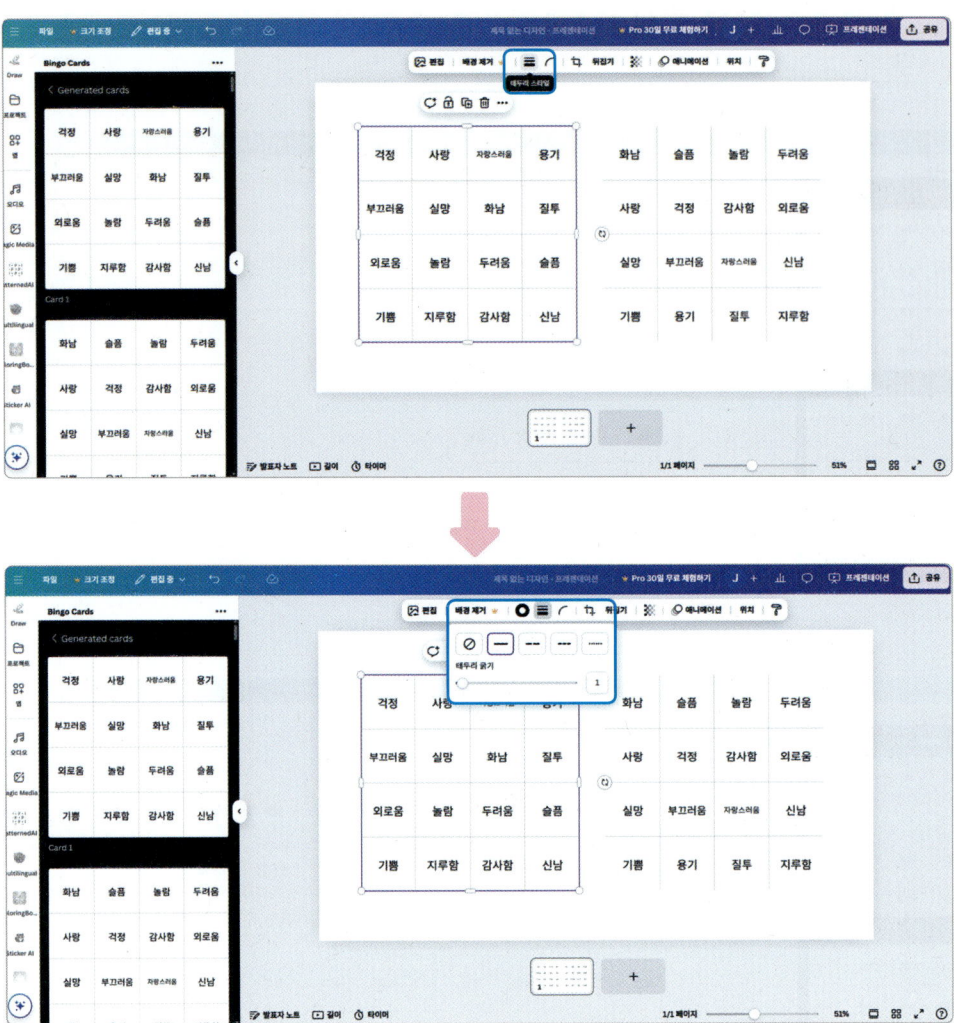

❸ 빙고 카드의 단어와 어울리는 디자인 요소를 추가하기 위해 사이드 패널의 [요소] 검색창에 '감정'을 입력합니다.

❹ 카테고리에서 [그래픽]을 선택하여 다양한 감정 요소를 선택하고 디자인에 추가한 후 빙고 카드를 완성합니다.

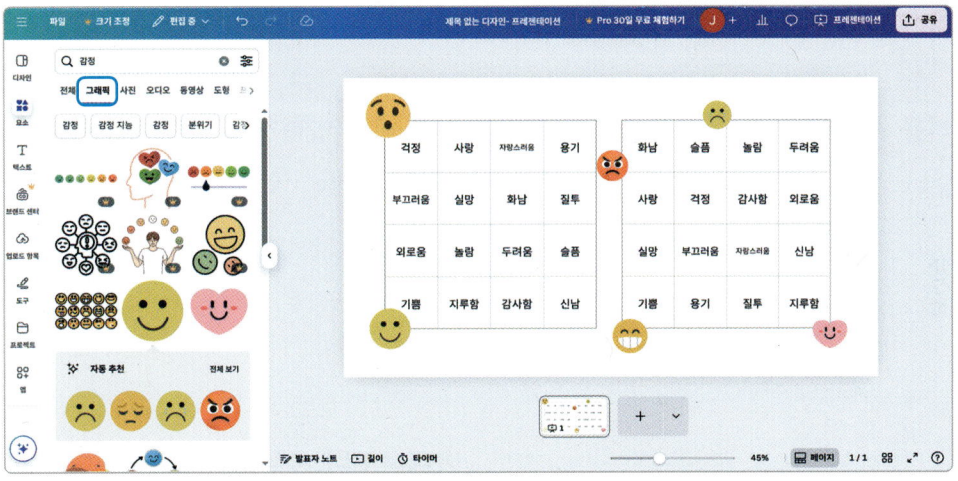

이제 캔바의 앱을 사용해서 다양한 주제의 빙고 게임을 직접 만들어 보세요!

STEP 07

07 : 스토리를 담은 영상 그림책, 손쉽게 제작하기

Canva

디지털 시대의 발전과 AI 기술의 등장으로 콘텐츠 제작이 훨씬 쉬워졌습니다. ChatGPT를 활용해 스토리와 삽화 프롬프트를 만들고, 이를 캔바의 매직미디어(Magic Media) 기능으로 시각화한 뒤 음성까지 더하면 누구나 멋진 영상 그림책을 만들 수 있습니다. 이 장에서는 ChatGPT와 캔바를 활용해 영상 그림책을 제작하는 전 과정을 자세히 알아 봅니다. 참고로, 생성형 AI 도구의 특성상 교재와 동일한 결과물이 나오지는 않지만, 단계별 과정을 따라하다 보면 나만의 특별한 영상 그림책을 완성할 수 있습니다.

1. ChatGPT로 스토리 및 삽화 프롬프트 생성하기

❶ 스토리를 생성하기 위해 ChatGPT에 접속합니다. 대화 입력창에 그림 책 스토리 작성을 위한 프롬프트(주제, 대상 연령, 형식 등)를 입력한 후 Enter 를 누릅니다.

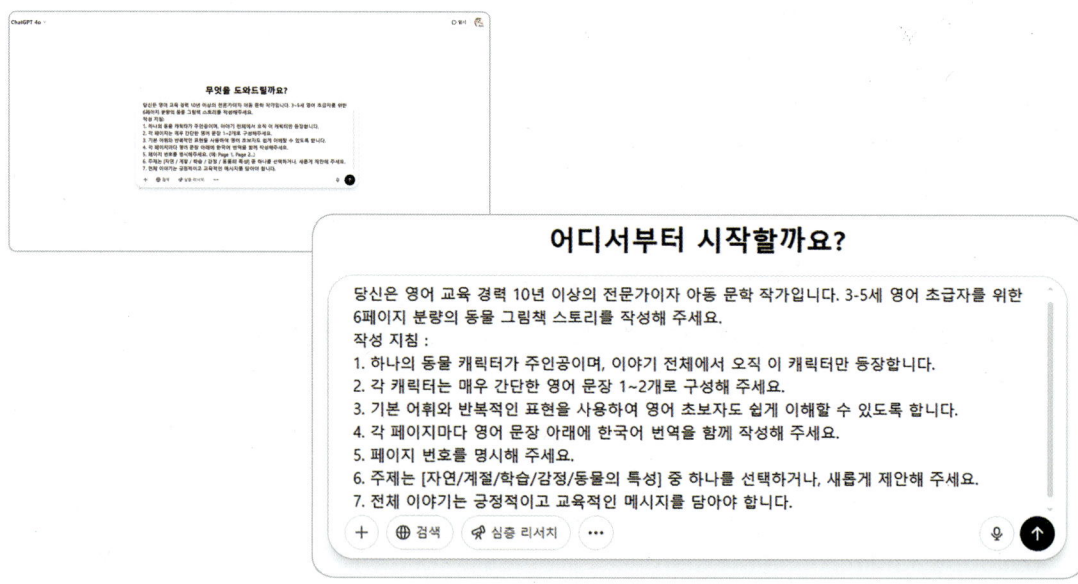

| TIP | **AI 그림책을 위한 프롬프트와 삽화 작성 팁** |

- 프롬프트 작성 시 '당신은 10년 경력의 아동 도서 작가입니다'와 같은 페르소나를 먼저 설정하면 더 전문적인 스토리를 얻을 수 있습니다. 여기에 주요 키워드, 테마, 대상 연령층, 페이지 수를 구체적으로 입력합니다.
- 캔바의 매직미디어로 삽화를 생성하기 위해서는 등장인물 수를 최소화하는 것이 좋습니다. 특히 사람보다는 동물 캐릭터를, 여러 캐릭터보다는 주인공 단일 캐릭터 중심의 스토리를 만드는 것이 더 나은 결과물을 얻을 수 있습니다.

❷ 스토리가 완성되면 삽화 생성을 위한 프롬프트를 입력합니다. 생성된 스토리와 삽화 프롬프트를 검토하여 필요한 경우 '더 쉬운 표현으로 수정해줘', '배경을 초원으로 바꿔줘' 등의 수정을 통해 스토리와 삽화를 완성합니다.

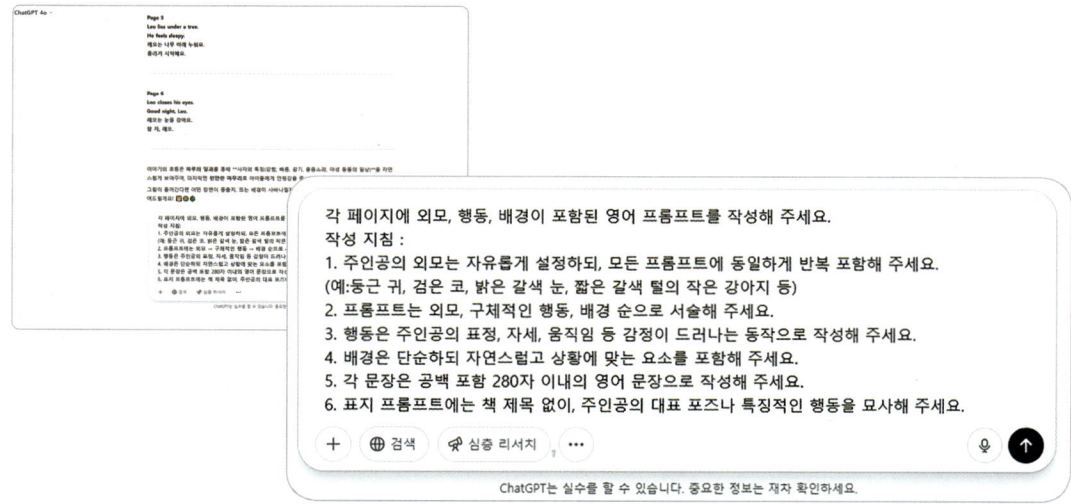

| TIP | **한글 그림책 프롬프트 예시** |

이 책의 예시는 간단한 구성을 보여주기 위한 것이며, 캔바를 활용하면 짧은 이야기뿐 아니라 더 긴 분량의 그림책도 자유롭게 만들 수 있습니다. 실제 그림책은 주제와 목적에 따라 다양한 방식으로 확장할 수 있으며, 꼭 짧고 간단한 형식에 제한될 필요는 없습니다.

아래에 소개하는 한글 프롬프트 역시 하나의 예시일 뿐이며, 여러분만의 아이디어에 따라 자유롭게 구성해 보시기 바랍니다.

프롬프트 예시

당신은 아동 문학 작가이자 유아 교육 전문가입니다. 3~5세 아이들을 위한 6페이지 분량의 동물 그림책 스토리를 작성해 주세요.

작성 지침:

1. 하나의 동물 캐릭터가 주인공이며, 이야기 전체에서 오직 이 캐릭터만 등장합니다.
2. 각 페이지는 간단한 한글 문장 1~2개로 구성해 주세요.
3. 유아가 이해하기 쉬운 기본 어휘와 반복 표현을 사용해 주세요.
4. 의성어와 의태어를 적절히 활용해 이야기에 생동감을 더해 주세요.
5. 페이지 번호를 명시해 주세요.
6. 주제는 [자연 / 계절 / 학습 / 감정 / 동물의 특성] 중 하나를 선택하거나 새롭게 제안해 주세요.
7. 전체 이야기는 긍정적이고 교육적인 메시지를 담아야 합니다.
8. 한글 자모음을 학습하는 유아를 위해 다양한 자음과 모음이 자연스럽게 포함되도록 구성해 주세요.

2. 매직미디어(Magic Media)로 삽화 생성하기

❶ 캔바에 접속하여 로그인한 후, 홈 화면에서 [만들기]를 클릭합니다. 팝업창이 열리면 [동영상]-[동영상(가로형)]을 선택합니다.

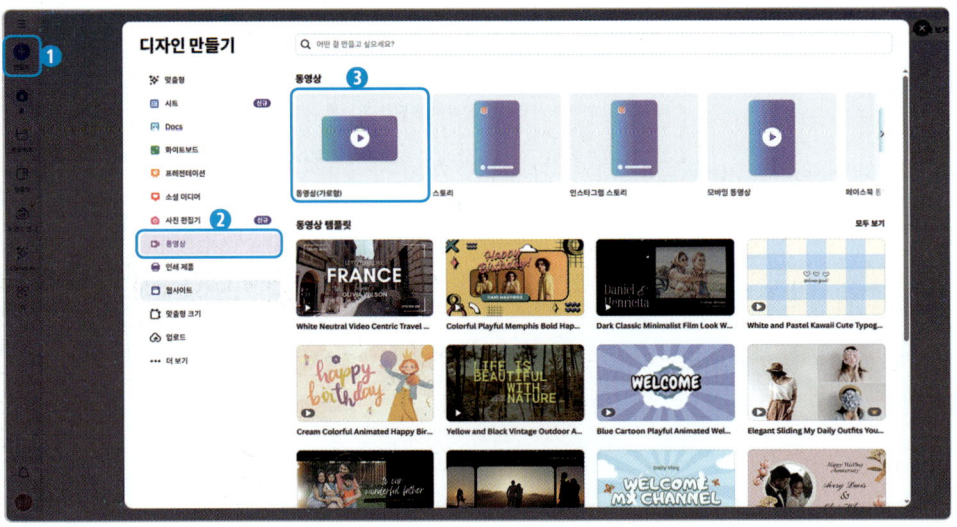

❷ 사이드 패널에서 [앱]-[Magic Media]를 차례로 클릭합니다.

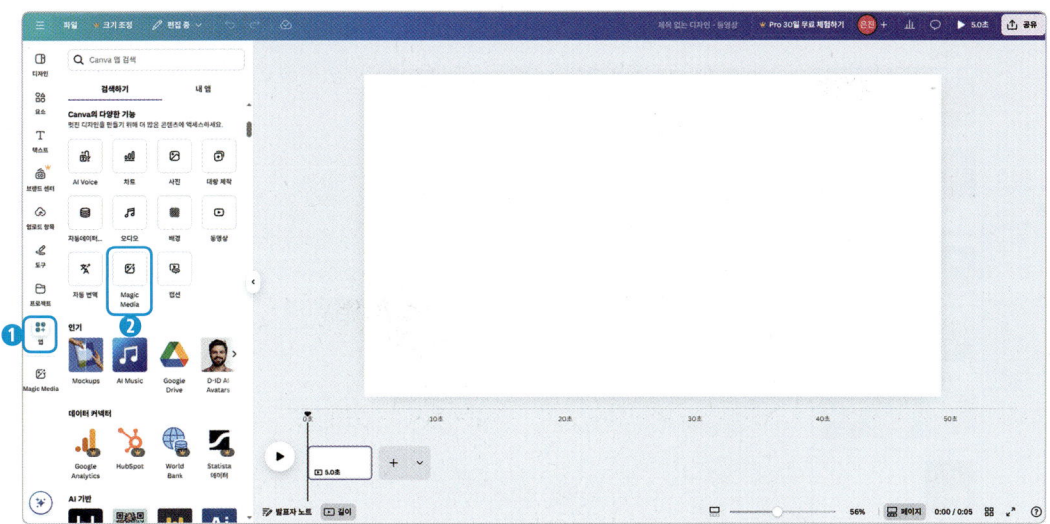

❸ 이미지 프롬프트 입력란에 ChatGPT에서 생성한 표지 삽화 프롬프트를 복사하여 붙여 넣은 다음, 이미지 표현 방식을 선택하기 위해 [스타일]을 클릭합니다.

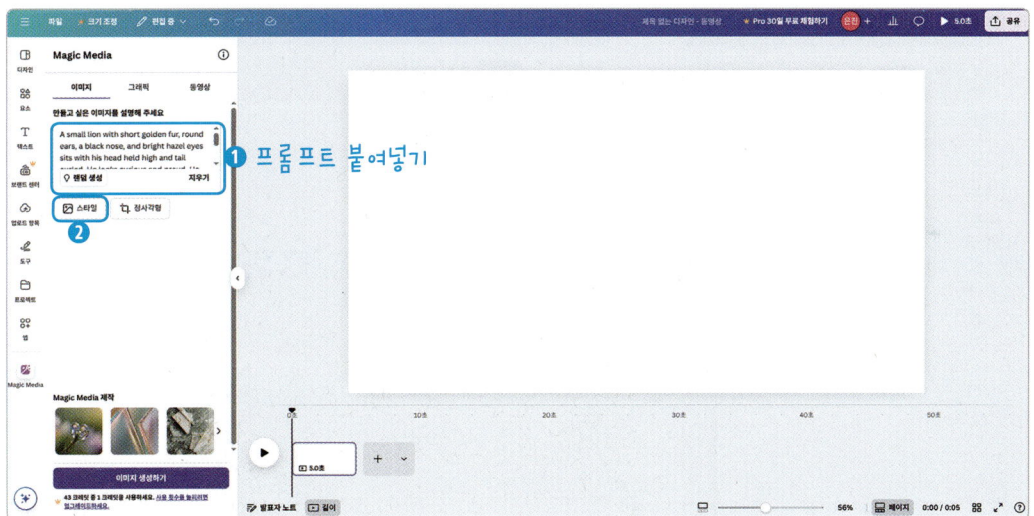

step 7 | 스토리를 담은 영상 그림책, 손쉽게 제작하기

❹ 마음에 드는 스타일을 찾아 클릭합니다.

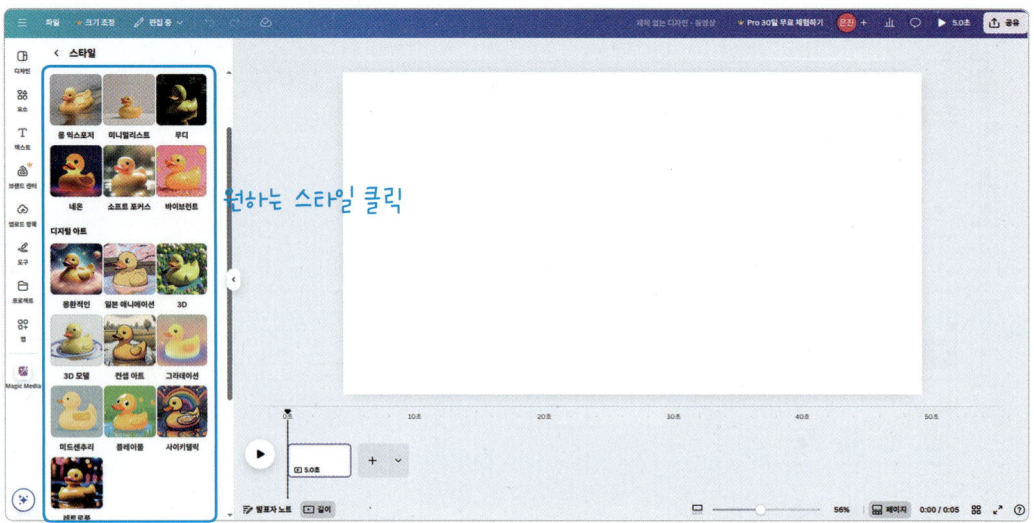

❺ 다음으로 레이아웃 설정을 위해 [정사각형]을 클릭한 후 동영상 제작에 적합한 [가로형]을 선택합니다.

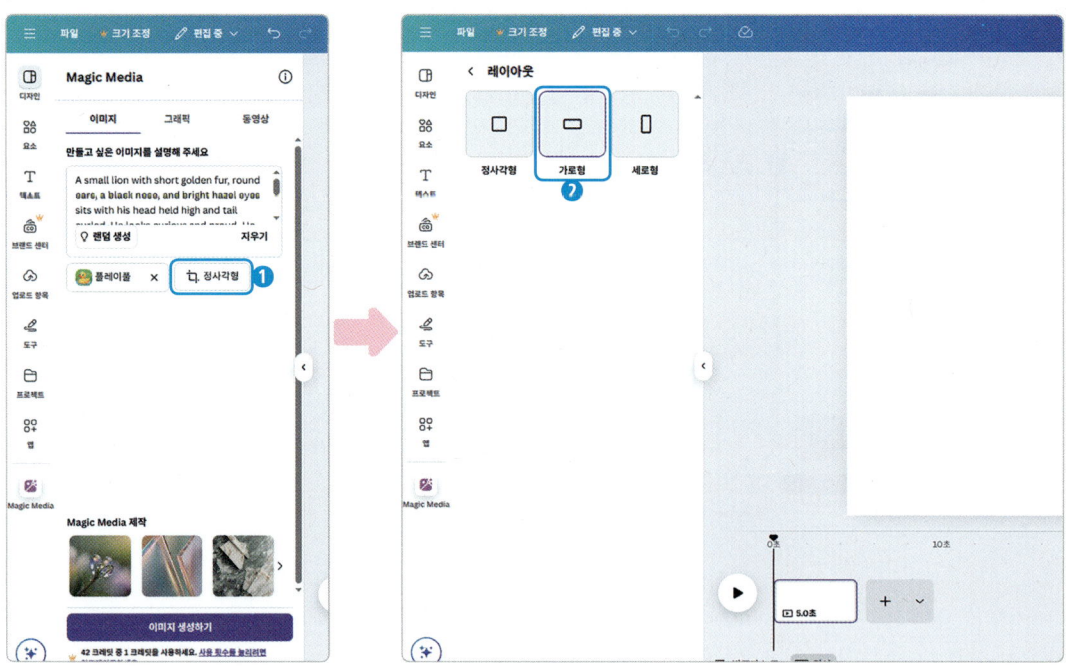

Magic Media 이미지 스타일

Magic Media는 다양한 그림 스타일을 제공합니다. 원하는 분위기의 삽화를 만들기 위해 여러 스타일 중에서 선택할 수 있습니다. 각 스타일에 대한 간단한 설명을 참고하여 스토리에 적합한 스타일을 선택해 봅니다.

포토그래피 - 카메라로 찍은 사진 같은 스타일

- 포토 : 일반적인 사진 느낌
- 필름 : 필름 카메라로 찍은 듯한 빈티지 색감
- 하이 플래시 : 플래시를 강하게 터뜨린 밝은 사진
- 롱 익스포저 : 빛이 길게 늘어나는 장시간 노출 사진
- 미니멀리스트 : 여백이 많고 심플한 구도
- 무디 : 어두운 색감과 감성적인 분위기
- 네온 : 강한 네온 빛과 대비가 돋보이는 스타일
- 소프트 포커스 : 초점이 부드럽고 흐릿한 따뜻한 사진
- 바이브런트 : 색이 강렬하고 생동감 넘치는 스타일

디지털 아트 - 컴퓨터로 만든 그림 같은 스타일

- 몽환적인 : 부드럽고 흐릿한 빛이 강조된 감성적인 느낌
- 일본 애니메이션 : 일본 만화처럼 선명하고 깔끔한 그림
- 3D : 입체적으로 보이는 현실감 있는 스타일
- 3D 모델 : 게임 캐릭터나 제품 디자인 같은 정밀한 3D 그래픽
- 컨셉 아트 : 게임이나 영화에서 볼 법한 독특한 세계관의 그림
- 그라데이션 : 색이 부드럽게 변하는 세련된 느낌
- 미드센추리 : 1950~60년대 감성의 빈티지 디자인
- 플레이풀 : 알록달록하고 장난스러운 유쾌한 스타일
- 사이키델릭 : 강렬한 색과 패턴이 있는 히피 느낌의 그림
- 레트로풍 : 미래적이면서도 빈티지한 SF 감성

미술 - 손으로 그린 그림 같은 스타일

- 수채화 : 물감이 번지는 듯한 부드러운 느낌
- 색연필 : 색연필로 그린 듯한 따뜻한 질감
- 잉크 프린트 : 만화책이나 판화처럼 또렷한 선
- 유화 : 붓터치가 두드러진 전통 회화 느낌
- 페이퍼 컷 : 종이를 오려 붙인 듯한 단순한 형태
- 스테인드 글라스 : 성당 창문 같은 밝고 강한 색감

❻ 설정이 완료되었다면 [이미지 생성하기]를 클릭합니다.

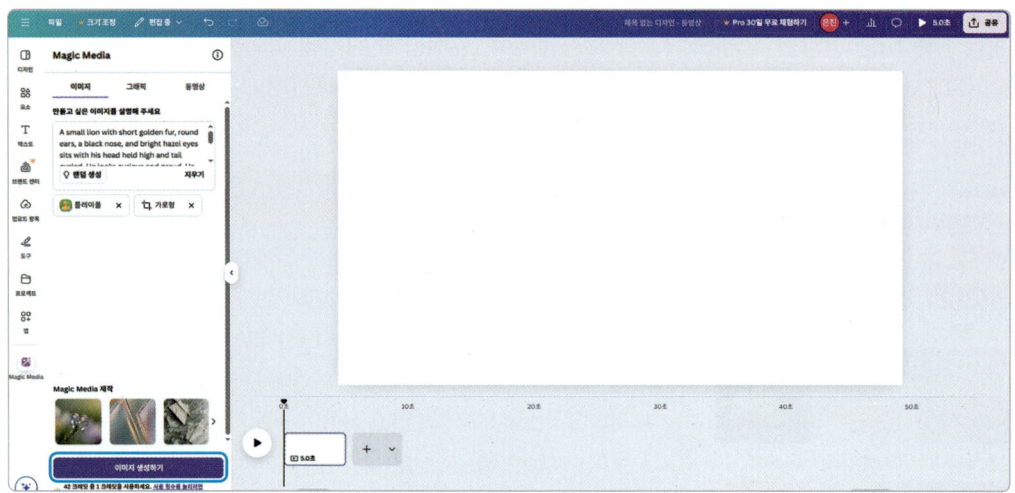

❼ 생성된 4개의 이미지 중 마음에 드는 것을 클릭합니다. 선택한 이미지가 페이지 내에 삽입됩니다.

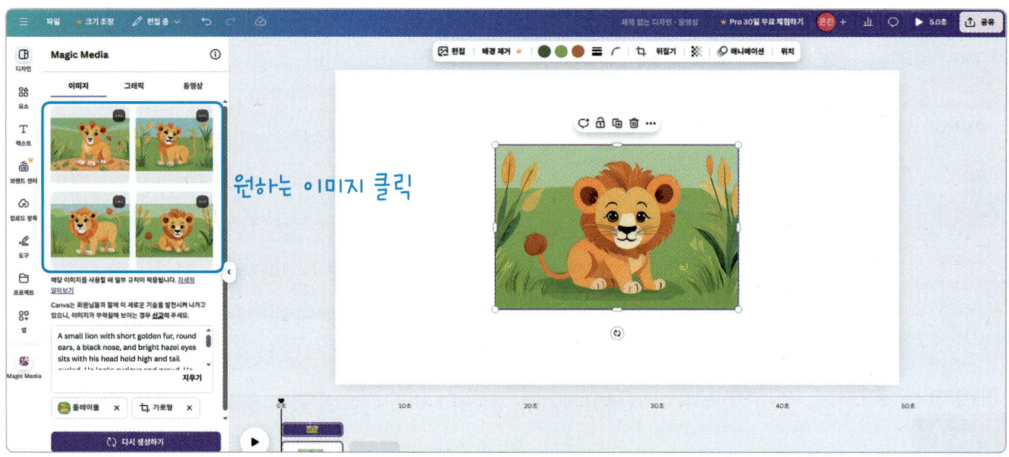

> **TIP** 캔바 AI 이미지 생성 & 편집 팁
>
> - 캔바의 [Magic Media]는 크레딧 방식으로 운영됩니다. Pro 구독자는 매달 500 크레딧, 무료 이용자는 50 크레딧이 제공됩니다.
> - 생성된 이미지 중 원하는 것을 클릭하면 해당 이미지가 [업로드 항목]에 저장됩니다. 선택하지 않은 이미지는 다음 생성 시 사라지므로 마음에 드는 이미지는 반드시 선택해두어야 합니다.
> - Pro 구독자의 경우 상단 에디터 툴바에서 [편집]-[Magic Studio]를 통해 다양한 이미지 편집 기능을 이용할 수 있습니다. 이 기능에는 [배경 제거], [Magic Eraser], [Magic Expand] 등이 포함됩니다.

❽ 삽입된 이미지의 모서리에 있는 크기 조절 핸들을 드래그하여 페이지에 가득 채우거나, 이미지에서 마우스 오른쪽 버튼을 클릭하여 [이미지를 배경으로 설정]을 선택합니다. 이렇게 하면 선택한 이미지가 페이지 전체의 배경으로 적용됩니다.

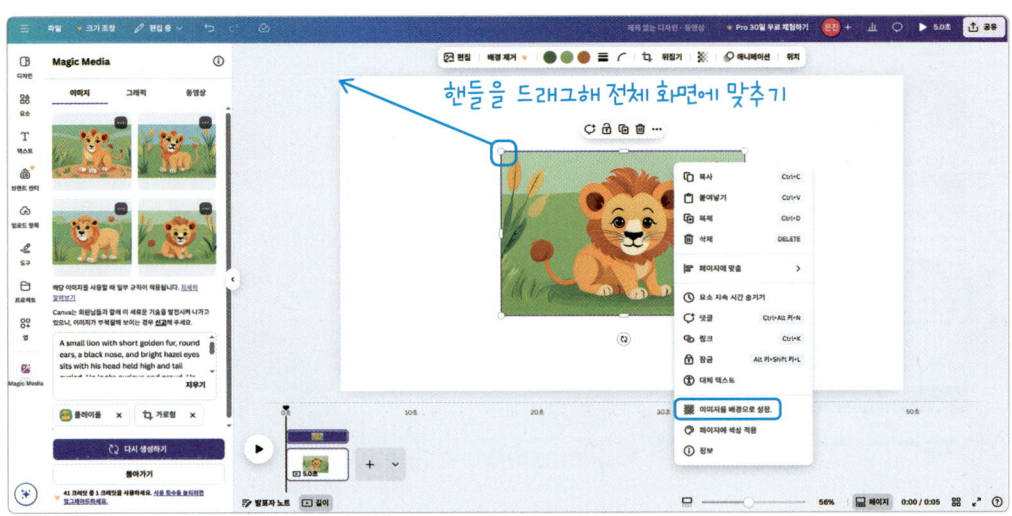

❾ 다음으로 스토리의 1페이지 삽화를 넣기 위해 타임라인에서 [페이지 추가]를 클릭합니다.

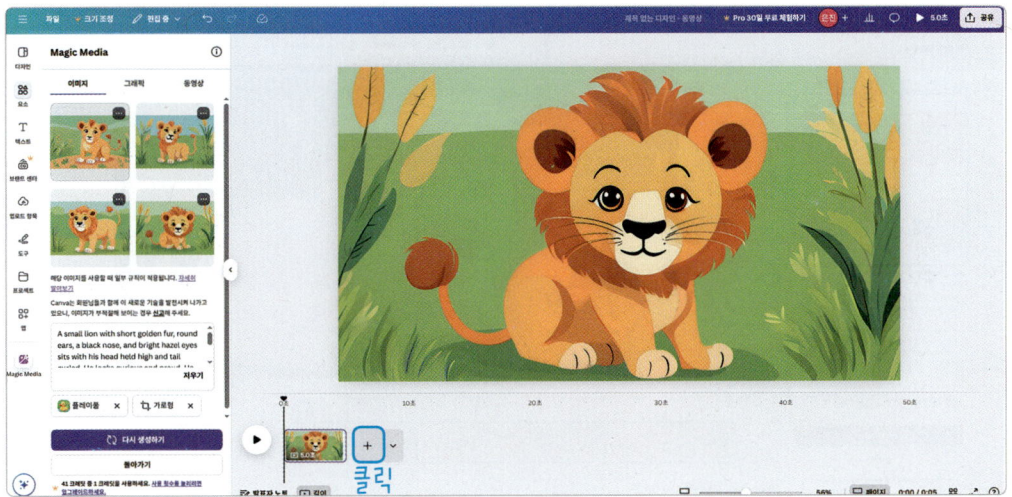

⑩ 프롬프트 입력창에서 [지우기]를 클릭해 기존 프롬프트를 삭제한 후, 스토리의 1페이지 프롬프트를 입력하고 [다시 생성하기]를 클릭합니다.

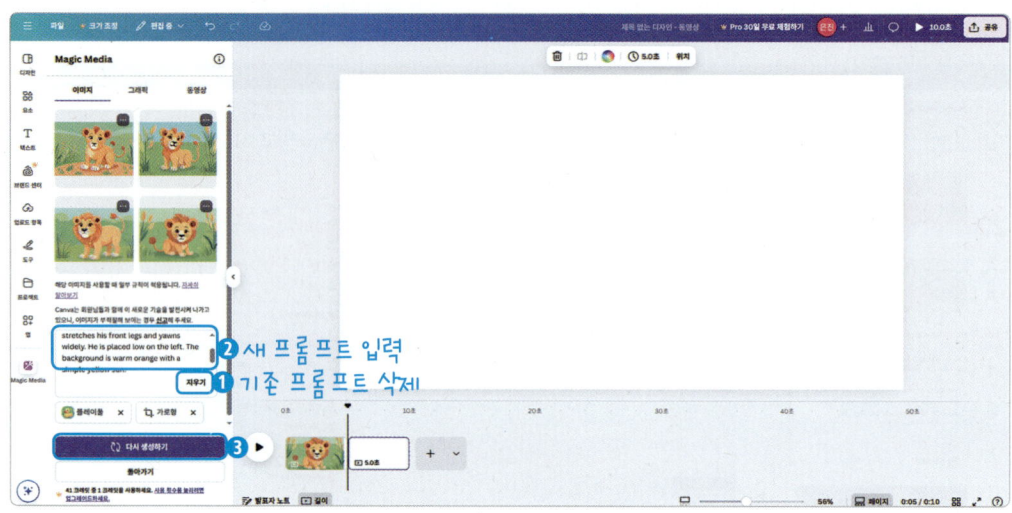

⑪ 생성한 이미지 중 하나를 클릭하여 페이지에 삽입한 후, 이미지를 배경으로 설정합니다. 같은 방법으로 모든 페이지의 삽화를 완성합니다.

3. 텍스트 삽입하기

❶ 스토리 제목을 입력하기 위해 1번 페이지를 선택한 후, 사이드 패널에서 [텍스트]-[텍스트 상자 추가]를 클릭합니다.

❷ 스토리의 제목을 입력한 후, 텍스트 상자를 선택한 상태에서 상단 에디터 툴바의 글꼴, 글꼴 크기, 텍스트 색상 등을 원하는 대로 설정합니다.

여기서 잠깐!
글자 크기는 텍스트 상자를 클릭했을 때 나타나는 모서리의 흰색 원형 크기 조절 핸들을 드래그하여 조절할 수 있습니다.

> **TIP** 캔바 텍스트 서식 주요 메뉴
>
> 캔바의 에디터 툴바는 선택한 텍스트에 따라 다양한 서식 옵션을 제공합니다. 아래는 텍스트 서식을 변경할 때 사용할 수 있는 주요 메뉴입니다.
>
>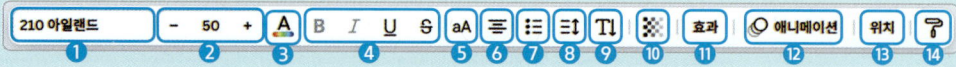
>
> ❶ 글꼴: 텍스트에 적용할 글꼴을 선택할 수 있습니다.
> ❷ 글꼴 크기: 텍스트 크기를 조정하거나 직접 값을 입력할 수 있습니다.
> ❸ 텍스트 색상: 텍스트의 색상을 변경할 수 있습니다.
> ❹ 굵게, 기울임꼴, 밑줄, 취소선: 텍스트를 굵게, 기울임꼴로 만들거나 밑줄 및 취소선을 추가할 수 있습니다.
> ❺ 대문자: 텍스트를 대문자 또는 소문자로 빠르게 전환할 수 있습니다.
> ❻ 정렬: 텍스트를 왼쪽, 가운데, 오른쪽 또는 양쪽 정렬로 설정할 수 있습니다.
> ❼ 목록: 글머리 기호, 번호 매기기 스타일을 선택할 수 있습니다.
> ❽ 간격: 글자 간격과 줄 간격을 조정할 수 있습니다.
> ❾ 세로 텍스트: 텍스트가 자동으로 세로 방향으로 변환됩니다.
> ❿ 투명도: 텍스트의 불투명도를 조정할 수 있습니다.
> ⓫ 효과: 그림자, 배경, 윤곽선 등 다양한 텍스트 효과를 추가할 수 있습니다.
> ⓬ 애니메이션: 텍스트에 애니메이션 효과를 적용할 수 있습니다.
> ⓭ 위치: 텍스트 상자의 레이어 순서를 조정하는 데 사용합니다.
> ⓮ 스타일 복사: 다른 텍스트의 스타일을 복사해 적용할 수 있습니다.

❸ 텍스트 상자를 드래그하여 원하는 위치로 이동합니다.

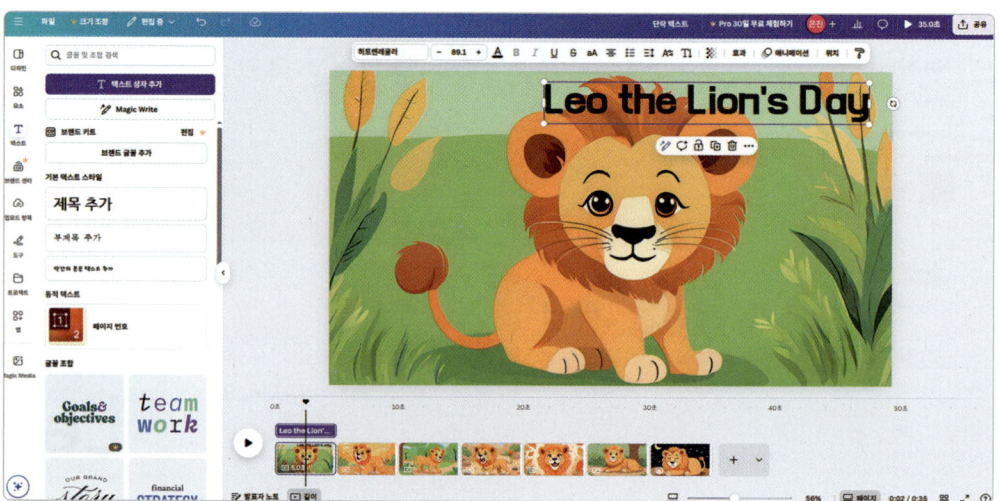

❹ 다음 페이지를 클릭하여 같은 방법으로 스토리의 내용을 입력하고, 글꼴, 글꼴 크기, 텍스트 색상, 위치 등을 조정하여 모든 페이지의 스토리를 완성합니다.

4. 보이스 삽입하기

❶ 스토리의 보이스 입력을 위해 1번 페이지를 선택한 후, 사이드 패널에서 [앱]을 클릭합니다. 검색창에 'voice'를 입력하고 표시된 앱 목록에서 원하는 보이스 생성 앱을 선택합니다. 여기서는 [Voice Studio]를 클릭합니다.

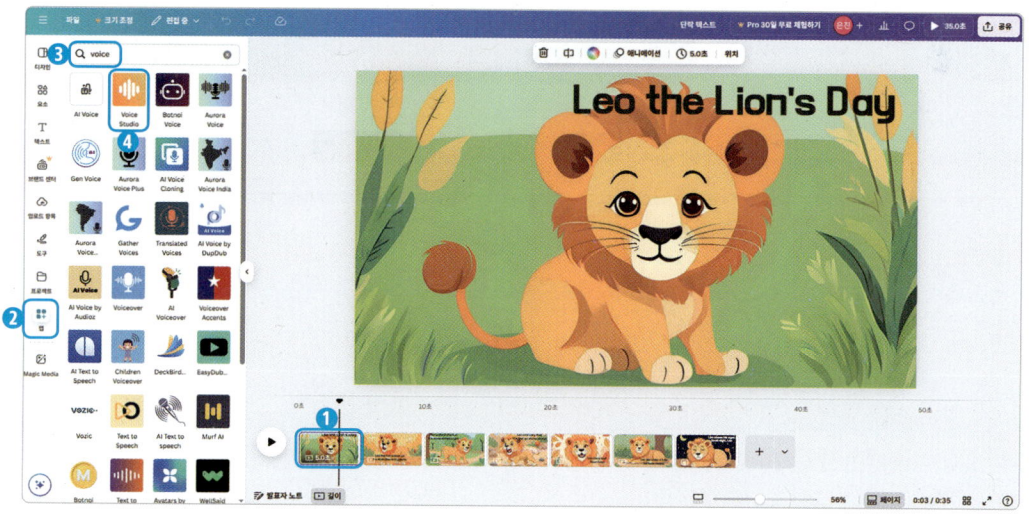

step 7 | 스토리를 담은 영상 그림책, 손쉽게 제작하기 ● 137

❷ 처음 해당 앱을 사용하는 경우, 앱 사용을 위해 [열기]를 클릭합니다.

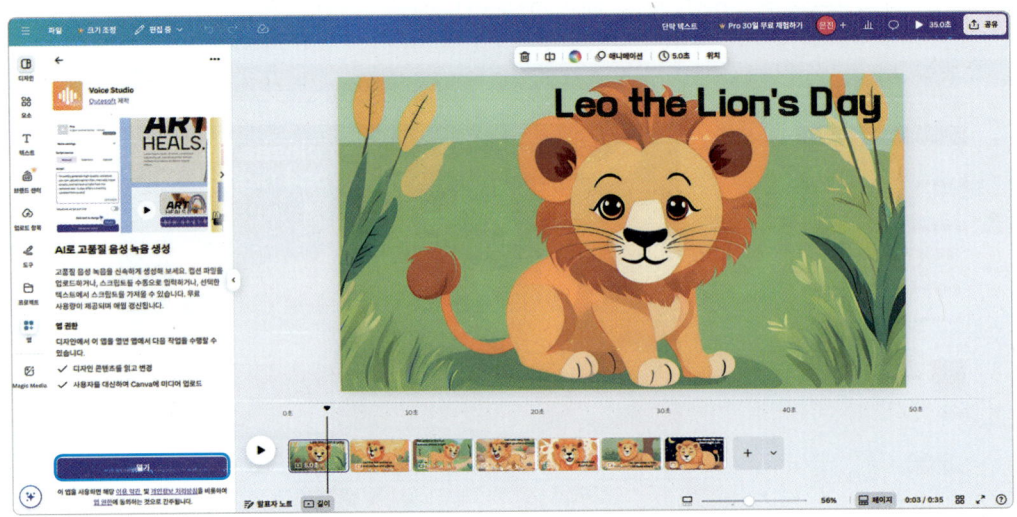

❸ 음성을 설정하기 위해 [Voices] 옆의 [See all]을 클릭합니다.

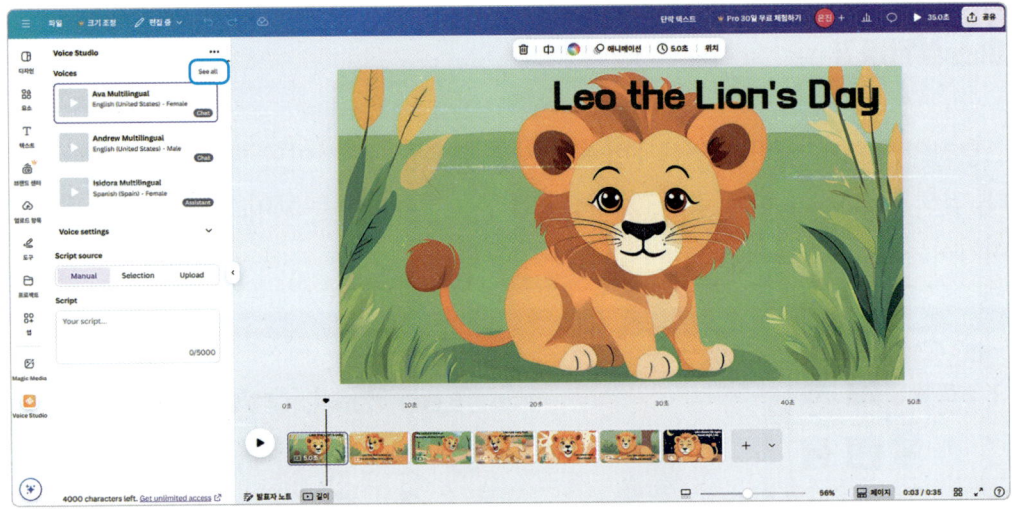

❹ 원하는 언어와 목소리를 선택합니다. 선택이 완료되면 [뒤로(←)]을 클릭합니다.

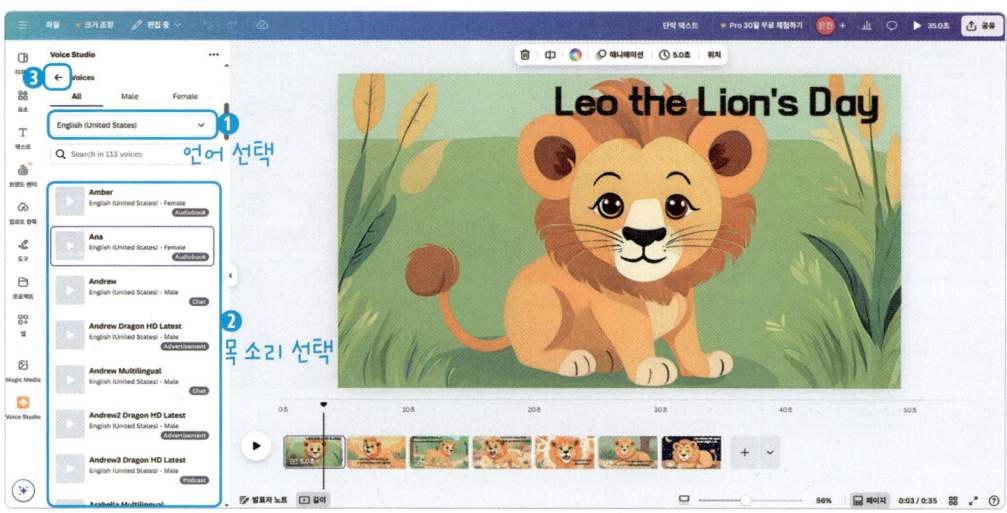

❺ [Script source]에서 [Selection]을 선택한 후, 1페이지의 입력되어 있는 텍스트를 클릭합니다. 클릭한 문장이 보이스 입력 창에 자동으로 표시됩니다.

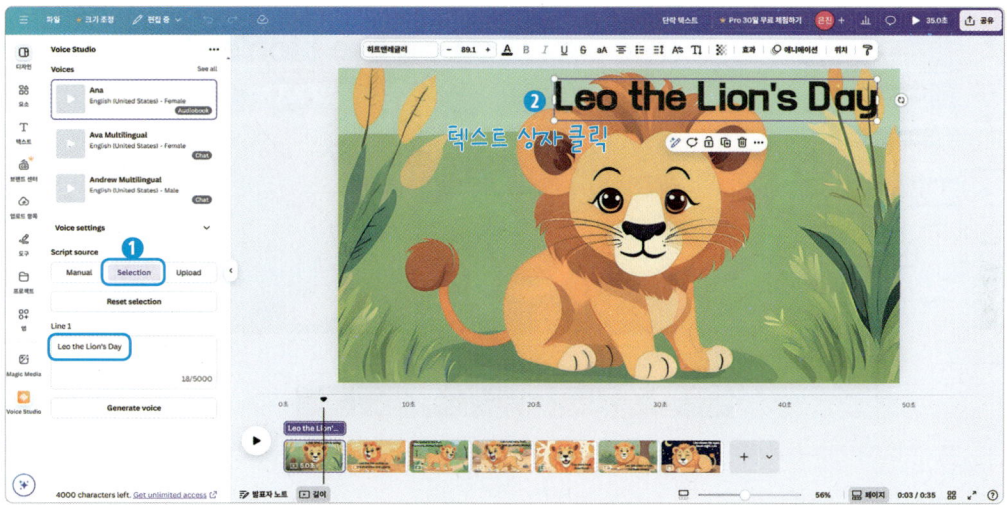

❻ [Generate voice]를 클릭하면 선택한 페이지 아래에 음성 트랙이 생성됩니다.

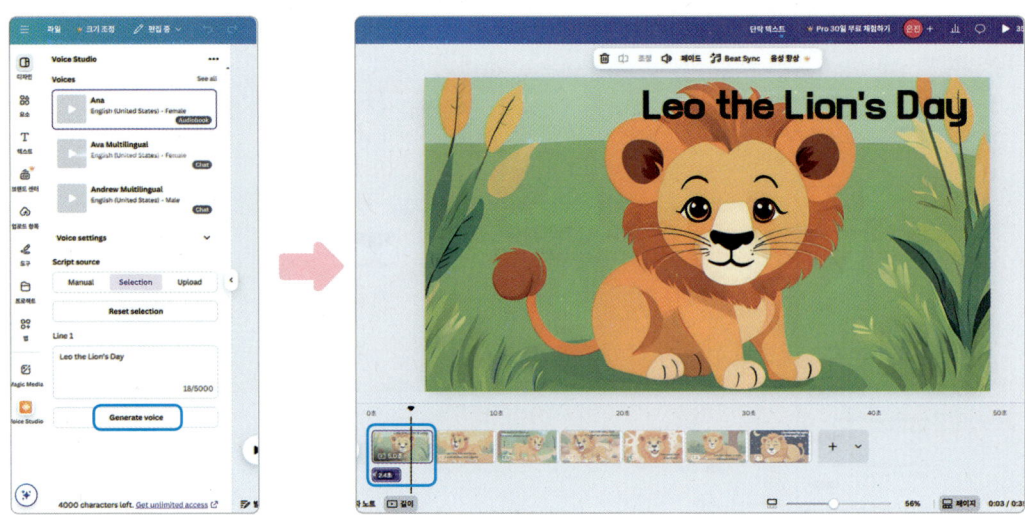

❼ 입력된 문장을 지우고 새로운 선택을 하기 위해 [Reset selection]을 클릭합니다.

❽ 다음으로 2페이지를 선택한 후, 텍스트 상자를 누르고 [Generate voice]를 클릭합니다. 2페이지에 음성이 삽입됩니다. 같은 방법으로 모든 페이지에 음성을 삽입합니다.

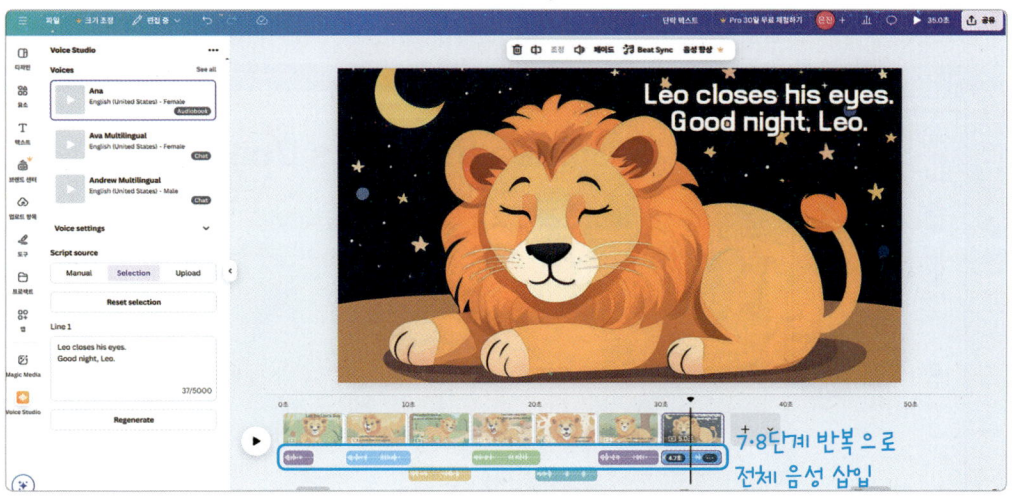

5. 애니메이션 효과 적용하기

애니메이션 효과를 활용하면 영상 그림책을 더욱 생동감 있게 연출할 수 있습니다. 페이지 애니메이션, 텍스트 애니메이션, 전환 효과를 적용하는 방법을 단계별로 살펴보겠습니다.

페이지 애니메이션 적용하기

❶ 애니메이션을 적용할 페이지를 클릭한 후 상단 에디터 툴바에서 [애니메이션]을 클릭합니다.

❷ [페이지 애니메이션] 탭에서 원하는 애니메이션 스타일을 찾아 클릭합니다. 이때 모든 페이지에 동일한 효과를 지정하려면 [모든 페이지에 적용]을, 설정된 효과를 삭제하려면 [모든 애니메이션 제거]를 클릭합니다.

텍스트 애니메이션 적용하기

❶ 애니메이션을 추가할 텍스트 상자를 누른 후 상단 에디터 툴바에서 [애니메이션]을 클릭합니다.

❷ 텍스트 애니메이션 탭에서 원하는 애니메이션 스타일을 클릭합니다. 이때, 설정된 효과를 삭제하려면 [애니메이션 제거]를 클릭합니다.

전환 효과 추가하기

❶ 타임라인의 페이지 썸네일 위로 마우스를 올리거나, 썸네일 사이에 마우스를 올리면 나타나는 [전환 효과 추가]( )를 클릭합니다.

❷ [전환 효과] 목록에서 원하는 전환 스타일을 선택합니다. 이때 전환 효과의 속도나 방향을 조정할 수도 있습니다. 설정된 효과를 제거하려면 [기본]을 클릭합니다.

6. 페이지 재생 시간 조정하기

❶ 시간을 조절할 페이지를 선택한 후, 상단 에디터 툴바에서 [시간 편집]을 클릭합니다. 타이밍 슬라이더를 드래그하거나 숫자 필드에 원하는 시간을 직접 입력합니다. 이렇게 하면 페이지의 시간이 조절됩니다.

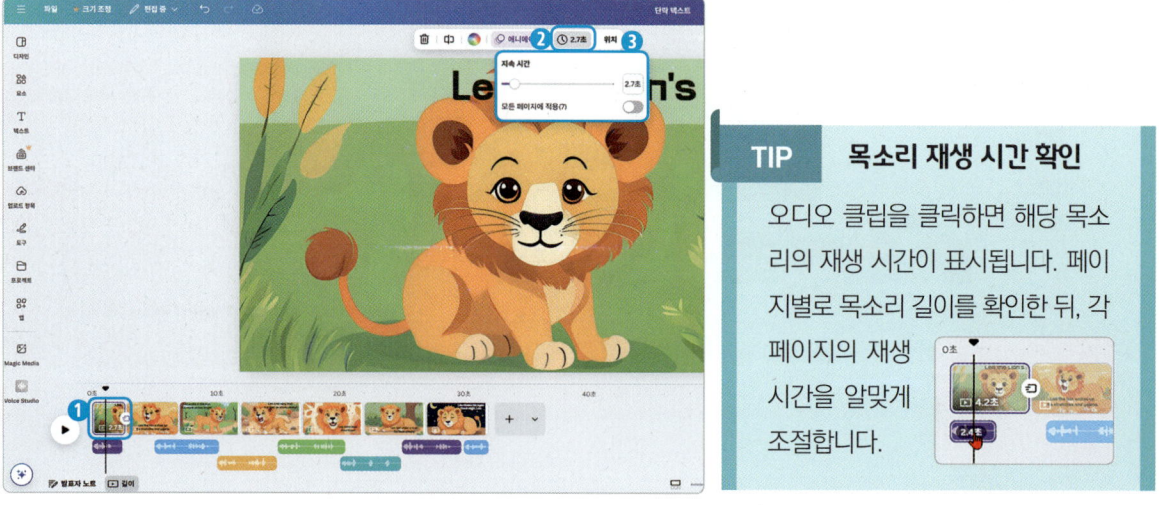

> **TIP 목소리 재생 시간 확인**
>
> 오디오 클립을 클릭하면 해당 목소리의 재생 시간이 표시됩니다. 페이지별로 목소리 길이를 확인한 뒤, 각 페이지의 재생 시간을 알맞게 조절합니다.

❷ 또 다른 방법으로는 타임라인의 페이지 썸네일 양쪽 끝에 마우스를 가져가면 나타나는 양방향 화살표(↔)를 드래그하여 동영상의 시작점과 끝점을 조정할 수 있습니다.

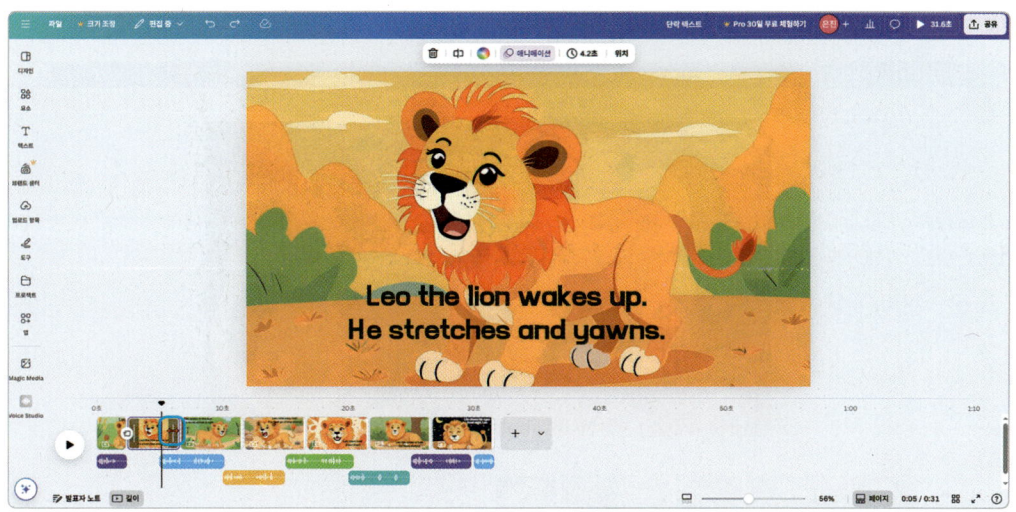

> **TIP 양방향 화살표가 안 보일 때**
>
> 마우스를 가져다 대는 위치에 따라 화살표가 보이지 않을 수 있으니, 각 페이지 썸네일의 양쪽 끝선 가까이에 마우스를 올려야 합니다.

여기서 잠깐!

[길이] 버튼 사용법과 주의사항

페이지 재생 시간을 조정하려면 화면 하단에 있는 [길이] 버튼이 활성화되어 있어야 합니다. 이 버튼은 캔바의 비디오 편집 기능에서 각 페이지의 표시 시간을 조정하는 도구입니다.

[길이] 버튼의 활성화/비활성화 차이점

- 활성화된 경우: 타임라인이 표시되어 페이지, 애니메이션, 오디오 등의 재생 시간과 위치를 세부적으로 조정할 수 있습니다. 페이지의 양쪽 끝을 드래그하여 원하는 재생 시간으로 변경할 수 있습니다.
- 비활성화된 경우: 타임라인이 숨겨져 있어 영상 요소의 재생 시간을 시각적으로 확인하거나 조정할 수 없습니다. 기본 설정된 시간이 유지되며 시간 관련 편집이 제한됩니다.

❸ 타임라인에서 오디오 트랙을 드래그해, 페이지의 시작 위치에 맞게 조정합니다. 페이지의 시작점과 오디오의 시작점을 맞추면, 화면의 내용과 음성이 일치해 자연스러운 영상이 완성됩니다.

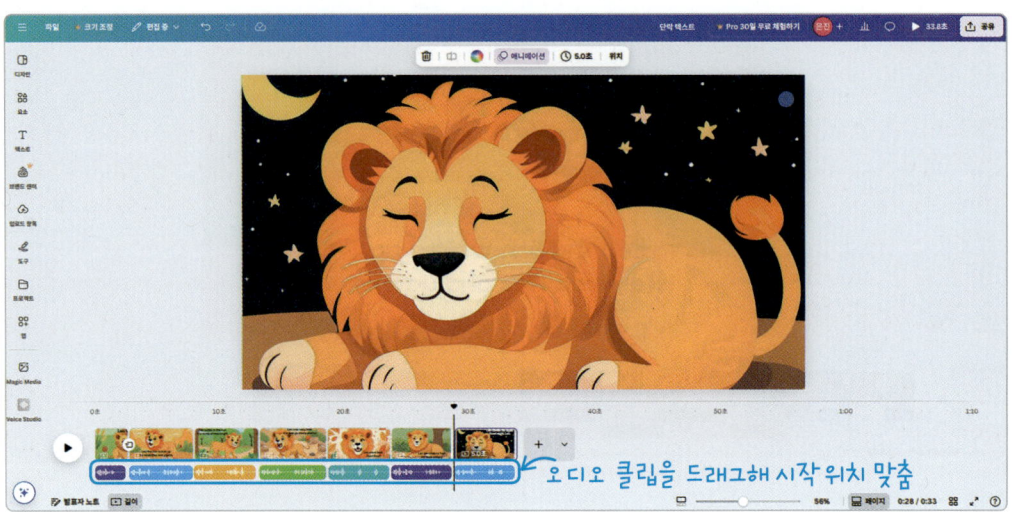

7. 배경 음악 삽입하기

❶ 배경 음악이 영상 시작과 함께 재생되도록 세로선의 재생 헤드를 맨 앞으로 이동합니다.

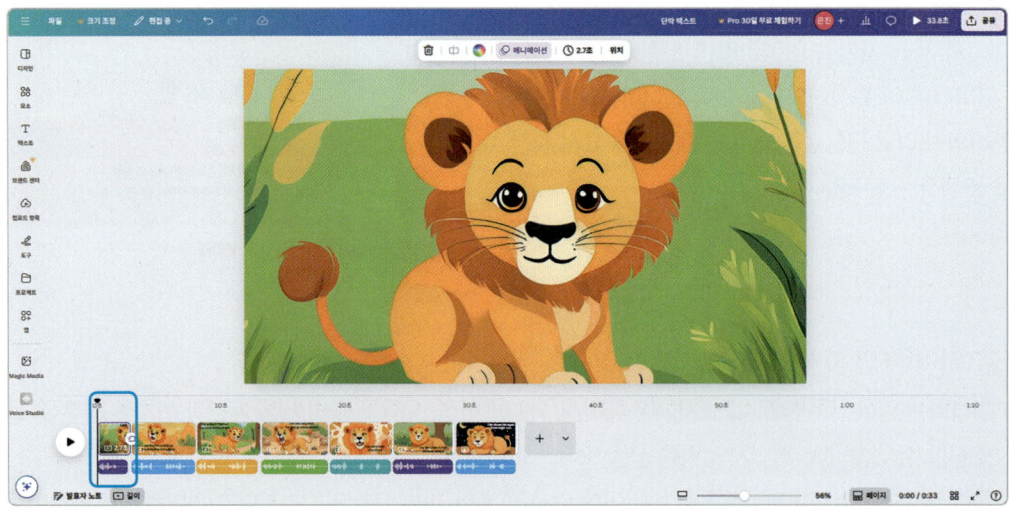

❷ 사이드 패널에서 [앱]-[오디오]를 차례로 클릭합니다.

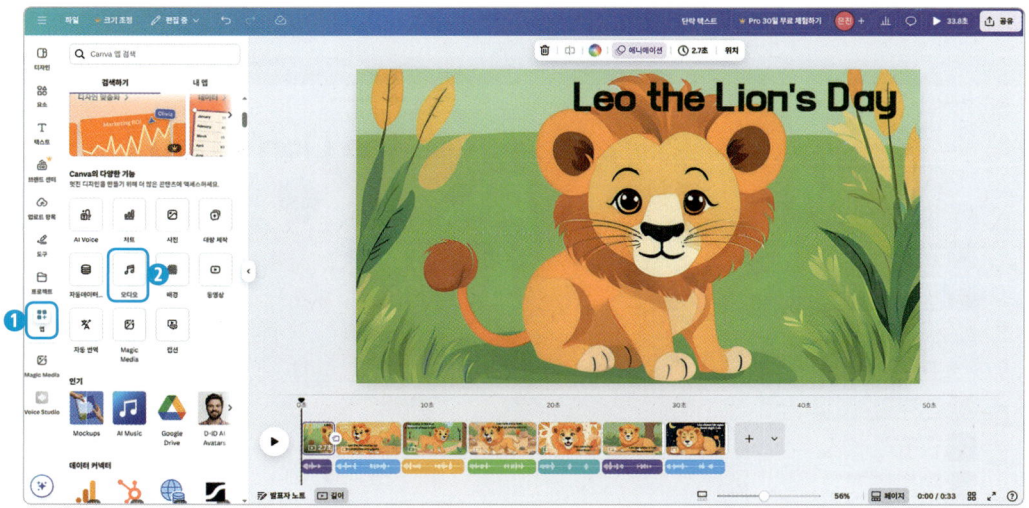

❸ 원하는 배경 음악을 검색하거나 음악 장르 옆의 [모두 보기]를 클릭합니다.

❹ 영상에 어울리는 배경 음악을 찾아 제목 부분을 클릭합니다. 선택한 음악이 타임라인에 추가되어 나타납니다.

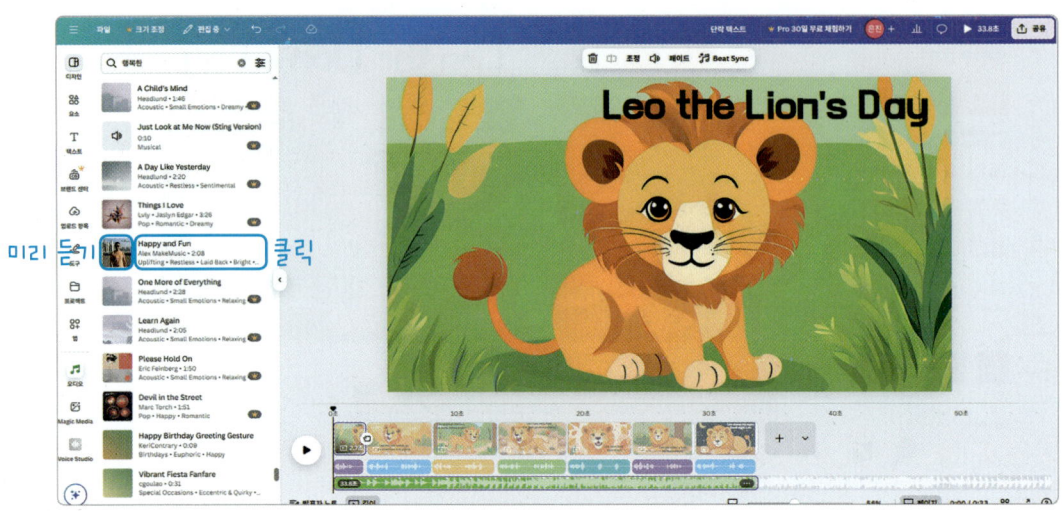

| TIP | 무료 이용자 배경음악 사용 방법 |

무료 이용자들은 캔바의 오디오 라이브러리에서 사용할 수 있는 트랙이 제한적입니다. 더 다양한 배경 음악을 원한다면, 자신의 오디오 파일을 사용할 수 있습니다. 사이드 패널의 [업로드 항목] 탭으로 이동한 후, [파일 업로드]를 통해 음악 파일을 추가하고, 업로드가 완료되면 해당 오디오를 선택하여 배경 음악으로 사용하면 됩니다.

❺ 타임라인에서 배경 음악을 선택한 후, 상단 에디터 툴바의 [볼륨]을 클릭하여 소리 크기를 조절합니다.

❻ [페이드]를 클릭하여 [페이드인]과 [페이드아웃]에 원하는 시간을 입력합니다.

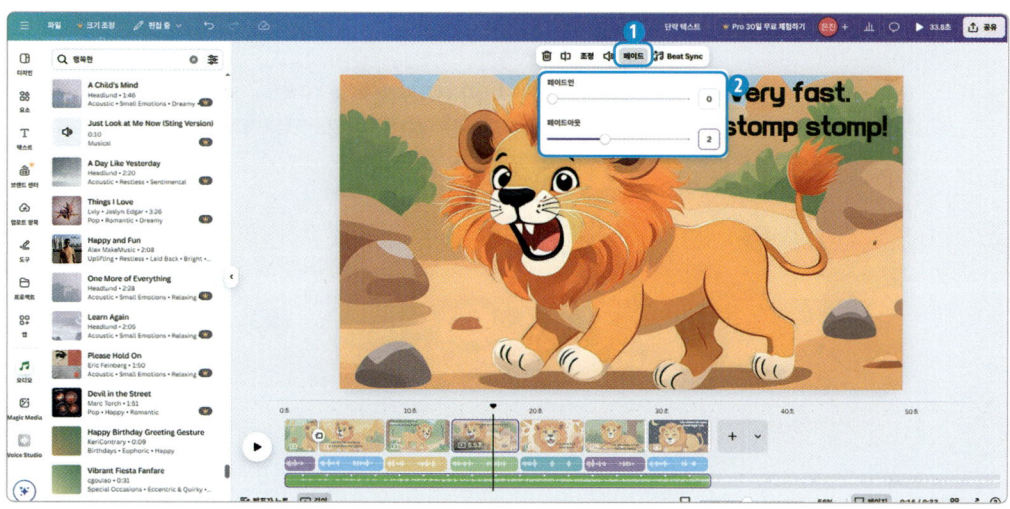

| TIP | 페이드인/페이드아웃 |

- 페이드인(Fade In) : 음악이 점점 커지면서 자연스럽게 시작되도록 하는 효과입니다.
- 페이드아웃(Fade Out) : 음악이 점점 작아지면서 부드럽게 끝나도록 하는 효과입니다.

8. 영상 그림책 저장하기

❶ 완성된 영상 그림책을 저장하기 위해 오른쪽 상단의 [공유]를 누른 다음 [다운로드]를 클릭합니다.

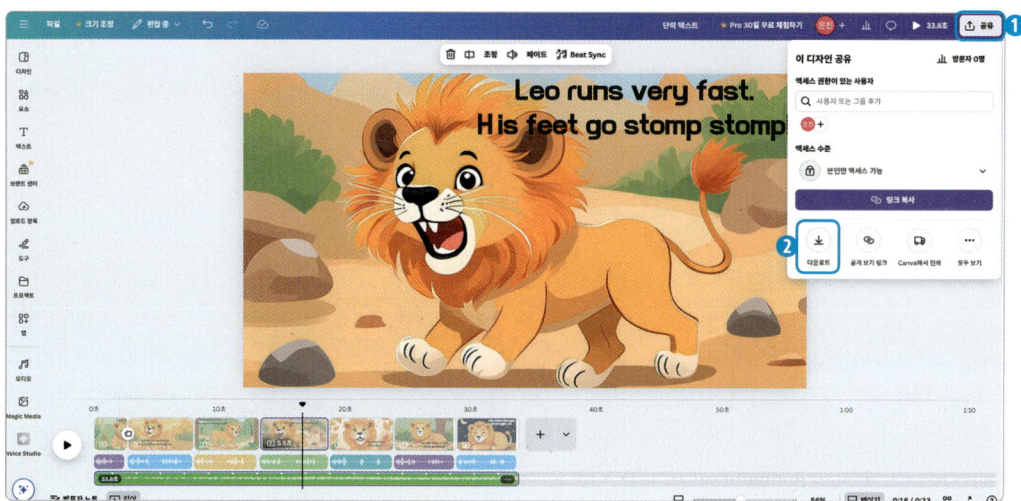

❷ 파일 형식을 [MP4 동영상]으로 설정한 후, [다운로드]를 클릭합니다.

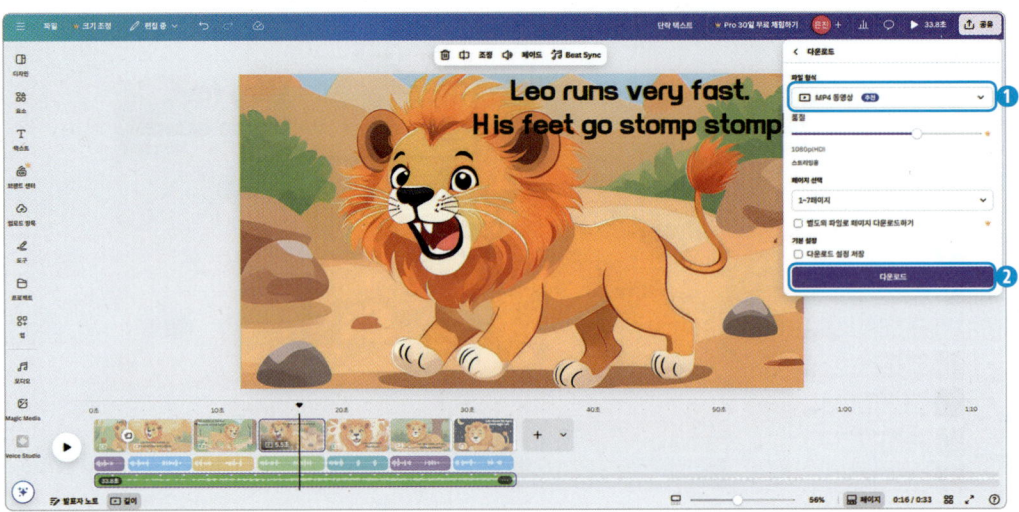

❸ 저장된 영상은 컴퓨터의 [다운로드] 폴더에서 확인할 수 있습니다.

STEP●8

Canva

08 : 캔바 AI로 쉽고 빠르게 캐릭터 굿즈 만들기

디자인 초보자도 전문가처럼 누구나 AI로 쉽고 빠르게 굿즈를 제작할 수 있는 세상이 되었습니다. 과거에는 포토샵이나 일러스트레이터 같은 전문 프로그램이 필요했지만, 이제는 캔바 AI를 활용하면 단 몇 분 만에 전문가 수준의 디자인을 완성할 수 있습니다. 이 장에서는 캔바의 AI 앱을 활용하여 디자인 경험 없이도 캐릭터, 스티커 등 다양하고 개성있는 굿즈와 콘텐츠를 손쉽게 제작하는 방법에 대해 알아 봅니다.

1. 캔바 Draw로 디지털 드로잉 하기

[Draw] 기능은 디자인에 직접 그림을 그릴 수 있는 도구로, 개인적인 터치를 더하거나 팀을 위한 메모를 남기거나 다이어그램과 흐름도를 스케치할 때 유용한 도구입니다. 또한 급하게 그림을 수정해야 할 때 캔바 도구의 [Draw] 기능을 활용하면 더욱 편리합니다.

❶ 캔바 홈 화면에서 [만들기]를 클릭한 후 [소셜 미디어]-[인스타그램 게시물(4:5)]을 차례로 선택합니다.

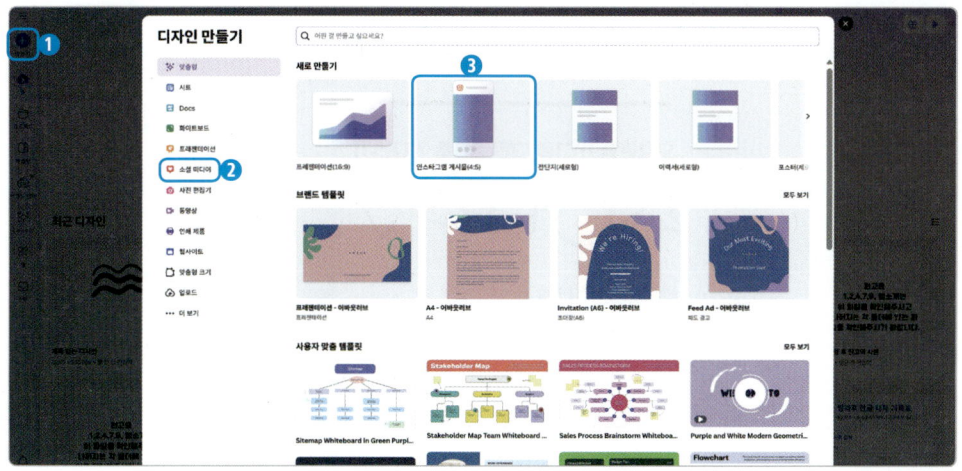

❷ [도구]-[Draw] 메뉴를 클릭하면 [펜], [마커], [형광펜], [지우개]를 사용하여 원하는 스타일로 그림을 그릴 수 있습니다. [색상]을 클릭하여 색을 변경할 수 있으며, [설정]을 통해 선의 두께와 투명도를 조절할 수 있습니다.

TIP 드로잉 시 알아두면 편리한 단축키

- Ctrl + Z : 이전으로 가기
- Ctrl + G : 그룹화하기
- Ctrl + + / - : 화면 확대/축소

❸ 원하는 브러시를 선택 후 두께와 투명도를 조절하여 그림을 그립니다.
- Shift 를 누른 상태에서 직선을 그릴 수 있습니다.
- 도형을 그린 직후 약 1초간 멈춰 기다리면 직사각형, 화살표, 삼각형, 원, 별, 하트 등 드로잉이 조금 더 다듬어진 일러스트레이션으로 탈바꿈됩니다.

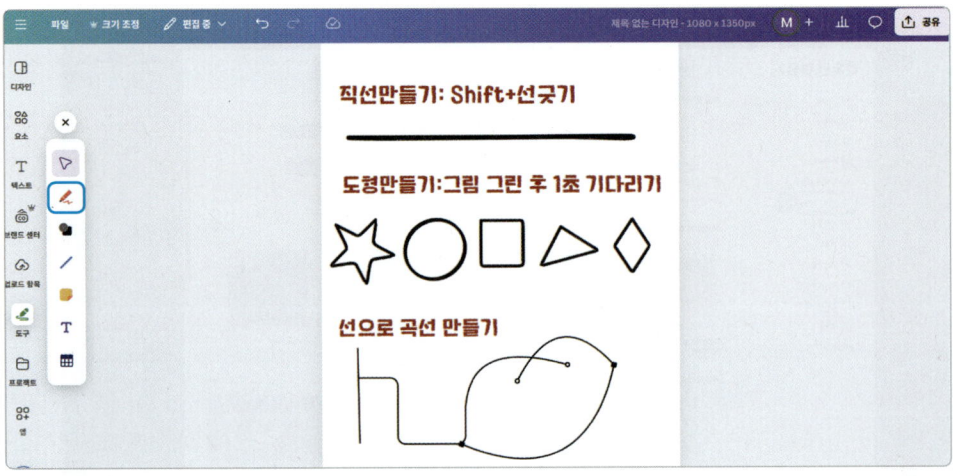

❹ [도구]에서 원하는 선을 선택 후 선만 연결하여 캐릭터로 연출이 가능합니다. 선을 그린 후에 상단의 에디터 툴바를 이용하면 색상 및 굵기 조절이 가능합니다.

❺ 선과 도형을 활용하여 캐릭터를 그린 후 상단의 에디터 툴바의 [위치]를 클릭합니다. [레이어] 탭을 클릭하면 개별 그림 요소의 배치 순서를 확인하거나 그룹화할 수 있습니다.

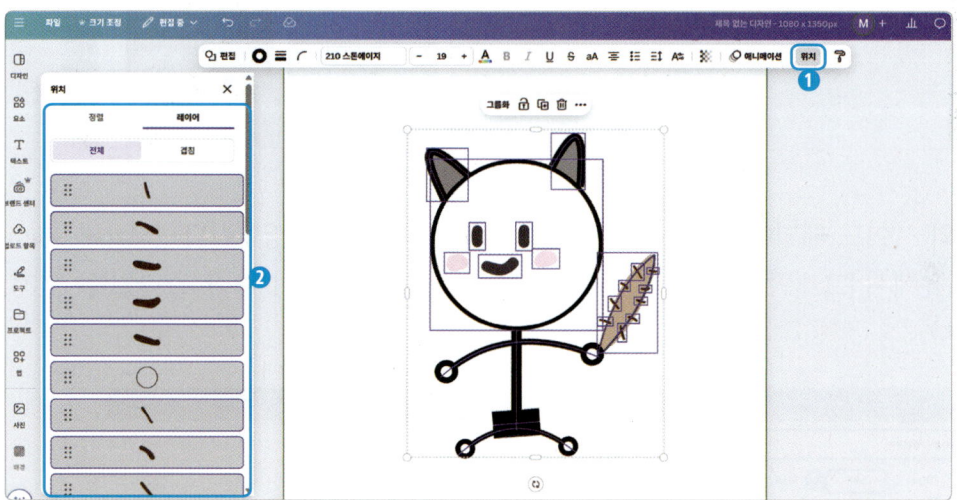

2. AI 활용하여 캐릭터 만들기

지금부터는 본격적으로 AI를 기반으로 나만의 캐릭터를 만들어봅니다. [Magic Media]는 텍스트 입력만으로 AI가 자동으로 고유한 이미지를 생성하는 기능입니다. 이를 활용하여 캐릭터 굿즈를 쉽게 제작할 수 있습니다.

[Magic Media]를 활용하여 캐릭터 생성하기

❶ 캔바 홈 화면에서 [만들기]를 클릭한 후 [소셜 미디어]-[인스타그램 게시물(4:5)]을 선택합니다.

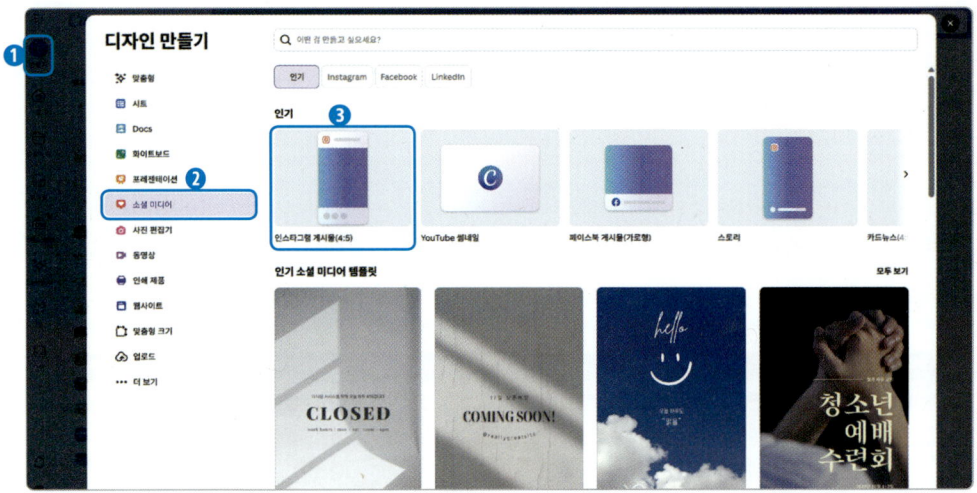

❷ 왼쪽의 사이드 패널에서 [앱]-[Magic Media]를 검색하여 실행합니다. [Magic Media] 상단 메뉴에서 [그래픽] 클릭한 후 이미지 표현 방식을 선택하기 위해 [스타일]을 먼저 선택합니다.

TIP　AI 그래픽 스타일별 캐릭터 표현 가이드

- [Magic Media]는 영어로 입력할 때 더 좋은 결과를 얻을 수 있으며, 프롬프트에 구체적인 표현을 추가할수록 더욱 향상된 결과를 얻을 수 있습니다. 프롬프트는 공백 포함 280자 이내로 입력해야 합니다.
- 캐릭터 생성 시 추천하는 그래픽 스타일은 핸드드로잉, 모노라인, 스티커, 스케치, 라인아트이며, 이미지 스타일로는 색연필 모드가 효과적입니다. 각 스타일에 대한 설명을 참고하기 바랍니다.

- 낙서 : 손으로 휘갈겨 그린 듯한 단순한 느낌의 그림
- 스티커 : 매끈하고 밝은 색상의 귀여운 디자인, 스티커처럼 깔끔한 외곽선이 특징
- 라인아트 : 검은색 선으로만 표현된 그림, 세밀하거나 단순한 윤곽을 강조
- 모노라인 : 단색의 균일한 두께의 선으로 표현된 그림
- 오가닉 : 부드럽고 자연스러운 색감과 형태가 특징
- 스케치 : 연필이나 펜으로 대충 스케치한 듯한 거친 느낌

- 빈티지 : 오래된 느낌, 바랜 색감과 부드러운 질감이 특징
- 핸드드로잉 : 손으로 직접 그린 듯한 자유로운 선과 색감이 특징
- 기하학적인 : 단순한 기하학적 형태와 명확한 색상 구분이 특징
- 임파스토 : 두꺼운 붓 터치가 느껴지는 유화 같은 스타일
- 리소그래프 : 실크스크린 인쇄 느낌, 톤 분할과 강한 대비가 특징

- 3D 크롬 : 반짝이는 금속 질감이 강조된 3D 스타일
- 금색 호일 : 금박으로 인쇄한 듯한 반짝이는 효과
- 달려오기 : 물과 함께 튀어나오는 듯한 입체적인 느낌

❸ 스타일에서 [핸드드로잉]을 클릭합니다.

❹ 스타일 선택 후 프롬프트 입력란에 '활짝 웃는 귀여운 아기고양이 캐릭터를 그려줘'라고 입력한 후 [그래픽 생성]을 클릭합니다.

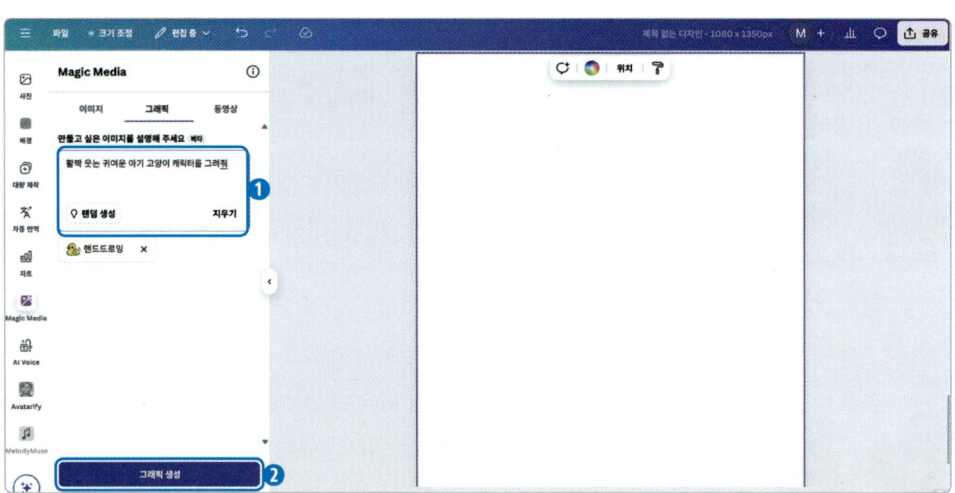

> **TIP**   **캐릭터 생성용 프롬프트**
>
> 프롬프트는 생성하고자 하는 캐릭터를 상상하며 최대한 구체적으로 입력한 후 캐릭터를 생성합니다.
>
> 예 1. 밝은 표정의 나비넥타이를 맨 노란색 아기 오리 캐릭터, 스티커 스타일, 흰 배경
>   2. 큰 둥근 눈과 네모난 몸을 가진 복고풍 로봇 캐릭터, 빈티지한 색감

❺ 생성된 4개의 이미지 중 마음에 드는 이미지를 클릭하여 캔버스에 가져옵니다.

❻ 이때, 마음에 드는 이미지와 비슷한 이미지를 더 만들고 싶다면, 이미지 오른쪽 상단의 점 세 개 아이콘을 클릭하여 [비슷한 이미지 더 생성하기]를 선택합니다.

❼ 생성된 비슷한 이미지 중 마음에 드는 것이 있으면 캔버스에 가져와 사용하고, 없으면 하단의 [다시 생성하기]를 눌러 재생성합니다.

> **TIP** **Magic Media 이미지 관리 및 활용법**
>
> - 마음에 드는 이미지가 여러 개일 경우에는 페이지 상단의 페이지 추가 아이콘을 클릭하여 빈 페이지를 삽입한 후 생성된 이미지를 클릭하여 삽입합니다.
> - [Magic Media]에서 생성된 이미지는 히스토리가 남지 않으므로, 캔버스에 옮겨 놓고 프롬프트를 기록해 두는 것이 좋습니다.

[Draw]를 활용하여 캐릭터 수정하고 완성하기

❶ 선택한 고양이 캐릭터 이미지를 확대하기 위해 이미지를 선택합니다. 선택한 이미지의 모서리에 있는 크기 조절 핸들을 클릭한 상태로 드래그하여 원하는 크기로 조절합니다.

❷ 캐릭터의 수정을 위해 왼쪽의 사이드 패널에서 [도구]-[Draw]를 클릭합니다.

❸ [Draw]를 선택하여 드로잉 옵션을 확인한 후, 생성된 캐릭터 위에 펜, 마커, 형광펜 중 원하는 도구를 선택하고 두께, 색상, 투명도를 조절하여 캐릭터의 부족한 부분을 수정합니다. 또한, 색상 피커(색상 추출)를 이용해 원하는 색을 추출한 뒤 캐릭터에 알맞은 컬러를 설정합니다.

캐릭터 수정
- 마커를 사용하여 눈썹과 귀 안쪽 라인을 수정합니다.
- 볼 터치를 하기 위해 색상을 추출합니다.

❹ 직접 그린 그림을 클릭한 후 상단의 [위치]를 클릭하면, 그림 요소별 레이어가 나타나 각 요소를 개별적으로 이동할 수 있습니다. 수정이 필요한 경우, 레이어 별로 편집하거나 그룹화하여 조정합니다.

캐릭터 수정

- 마커를 사용하여 수염과 귀 부분을 수정합니다.
- 양쪽 볼 터치를 하트모양으로 수정하고 입술 색상을 수정합니다.

❺ 캐릭터가 완성되면, 이미지 전체를 드래그하여 선택한 후 [그룹화]를 클릭하여 하나의 요소로 만듭니다.

| TIP | 레이어(Rayer)란? |

레이어는 디자인 요소를 개별적으로 편집할 수 있도록 쌓아 놓은 층입니다. 캔바에서는 '위치' 기능을 활용해 레이어 순서를 조정하거나 그룹화할 수 있으며, 각 요소를 독립적으로 이동하거나 수정할 수 있어, 디자인 작업을 더욱 편리하게 도와줍니다.

❻ 완성된 캐릭터를 저장하기 위해 화면 오른쪽 상단의 [공유]-[다운로드]를 클릭합니다. [파일 형식]은 'PNG'로, [페이지 선택]은 '현재 페이지'로 지정한 후 [완료]를 누르고 [다운로드]를 클릭하여 저장합니다.

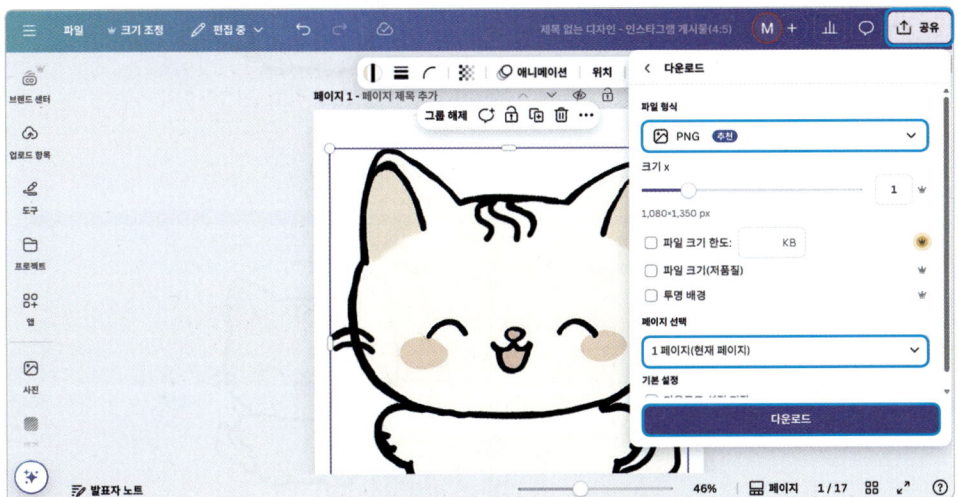

여기서 잠깐!

캔바 Pro 구독자는 다운로드 시 '투명 배경' 옵션을 체크하면 더욱 활용도가 높습니다.

▲ 왼쪽 이미지: AI 원본 캐릭터

▲ 오른쪽 이미지: AI 수정 캐릭터

스티커 칼선이란?

스티커 칼선은 스티커를 제작할 때 모양대로 정확하게 잘라내기 위한 선입니다. 칼선은 일반적으로 디자인 파일에 표시되며, 기계가 이 선을 따라 스티커를 절단합니다. 칼선의 정확도는 스티커의 품질과 완성도를 결정하는 중요한 요소입니다.

❶ 이미지를 클릭하고 에디터 툴바에서 [편집]을 클릭한 다음 [Fx 효과]-[그림자]-[개요]를 클릭합니다.

❷ 스티커 칼선을 대신해 줄 그림자를 만들기 위해 크기를 '12'로 지정하고 색상을 하얀색으로 변경합니다.

❸ 배경색을 검정색으로 바꾸면 스티커 칼선이 생성된 것을 확인할 수 있습니다.

3. 캔바 내 앱을 이용하여 굿즈 만들기

Sticker AI 앱

Sticker AI 앱은 프롬프트를 최적화하는 기능이 있어 [앱]-[Sticker AI]-[프롬프트]를 간단히 입력해도 9개 모양의 캐릭터를 만들어냅니다. 마음에 들지 않으면 다시 생성 가능하며 5번 무료 생성 후 24시간 후 무료 크레딧이 발생합니다.

❶ [파일]-[새로운 디자인 만들기]-[인스타그램 게시물(4:5)]을 클릭하여 새로운 캔버스를 만듭니다.

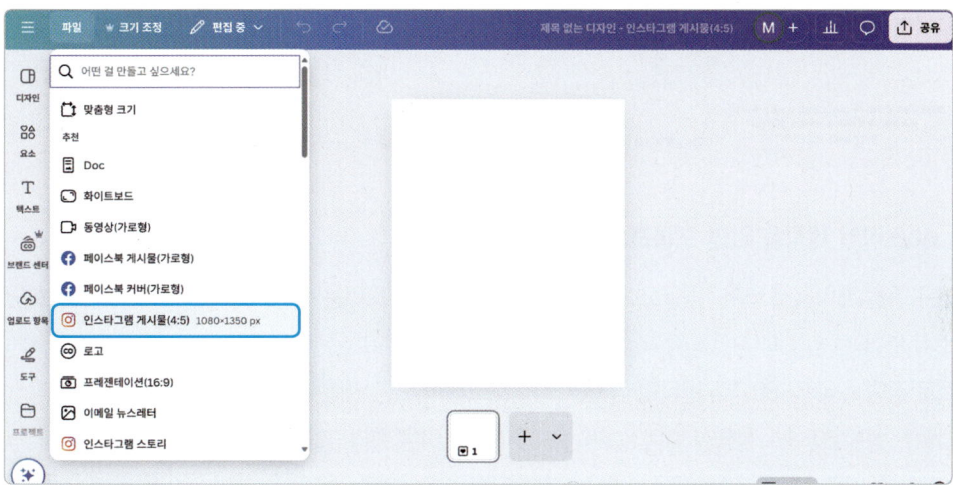

❷ 사이드 패널에서 [앱]을 클릭한 후 검색창에 'Sticker AI'를 입력하고 해당 앱을 선택하여 엽니다. 처음 사용하는 경우 [열기]를 클릭합니다.

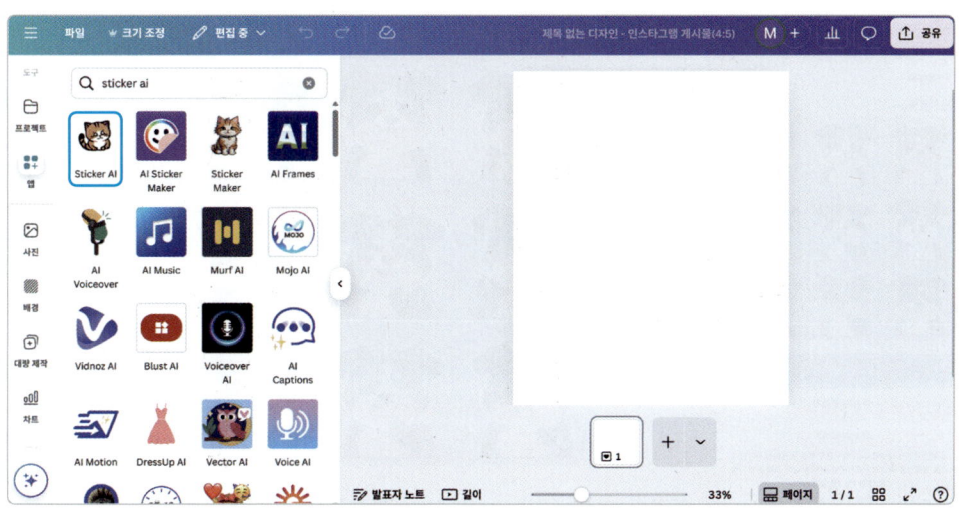

❸ 왼쪽 프롬프트 입력창에 생성하고자 하는 스티커 모양에 대한 프롬프트를 입력합니다. 입력 후 [생성하기]를 클릭합니다.

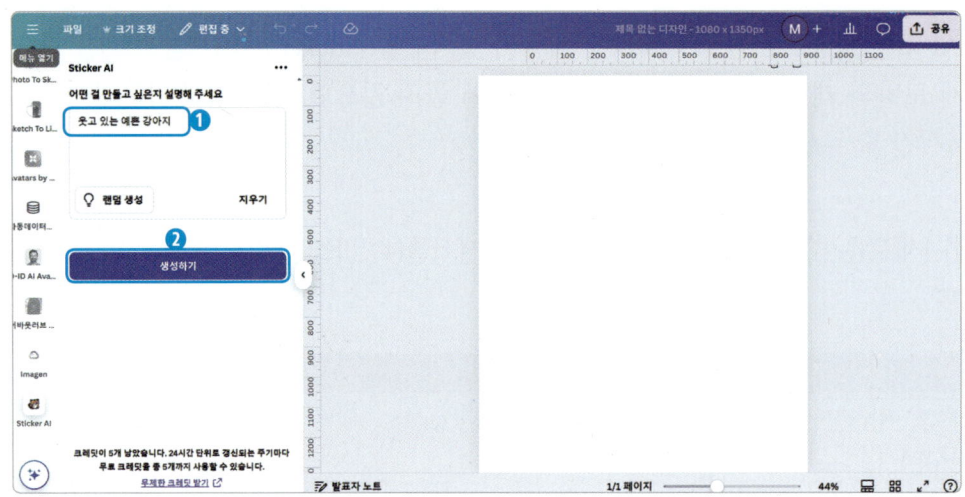

> **TIP** AI 스티커 제작을 위한 프롬프트 예시
> - 귀여운 동물 캐릭터 스티커: 둥글고 귀여운 강아지 캐릭터, 부드러운 색감, 2D 일러스트 스타일, 하얀 테두리 추가
> - 레트로 감성 스티커: 80년대 빈티지 디자인, 타이포그래피 포함, 네온 컬러 배경, 팝아트 스타일
> - 미니멀한 심볼 스티커: 심플한 블랙 & 화이트 디자인, 아이콘 형태, 깔끔한 라인 아트, 투명 배경

❹ 9개 모양의 스티커가 생성되었습니다. 마음에 들면 [디자인에 추가]를 눌러 크기 조절 핸들로 이미지를 확대합니다.

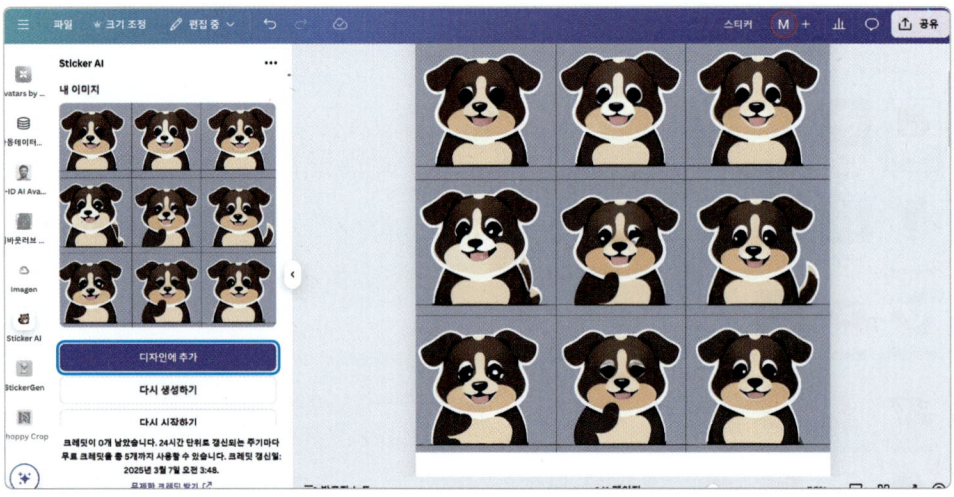

❺ 완성된 캐릭터를 저장하기 위해 화면 오른쪽 상단의 [공유]-[다운로드]를 클릭합니다. [파일형식]은 'PNG'로, [페이지 선택]은 '현재 페이지'로 지정한 후 [완료]를 누르고 [다운로드]를 클릭하여 저장합니다.

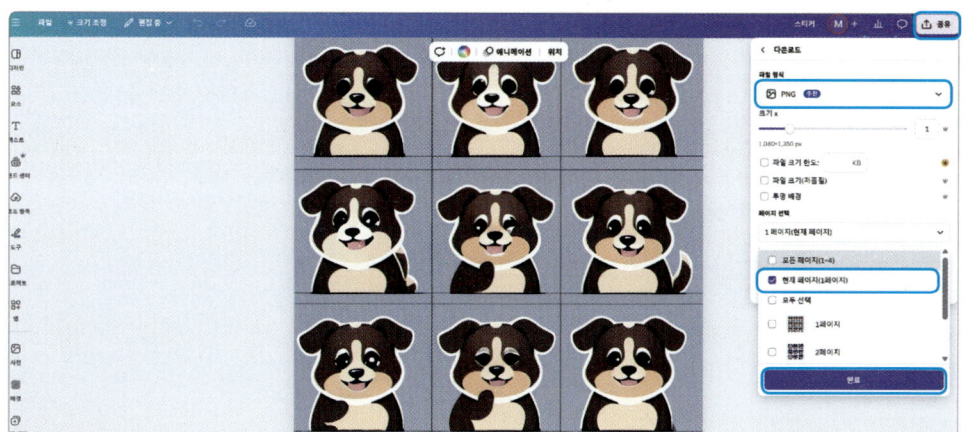

> **여기서 잠깐!**
>
> 9컷 중 마음에 드는 컷이 한 컷만 있는 경우, '자르기' 기능이나 '배경 제거', 'Magic grab' 기능을 활용하여 원하는 한 컷만 사용할 수 있습니다.

Shape Cropper 앱

[Shape Cropper] 앱은 사용자가 이미지를 다양한 고유 형식으로 잘라낼 수 있도록 도와주는 도구입니다. 사용자는 앱을 사용하여 이미지를 다양한 프레임에 맞춰 손쉽게 자를 수 있습니다. 특히, 캐릭터를 더욱 돋보이게 하거나 눈·코·입만 강조하는 등 콘텐츠 창작도 가능합니다.

❶ [파일]-[새로운 디자인 만들기]-[인스타그램 게시물(4:5)]을 클릭하여 새로운 캔버스를 만듭니다.

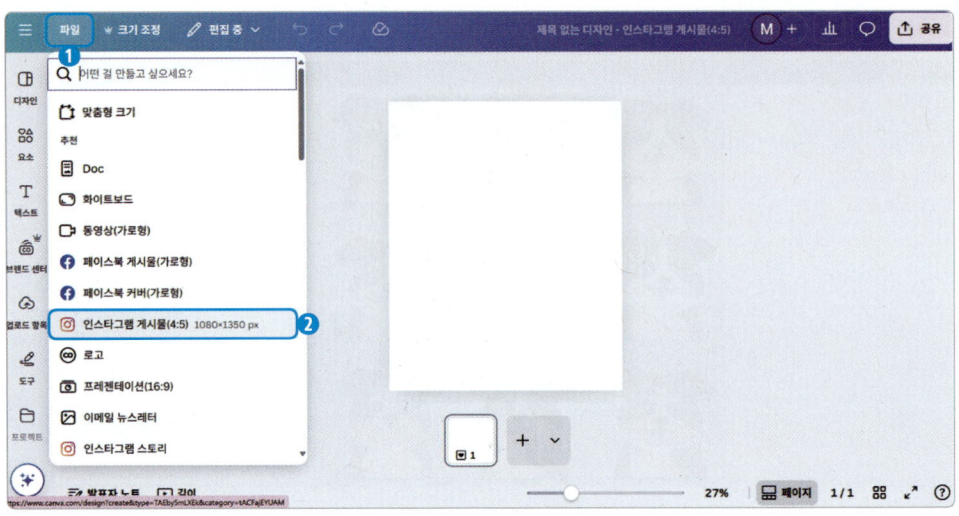

❷ 사이드 패널에서 [앱]을 클릭한 후 검색창에 'Shape Cropper'를 입력하고 검색하고 해당 앱을 선택하여 [열기]를 클릭합니다.

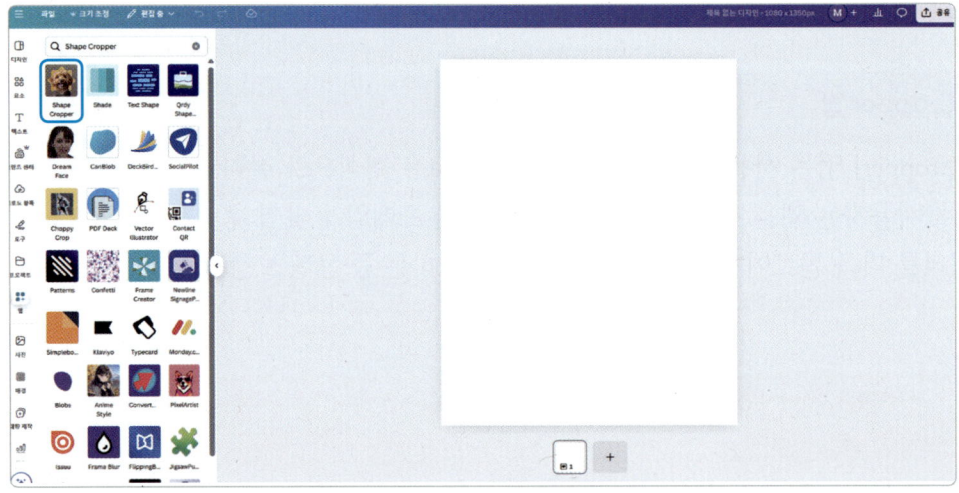

❸ [파일 선택하기]를 클릭하여 이미지 파일을 선택하고 [열기]를 클릭합니다.

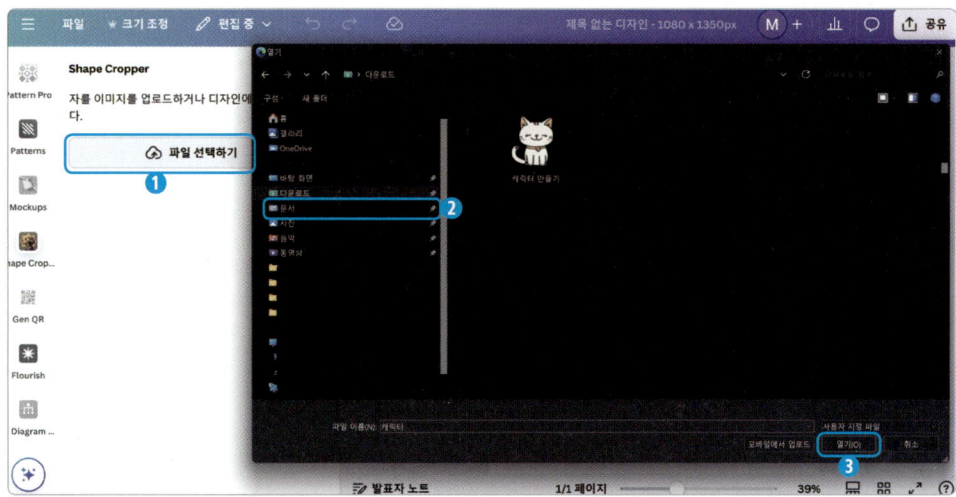

❹ 고양이 이미지를 업로드한 후, 아래 [프레임] 메뉴에서 원하는 도형 프레임을 선택합니다. 이미지의 원하는 부분이 프레임 안에 잘 들어가도록 [이미지 확대/축소] 기능과 [위치 다시 설정] 기능을 사용하여 배치합니다.

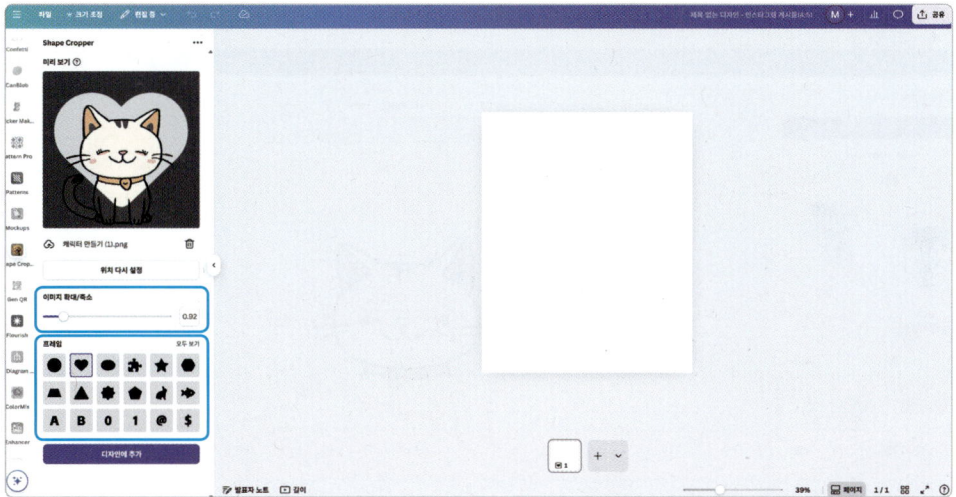

❺ 아래 [프레임] 메뉴에서 원하는 도형 프레임 안에 이미지가 잘 배치되면, [디자인에 추가]를 클릭합니다. 이렇게 하면 고양이 캐릭터를 하트 프레임에 맞춰 얼굴 부분만 추출하여 디자인으로 활용할 수 있습니다. 다양한 프레임 옵션을 통해 창의적인 연출이 가능합니다.

❻ 고양이 얼굴 모양과 배경 컬러를 통일한 후, 하단에 텍스트를 추가하여 나만의 캐릭터 디자인을 완성합니다.

여기서 잠깐!

[Shape Cropper] 앱 프레임을 사용하면 하트모양, 곡선, 또는 추상 도형으로 이미지를 자를 수 있으며, 더 많은 포맷과 스타일을 이용해 재미있는 콘텐츠 제작이 가능합니다.

4. 목업[Mockups]과 굿즈 제작의 상업적 활용

목업[Mockups]하기

AI 디자인을 효과적으로 굿즈로 활용하려면 먼저 디자인을 정리하고, 스티커 디자인을 최적화하여 제품에 적합한 형태로 조정해야 합니다. 목업(Mockups) 작업을 통해 디자인이 실제 제품에 어떻게 적용될지를 미리 확인함으로써 완성도를 높일 수 있습니다. 이러한 과정을 거치면 AI 디자인이 단순한 디지털 아트를 넘어 실질적인 상품으로 활용됩니다.

❶ 캔바 홈 화면에서 [앱]을 클릭한 후 [추천]에서 [Mockups]를 선택합니다.

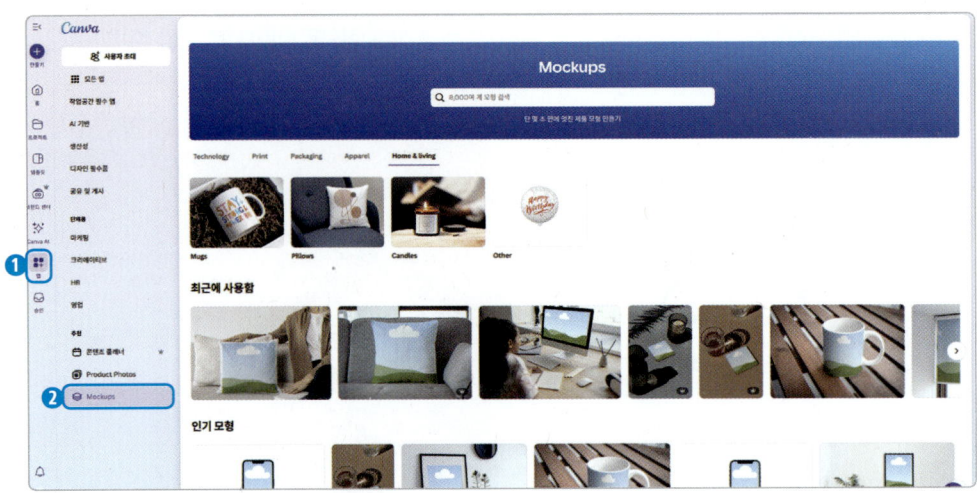

> **TIP** **목업이란?**
>
> 목업은 디자인을 현실적인 제품이나 환경에 적용해보는 기능으로, 티셔츠, 명함, 휴대폰 화면 등 디자인이 실제로 어떻게 보일지 미리 확인하는 것입니다.

❷ [Mockups]에서 목업에 사용할 이미지를 클릭합니다. 내 브랜드나 캐릭터와 어울리는 알맞는 이미지, 컨셉의 목업 이미지를 골라봅니다.

예 [Home&Living]-[pillows]에서 쿠션 이미지 선택

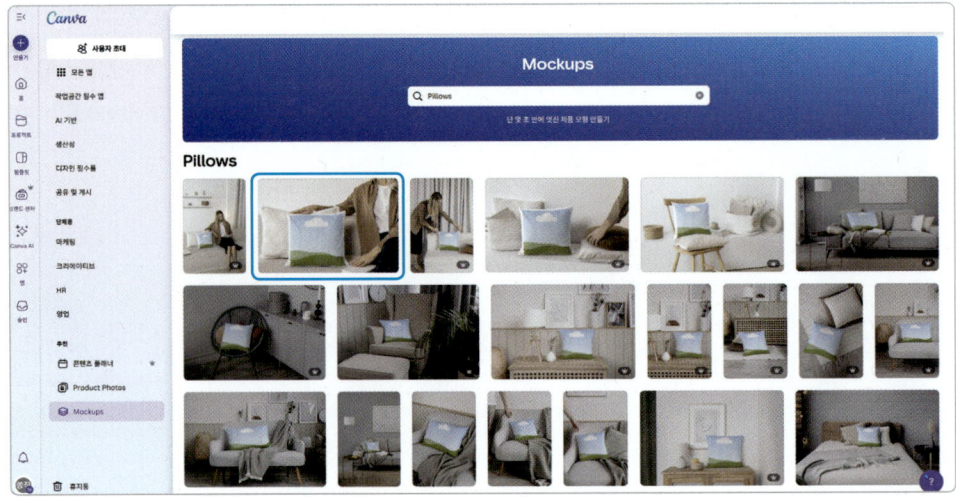

❸ 선택한 쿠션 목업 이미지 오른쪽 시작하기 밑에 있는 [선택]을 클릭합니다.

❹ 업로드할 이미지를 찾아서 이미지 클릭 후 [다음]을 누릅니다. 이때 목업에 사용할 이미지가 없을 경우, [파일 업로드]를 클릭하여 추가합니다.

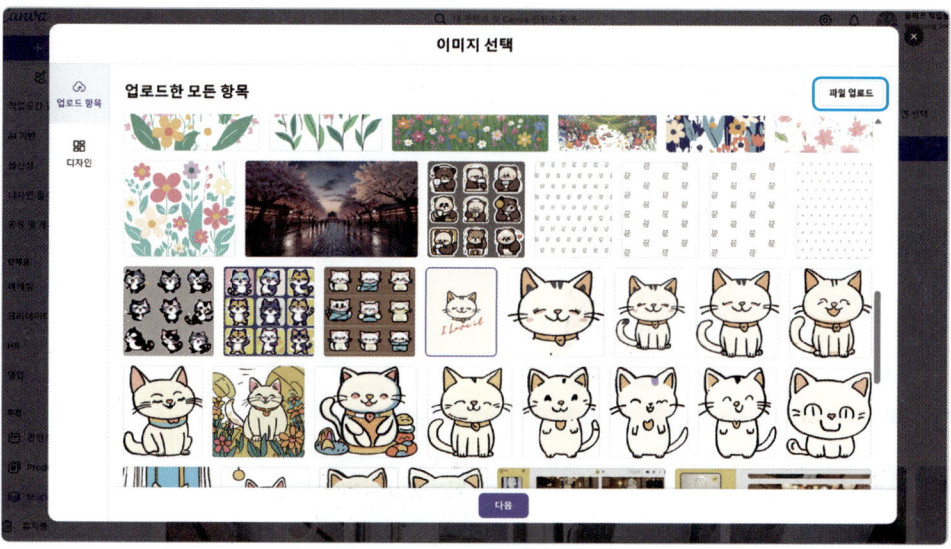

❺ 선택한 캐릭터 이미지가 업로드되어 쿠션 이미지에 목업된 것을 확인할 수 있습니다. [이미지 조정]을 클릭하면 위치나 크기를 변경할 수 있습니다. 목업이 마음에 들면 [목업 저장]을 클릭합니다.

❻ [다운로드]를 클릭하여 이미지를 저장합니다. 다운로드된 파일의 파일명은 PNG 파일입니다.

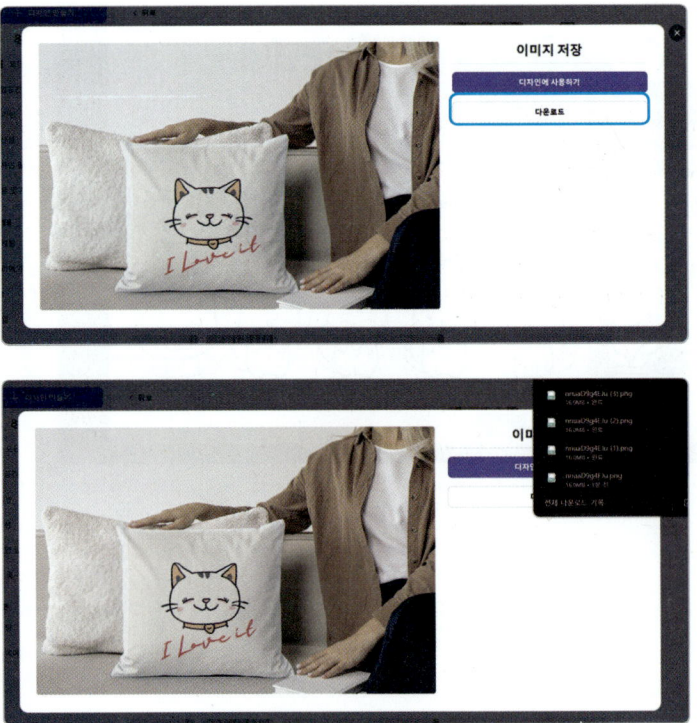

❼ 목업 이미지 저장 다운로드 위에 있는 [디자인에 사용하기]를 누르면 바로 템플릿에서 사용 가능합니다. 예를 들어, 프레젠테이션에서 사용할 경우 [디자인에 사용하기]-[프레젠테이션 16:9]를 클릭하면 생성된 목업 디자인이 프레젠테이션 템플릿으로 제작됩니다.

> **TIP** 목업 템플릿과 SNS 콘텐츠로의 확장 활용법
>
> • 캔바 목업[Mockups] 템플릿에는 동영상 템플릿도 포함되어 있어 활용하기에 좋습니다.
> • 생성된 디자인은 SNS 콘텐츠로 즉시 공유하거나 다운로드하여 활용할 수 있습니다.

출력용 파일 변환 & 굿즈 제작

최근 1인 크리에이터와 소규모 브랜드들이 AI가 생성한 디자인을 굿즈로 제작하여 판매하는 사례가 증가하고 있습니다. 특히, 프린트 온 디맨드(Print-on-Demand, POD) 서비스를 활용하면 재고 부담 없이 맞춤형 굿즈를 소량 제작하고 판매할 수 있습니다.

> **TIP POD 플랫폼을 활용한 굿즈 판매 가이드**
>
> 최종 디자인을 PDF 또는 PNG 파일로 저장한 후 제작 업체에 업로드하면, Redbubble, 마플샵 등의 POD(Print-on-Demand) 플랫폼을 통해 자동으로 굿즈를 제작하고 판매할 수 있습니다.

AI 기반 굿즈 제작 실전 적용 및 상업적 활용

AI가 생성한 이미지는 완성도가 높지만, 상업적 활용 전에 수정 및 보완이 필요할 수 있습니다. 또한, 디자인의 저작권과 상업적 사용 가능 여부를 반드시 확인해야 합니다.

- AI 생성 디자인은 기본적으로 퀄리티가 높지만, 굿즈 최적화를 위해 컬러 조정, 배경 제거, 디자인 요소 추가 등의 수정이 필요할 수 있습니다.
- 상업적 활용 전 저작권 확인이 필수적입니다. Adobe Firefly, Canva AI, DALL·E 등은 상업용 디자인 생성이 가능하지만, 각 플랫폼의 정책에 따른 제한이 있을 수 있습니다. 특히 특정 브랜드 로고나 캐릭터와 유사한 디자인은 법적 문제가 될 수 있으므로, 출처와 라이선스 조건을 반드시 확인해야 합니다.

라이선스를 꼼꼼히 확인하여 저작권을 준수하면서 나만의 독창적인 디자인을 완성할 수 있습니다.

09 : 필사 노트 쉽고 빠르게 만들기

디자인 초보자도 자신만의 스타일을 담은 필사 노트를 쉽게 만들 수 있습니다. 다양한 템플릿과 디자인 요소를 활용하면 개성 있는 노트를 효율적으로 제작할 수 있죠. 이 장에서는 캔바의 대량 제작 기능을 활용해 여러 페이지의 필사 노트를 한 번에 디자인하고, 실용적인 팁과 함께 맞춤형 노트를 완성하는 방법을 알아 봅니다.

1. 필사 노트 알아보기

필사 노트의 의미

필사 노트는 책이나 신문, 잡지 등에서 인상 깊은 문장을 직접 손으로 옮겨 적는 노트입니다. 디지털 시대에 손글씨를 쓰는 행위인 필사를 통해 저자의 좋은 문장을 익히고, 그 속에 담긴 의미를 곱씹을 수 있습니다. 이는 단순한 읽기보다 더 강력한 학습법이며, 창작자에게는 표현력을 키우는 훈련이 됩니다. 이를 통해 글의 구조를 익히고, 문장력을 키우며, 깊이 사색하는 경험을 할 수 있습니다.

필사 노트의 좋은 점

필사 노트가 주목받고 있는 이유는 다음과 같습니다.

첫째 아날로그 감성을 좋아하는 사람들이 많아졌습니다. 디지털 피로감 속에서 손글씨의 따뜻한 감성과 집중의 힘을 경험하려는 사람들이 많아졌습니다.

둘째 자기 계발과 창작의 도구로 자리 잡았습니다. 필사를 통해 어휘력과 문장력이 향상되고, 글쓰기 실력이 자연스럽게 늘어납니다. 유명 작가들도 창작의 과정에서 필사를 활용했다고 알려지면서, 창작자들 사이에서 필사는 필수적인 훈련법으로 여겨집니다.

셋째 필사 노트는 한 문장 한 문장을 옮겨 적는 과정에서 집중력을 기르고, 몰입의 즐거움을 경험할 수 있게 해줍니다. 이는 현대인의 불안과 스트레스를 줄이는 데도 도움을 줍니다.

2. 필사 노트 템플릿 편집하기

필사 노트를 만들기 위해서 '필사 노트' 템플릿을 선택하고 편집하는 과정을 알아 봅니다.

템플릿 선택하기

❶ URL 주소창에 'https://www.canva.com/p/easyaccessart/'를 입력하고 Enter 를 누릅니다. Easyaccessart 모든 항목 아래 검색창에 'isometric'을 입력하고 Enter 를 눌러 실습에 사용할 템플릿을 클릭합니다.

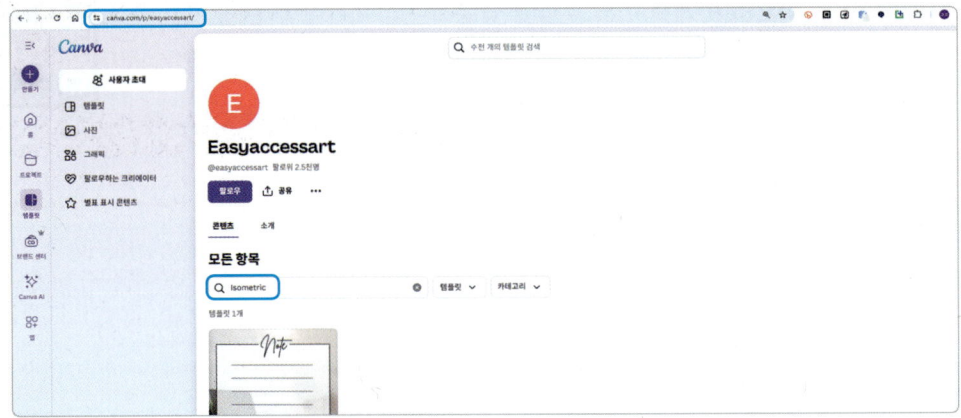

> **TIP 템플릿 활용하기**
>
> 캔바의 템플릿은 디자인을 쉽고 빠르게 완성할 수 있도록 도와줍니다. 캔바 홈 화면에서 '노트', '필사', '플래너' 등의 검색어를 입력하여 다양한 템플릿을 찾아 디자인에 활용해 보기 바랍니다. 요소 그룹화가 되어 있는 경우 '그룹해제'를 클릭하면 됩니다.

❷ [이 템플릿 사용하기]를 클릭합니다.

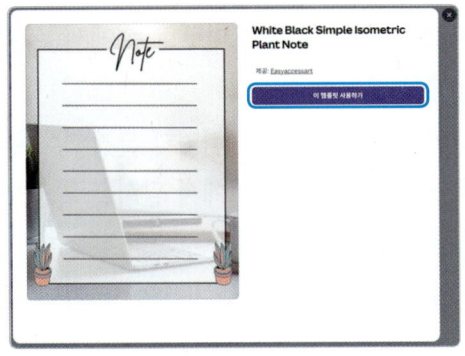

❸ 아래 그림과 같이 디자인이 열립니다.

템플릿 편집하기

❶ 템플릿에서 'Note' 글자를 더블클릭하여 '필사 노트'로 변경합니다.

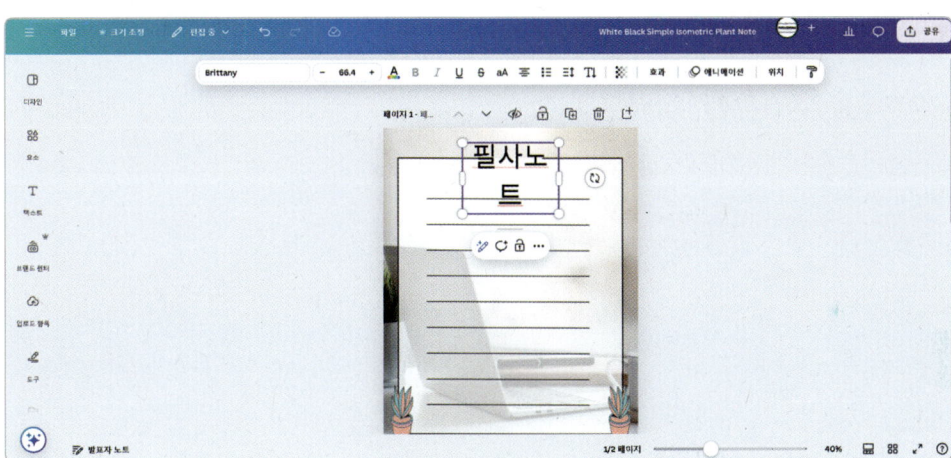

❷ 에디터 툴바에서 [글꼴]을 클릭하고 '210 디딤명조'를 찾아 클릭합니다.

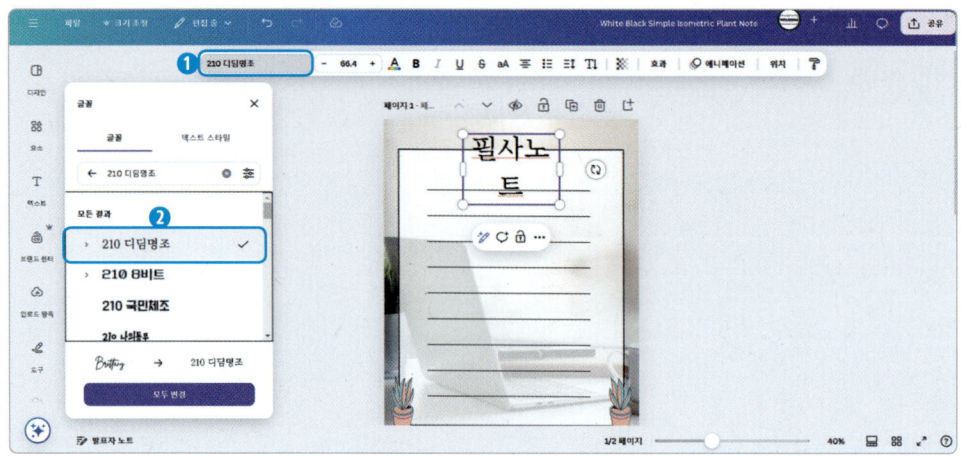

❸ [글꼴 크기]를 클릭하고 입력칸에 '35'를 입력한 후 Enter 를 누릅니다. 텍스트 상자를 드래그하여 디자인에 어울리는 위치로 이동합니다.

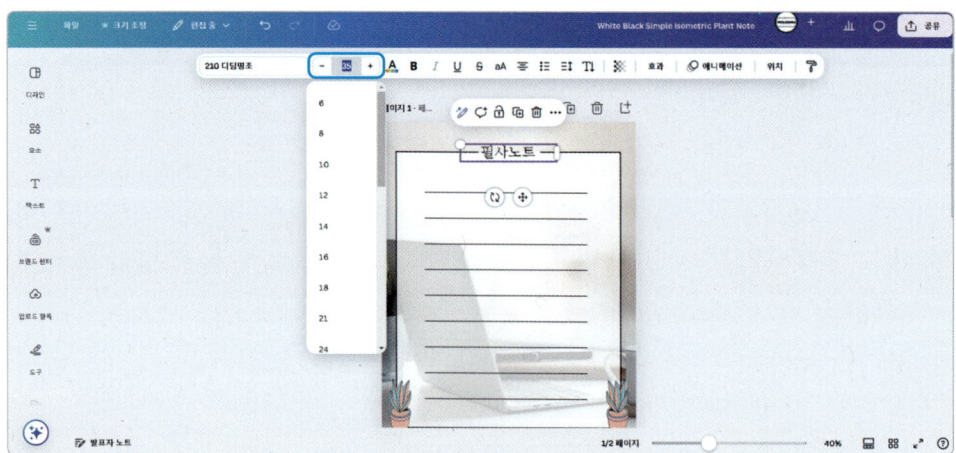

> **여기서 잠깐!**
>
> **글꼴 활용방법**
>
> 필사 노트에 사용하는 글꼴은 손글씨 느낌을 살리기 위해 '210 디딤명조'를 활용했습니다. 반면, 글이 길다면 가독성이 좋은 '고딕체' 계열 글꼴을 사용하는 것이 좋습니다. 그리고 자간이 좁은 글꼴을 선택하면 긴 문장도 효과적으로 배치할 수 있어 디자인이 깔끔하게 유지됩니다. 대표적인 폰트로는 '210 네모진, Pretendard, Noto Sans'가 있으며, 가독성이 뛰어나 긴 문장을 넣어도 읽기 편한 'Nanum Gothic'도 좋은 선택입니다.

❹ 필사할 내용을 적을 부분을 만들기 위해 상단에 위치한 가로선 4개를 선택하여 삭제합니다.

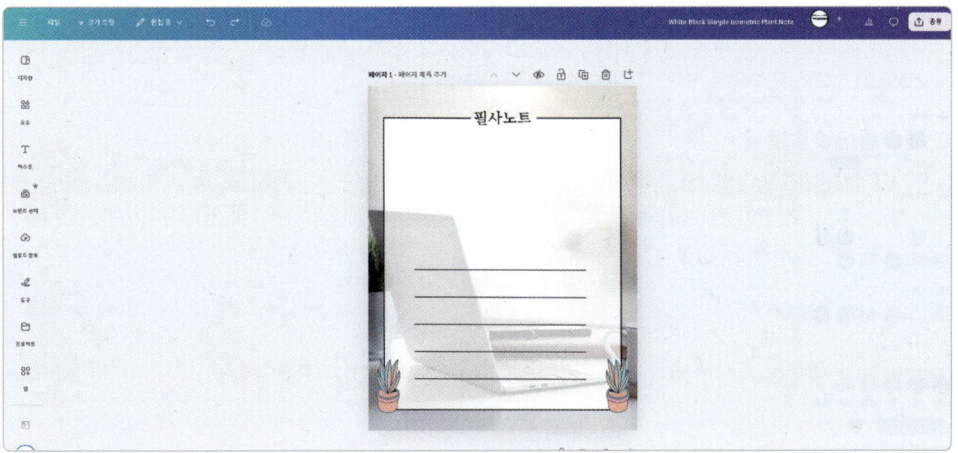

❺ 사이드 패널에서 [요소]를 클릭한 후 검색창에 '따옴표'를 입력합니다. 카테고리에서 [그래픽]을 클릭한 다음 마음에 드는 이미지를 선택합니다.

❻ 삽입된 따옴표 이미지의 색상을 변경하기 위해 에디터 툴바의 [색상]을 클릭하여 마음에 드는 색을 선택합니다.

❼ 이미지를 클릭한 후 모서리의 동그란 크기 조절 핸들을 드래그하여 크기를 줄입니다. 그런 다음, 위치를 그림과 같이 이동합니다.

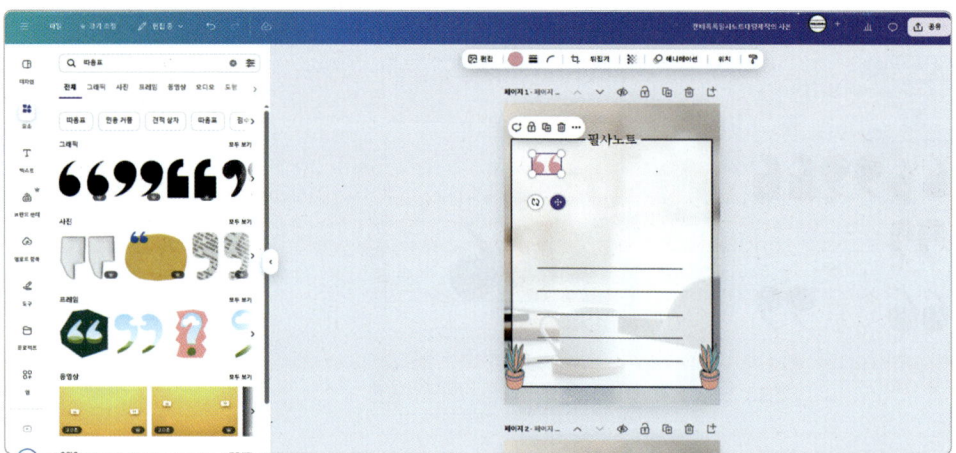

❽ 이제 명언이 들어갈 텍스트 상자를 추가하겠습니다. 사이드 패널에서 [텍스트]-[텍스트 상자 추가]를 클릭합니다.

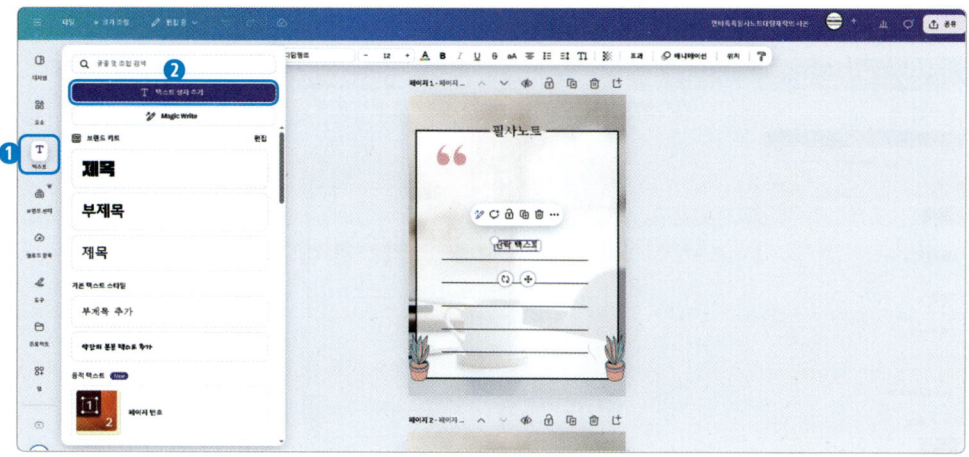

❾ 텍스트 상자의 위치를 상단으로 이동한 후 크기 조절 핸들을 오른쪽으로 드래그하여 문장이 입력될 영역만큼 가로 크기를 늘립니다. 그런 다음 문구를 입력하고 [글꼴 크기]를 '30'으로 변경합니다.

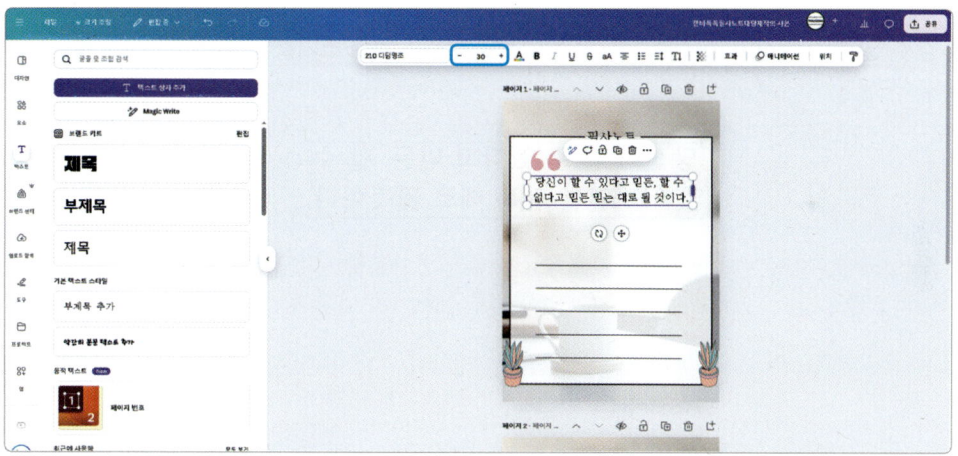

> **TIP 텍스트 상자 세로 자동 조절**
>
> 텍스트 상자의 세로는 문장의 길이에 따라 자동으로 커집니다.

❿ 명언을 말한 인물을 입력하기 위해 사이드 패널에서 [텍스트]-[텍스트 상자 추가]를 클릭합니다. 이름을 입력하고 명언 아래에 배치한 후, [글꼴]은 '210 네모진', [글꼴 크기]는 '19'로 설정합니다. 템플릿 편집을 완료합니다.

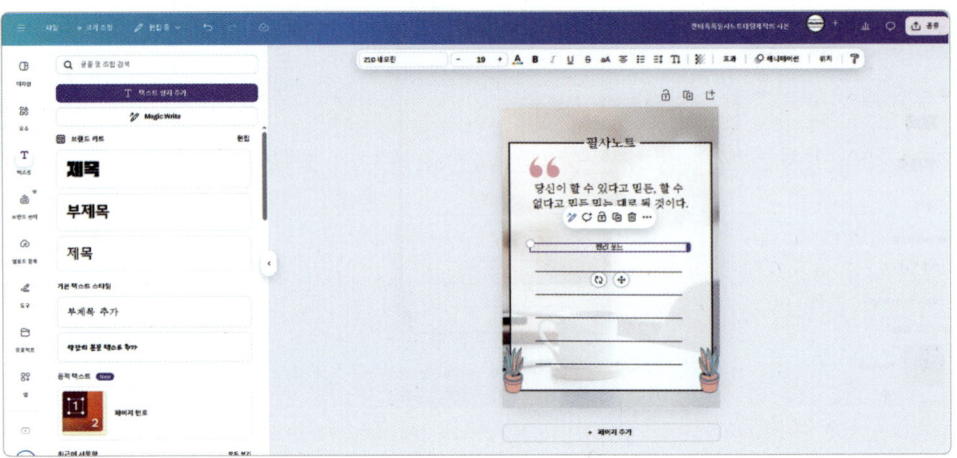

> **여기서 잠깐!**
>
> **텍스트 너비 조절 핸들**
>
> 텍스트 상자를 선택했을 때 나타나는 하얀색 세로 선은 텍스트의 너비를 조절하는 역할을 합니다. 이 선을 드래그하면 텍스트 상자의 가로 너비를 늘리거나 줄일 수 있습니다. 대량 제작 기능으로 여러 명언을 입력할 경우, 일부 긴 문장이 있을 수 있으므로 텍스트 상자의 가로 크기를 넉넉하게 조정해 두는 것이 좋습니다.

3. 필사 문구 대량 제작하기

'대량 제작'은 시간을 절약하고 디자인의 일관성을 유지하는 데 매우 유용한 기능으로, Canva Pro 구독이 필요합니다. 이 기능은 동일한 템플릿을 기반으로 다양한 데이터를 추가하여 한 번에 여러 개의 디자인을 자동으로 생성할 수 있도록 도와줍니다. 이를 통해 반복적인 작업을 줄이고, 보다 체계적이고 전문적인 결과물을 손쉽게 완성할 수 있습니다. 캔바의 '대량 제작' 기능을 활용해 여러 장의 필사 노트를 생성하고 PDF 파일로 만들어 보겠습니다.

> **TIP 대량 제작 기능 활용하기**
>
> 캔바의 대량 제작 기능은 필사 노트 이외에도, '명언 카드, 일기/감사 노트, 학습지, 플래너, 명함' 등을 제작하는데 활용하거나, 결혼식, 돌잔치, 행사 초대장 대량 제작, SNS 콘텐츠 (예: 하루 한 문장 공유 이미지) 대량 제작 등에도 다양하게 활용할 수 있습니다.

자료 생성하기

❶ ChatGPT를 이용해 필사 노트에 사용할 명언 리스트를 생성합니다. 이에 활용할 수 있는 프롬프트는 다음과 같습니다.

> **프롬프트**
>
> 당신은 필사 노트 제작 전문가입니다. 필사 노트 만들기에 좋은 유명한 명언과 그 말을 한 사람으로 엑셀파일을 만들어주는데,
> 1열에는 '명언', 2열에는 '그 말을 한 사람'을 넣어 엑셀파일을 만들어주세요. 20개의 구절을 만들어주세요.

당신은 필사 노트 제작 전문가입니다. 필사노트 만들기에 좋은 유명한 명언과 그 말을 한 사람으로 엑셀파일을 만들어주는데,
1열에는 '명언', 2열에는 '그 말을 한 사람'을 넣어 엑셀파일을 만들어주세요. 20개의 구절을 만들어주세요.

엑셀 파일이 완성되었습니다. 아래 링크를 클릭하여 다운로드하시면 됩니다.

📁 명언_필사노트.xlsx 다운로드

❷ ChatGPT를 통해 아래와 같은 필사 노트 자료가 생성되었습니다. ChatGPT가 생성한 데이터를 직접 확인하여 오류가 없는지 꼭 확인합니다.

명언	그 말을 한 사람
당신이 할 수 있다고 믿든, 할 수 없다고 믿든 믿는 대로 될 것이다.	헨리 포드
인생은 자전거를 타는 것과 같다. 균형을 잡으려면 움직여야 한다.	알베르트 아인슈타인
성공은 최종 목적지가 아니라, 여행의 과정이다.	랄프 왈도 에머슨
실패하는 것은 곧 성공으로 가는 과정이다.	아리아나 허핑턴
행복한 삶을 살기 위해 필요한 것은 매우 적다.	마르쿠스 아우렐리우스
위대한 일은 단번에 이루어지지 않는다.	로마는 하루아침에 이루어지지 않았다 (속담)
당신이 두려움을 정복하는 순간, 새로운 세상이 펼쳐진다.	넬슨 만델라
우리는 반복적으로 하는 것에 의해 결정된다. 그러므로 탁월함은 행동이 아니라 습관이다.	아리스토텔레스
무엇을 하든 최선을 다하라.	벤자민 프랭클린
기회는 준비된 자에게 온다.	루이 파스퇴르
고통 없이는 얻는 것도 없다.	벤자민 프랭클린
우리가 우리의 운명을 결정하는 것이지, 운명이 우리를 결정하는 것이 아니다.	윌리엄 셰익스피어
남들과 똑같이 행동하면서 더 나은 결과를 기대하는 것은 어리석은 짓이다.	알베르트 아인슈타인
성공의 비결은 목표를 설정하는 것이다.	파블로 피카소
작은 변화가 큰 변화를 만든다.	제임스 클리어
멈추지 말고 계속 앞으로 나아가라.	마틴 루터 킹 주니어
어제보다 나은 오늘을 만들자.	오프라 윈프리
모든 위대한 업적은 도전에서 시작된다.	에드문드 힐러리
자신을 믿어라. 당신은 생각보다 더 강하다.	브루스 리
시간은 우리가 가진 가장 소중한 자산이다.	워렌 버핏

콘텐츠 대량 제작하기

대량 제작은 캔바 프로 구독 사용자가 컴퓨터에서만 사용할 수 있습니다. 모바일 앱에서는 이용할 수 없습니다.

❶ ChatGPT에서 생성한 명언을 한꺼번에 디자인에 적용하기 위해 사이드 패널에서 [앱]을 클릭한 후 [대량 제작]을 찾아 클릭합니다.

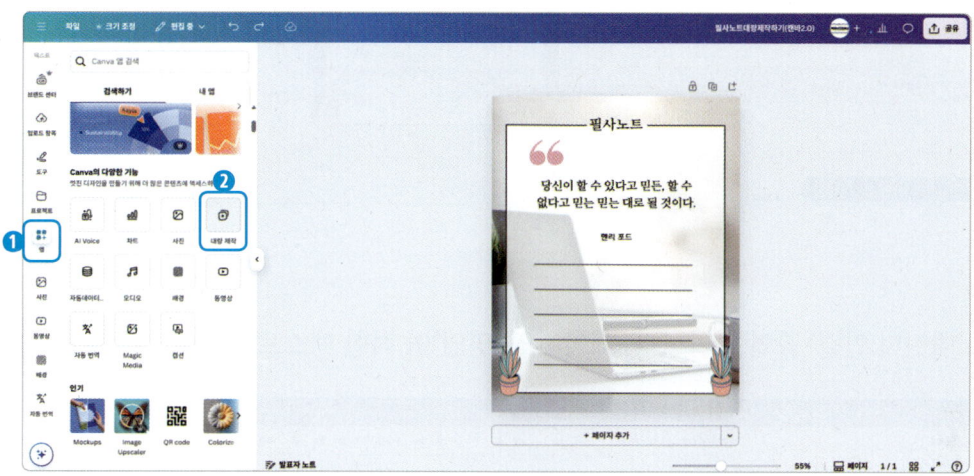

❷ [데이터 업로드]를 클릭하여 ChatGPT로 만든 엑셀 파일을 업로드합니다.

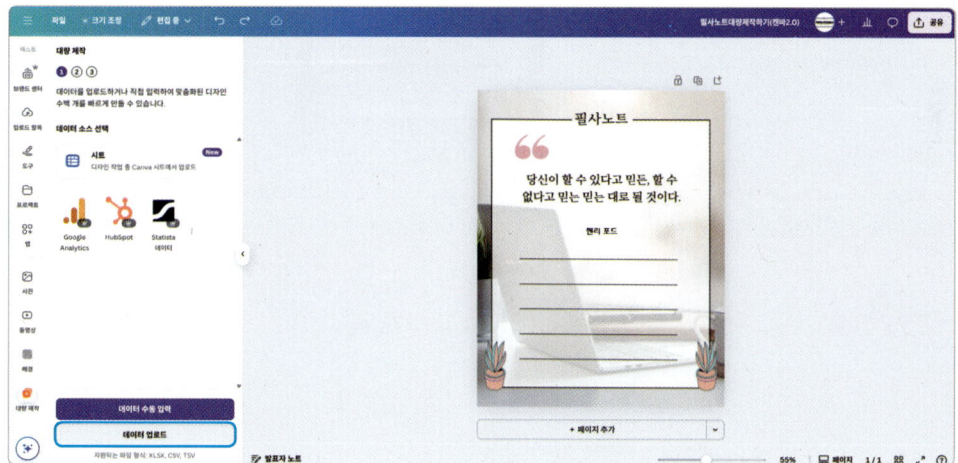

❸ 엑셀파일이 연결되었습니다. [계속하기]를 클릭합니다.

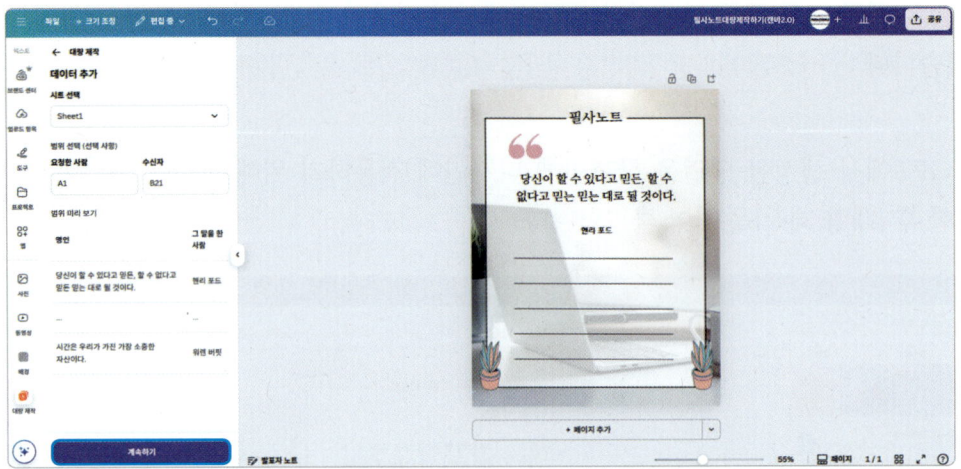

❹ 이제 '데이터 연결' 작업을 합니다. 페이지의 '명언'이 적힌 텍스트 상자를 클릭합니다.

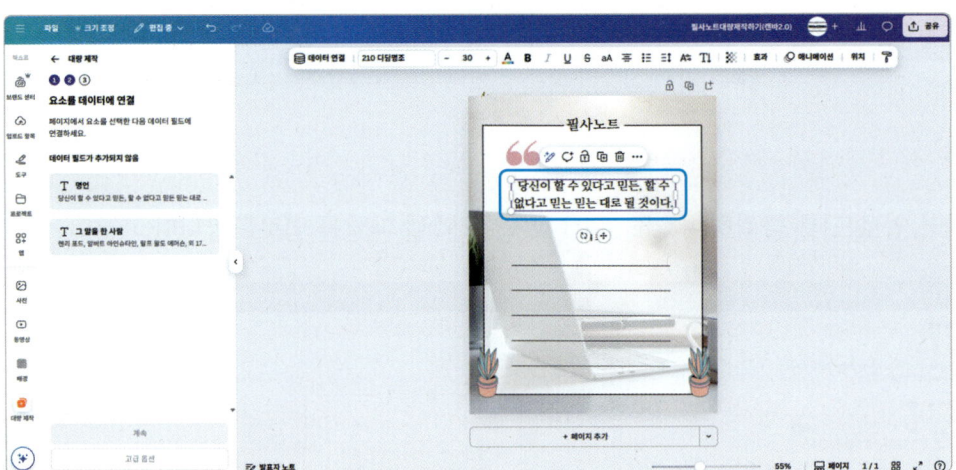

❺ 에디터 툴바의 [데이터 연결]을 클릭하고, 이 텍스트 상자에 입력될 데이터인 '명언'을 클릭합니다.

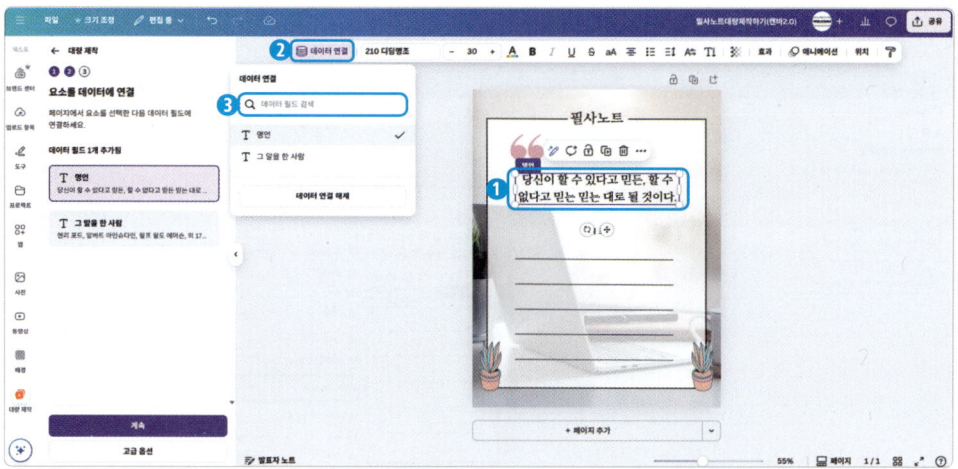

❻ 이어 명언을 말한 인물이 입력되어 있는 텍스트 상자를 선택한 다음 상단 에디터 툴바에서 [데이터 연결]을 클릭한 후 '그 말을 한 사람'을 선택합니다. 그런 다음 [계속]을 클릭합니다.

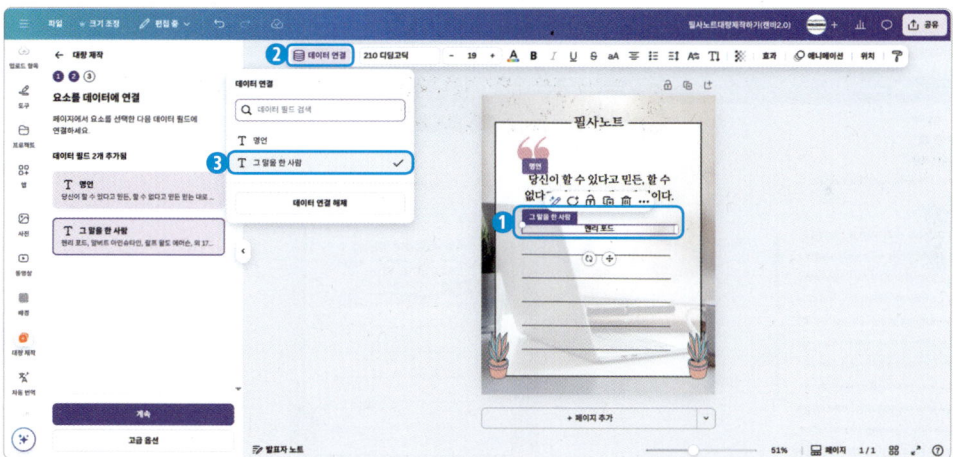

> **여기서 잠깐!**
>
> **데이터 연결 방법**
>
> [데이터 연결]은 '텍스트상자' 마우스 오른쪽 버튼을 클릭해도 가능합니다.
>
>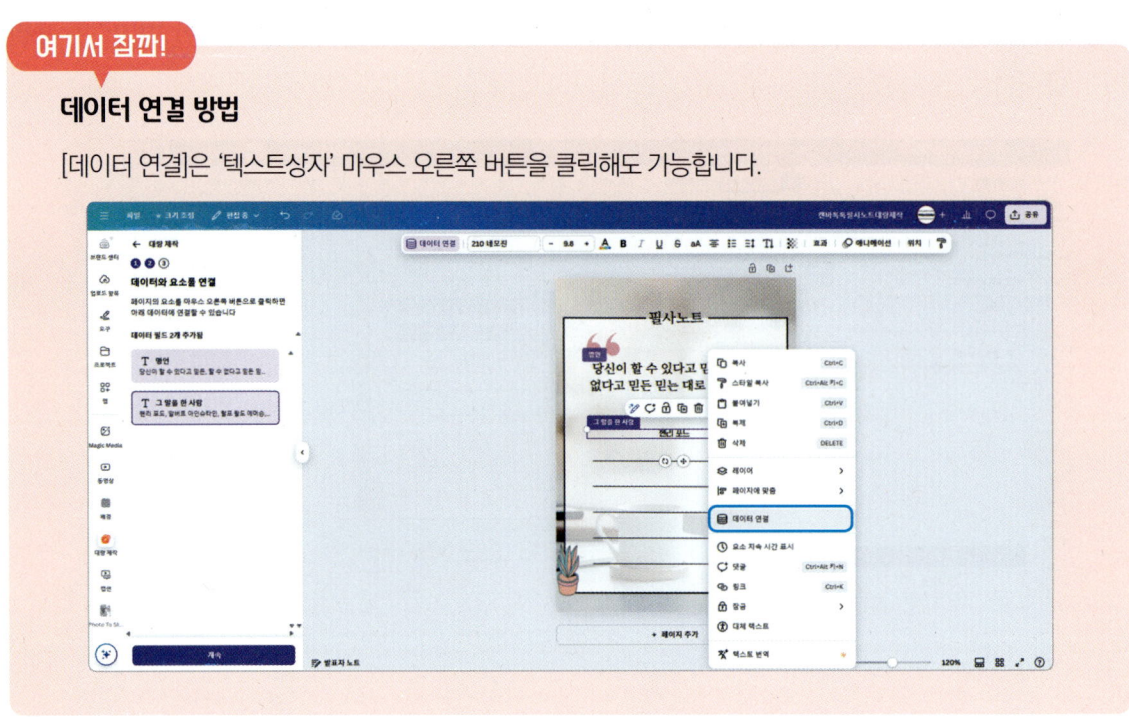

❼ 왼쪽의 데이터 적용 부분에서 [디자인 20개 생성]을 클릭합니다. '11개 디자인이 생성되어 '내 프로젝트'에 저장되었습니다.'라는 안내 메세지가 나옵니다.

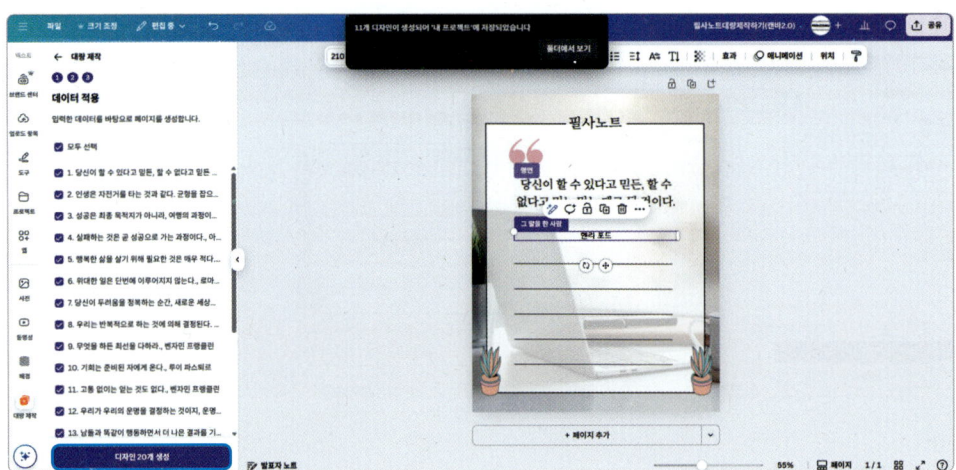

❽ 11개 디자인이 생성되어 '내 프로젝트'에 저장되었습니다.' 라는 안내 메세지에 있는 [폴더에서 보기] 버튼을 클릭하여 '(대량 1)'이라는 새로운 프로젝트를 선택합니다.

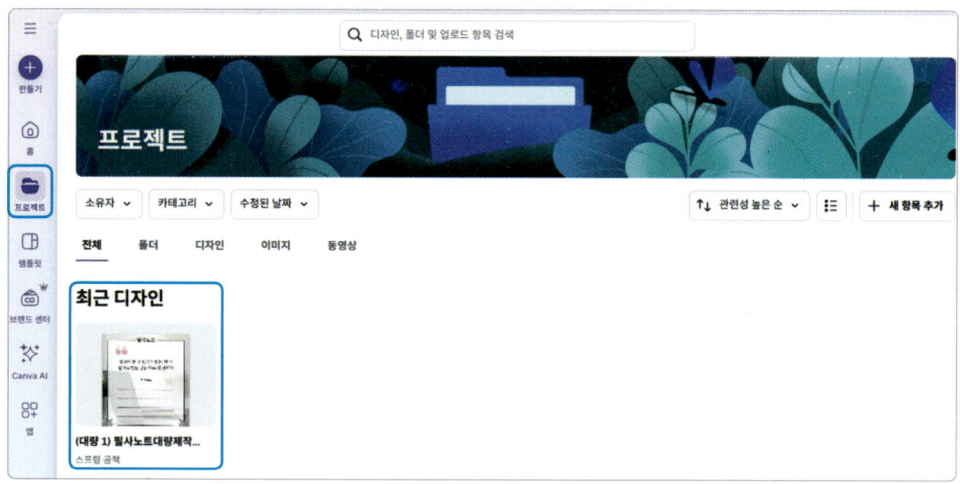

❾ 화면 아래 오른쪽의 [그리드뷰( )]를 클릭하면 생성된 20개의 페이지를 한눈에 확인할 수 있습니다.

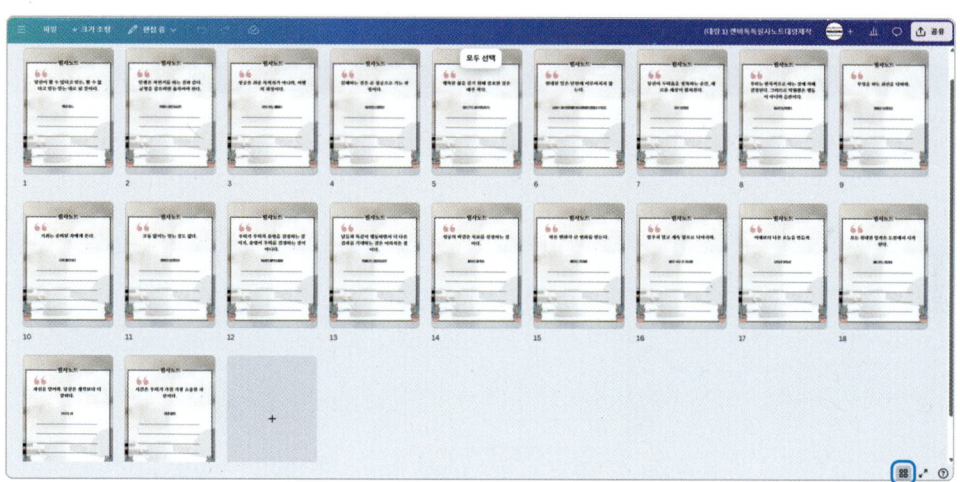

4. 필사 노트 표지 만들기

❶ [그리드뷰 닫기]( )를 다시 눌러 '스크롤뷰'로 다시 돌아옵니다. (대량1) 프로젝트의 페이지1에서 [페이지 추가]를 클릭한다.

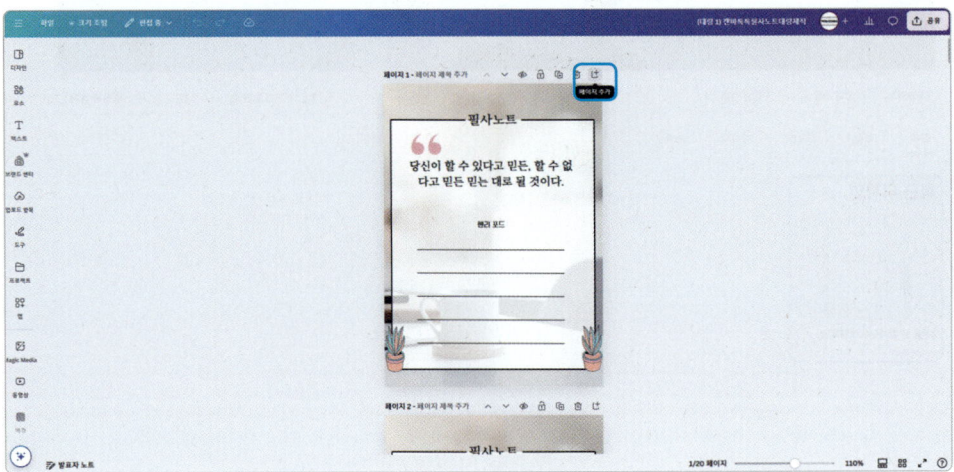

❷ [위로 이동]을 클릭하여 빈 페이지를 '페이지1'로 바꾸어줍니다.

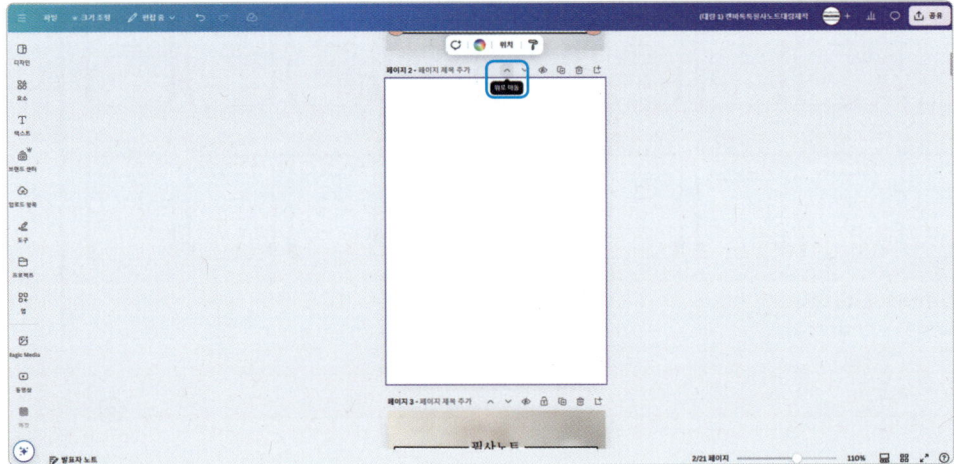

❸ 사이드 패널에서 [디자인]을 클릭합니다. 검색창에서 'Colorful organic shape cover'를 검색하고 표지로 사용할 디자인을 클릭합니다.

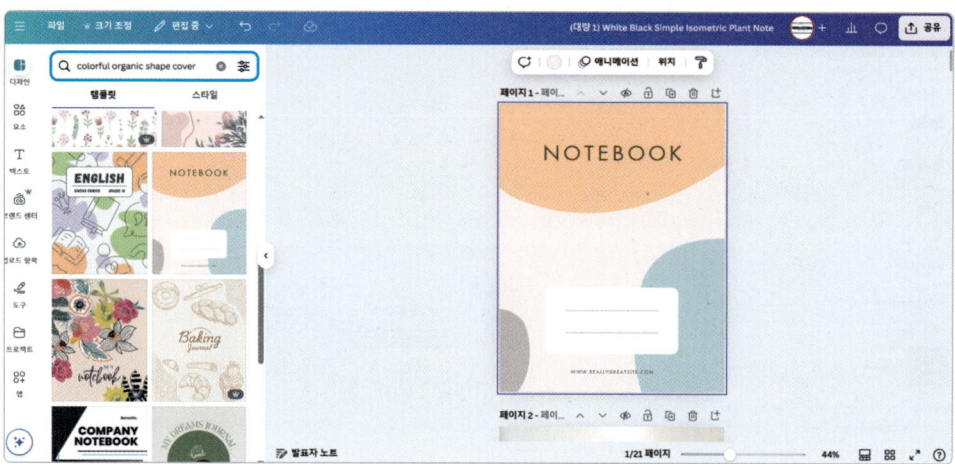

❹ 'NOTEBOOK' 글자를 더블클릭하여 '필사 노트'로 변경합니다. 그런 다음 에디터 툴바에서 [글꼴]을 클릭하여 '210 디딤명조'를 선택합니다.

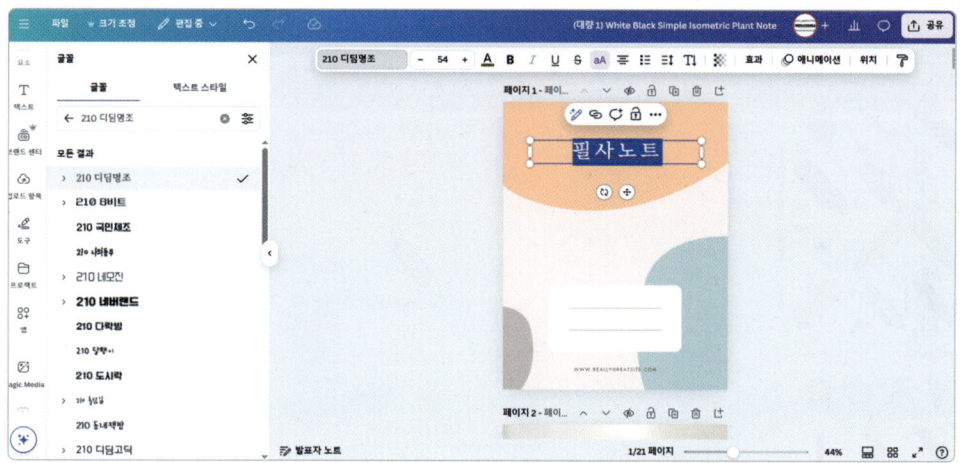

❺ 아래쪽의 'www.reallygreatsite.com' 텍스트 상자를 클릭하여 [삭제]를 눌러 제거합니다.

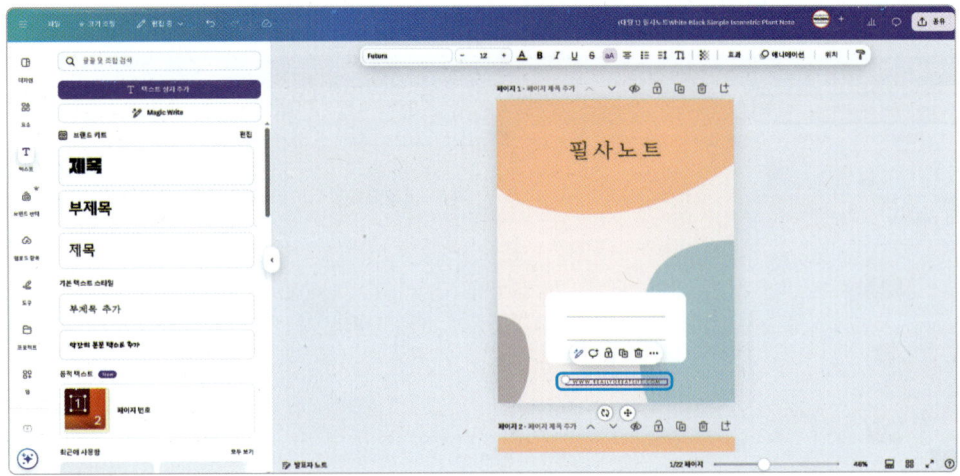

❻ 사이드 패널에서 [요소]를 클릭하고 검색창에 '연필'을 입력합니다. 카테고리에서 [그래픽]을 선택한 후 연필과 선이 있는 요소를 클릭하여 디자인에 삽입합니다. 그런 다음 크기를 조정하여 디자인에 어울리게 배치합니다.

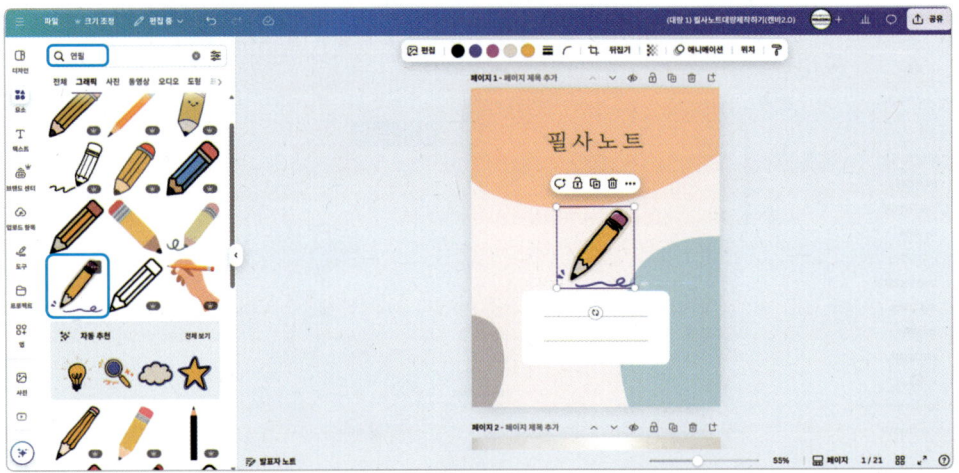

❼ 페이지의 연필 요소를 클릭하고 에디터 툴바에서 [색상]을 눌러 마음에 드는 색으로 연필 색을 변경합니다. 표지가 완성되었습니다.

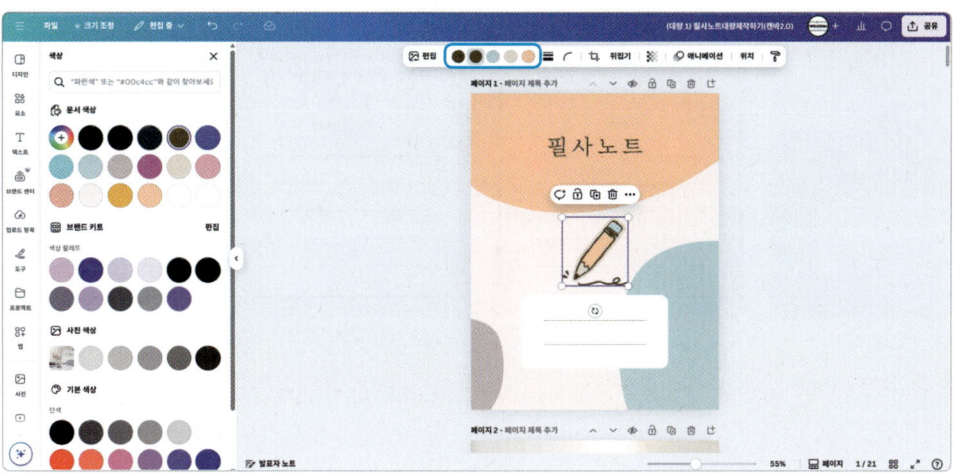

5. 필사 노트 PDF 다운로드하기

❶ 필사 노트를 다운받기 위해 오른쪽 상단의 [공유]-[다운로드]를 클릭합니다. 파일 형식으로 'PDF 표준'을 선택한 후 [다운로드]를 클릭하여 PDF 파일을 저장합니다.

❷ 표지와 필사 노트 본문이 완성되었습니다.

 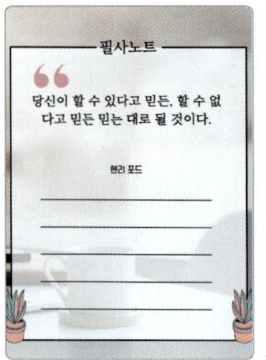 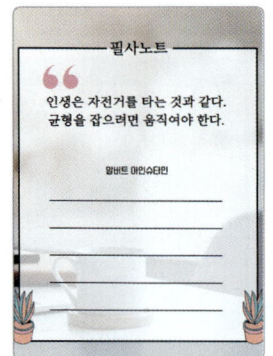 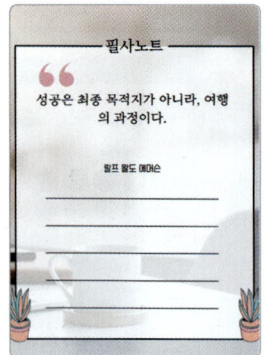

6. 필사 노트 활용 방법

필사 노트의 활용 방법은 아래와 같이 여러 가지 방법이 있습니다.

- 종이 필사: PDF를 출력하여 직접 손글씨로 필사하는 방법이 있습니다.
- 디지털 필사: 태블릿에서 디지털 펜을 이용하여 디지털 필사를 하는 방법이 있습니다.
- 필사 챌린지: 30일 필사 챌린지, SNS(인스타그램, 블로그)에 필사 노트를 매일 업로드하기 등의 챌린지를 하면 더욱 꾸준하고 즐겁게 필사를 할 수 있습니다.
- 맞춤형 필사 노트 만들기: '명언 필사, 시 필사, 자기 계발 필사, 영어 문장 필사' 등의 특정 주제로 필사 노트를 만들고 활용하는 방법이 있습니다.

캔바의 '대량 제작' 기능을 활용하여 자신만의 필사 노트를 쉽고 빠르게 만들어 보시기 바랍니다.

부록 | Canva

알아두면 쓸 데 있는 유용한 캔바 앱

 캔바는 기본 기능만으로도 강력하지만, 다양한 앱을 추가하면 디자인 작업의 효율성과 완성도를 한층 더 높일 수 있습니다. 이러한 앱들은 필요에 따라 업데이트되며, 새로운 앱이 추가되거나 기존 앱이 개선되기도 합니다. 때로는 일부 앱이 서비스를 종료할 수도 있고, 크레딧 사용 방식이 변경될 수도 있으니 참고하기를 바랍니다.

캔바에서 앱을 사용하는 방법

❶ 작업 화면의 사이드 패널에서 앱을 선택합니다.
❷ 원하는 앱을 검색하거나 추천 앱을 탐색합니다.
❸ 앱을 선택한 후, [열기]를 눌러 사용을 시작합니다. 일부 앱은 처음 사용 시 계정 가입이나 연결 과정이 필요할 수 있습니다.

캔바에서 사용한 앱 관리하는 방법

 내 앱 기능은 Canva에서 이미 연결한 앱들을 관리할 수 있는 곳입니다. 여기서 앱의 세부 정보를 확인하거나, 앱 권한을 검토하고 필요하면 연결을 해제할 수도 있습니다.

❶ 작업 화면의 사이드 패널에서 앱을 선택합니다.
❷ [내 앱]을 선택합니다.
❸ 관리하려는 앱을 찾아 마우스를 올린 후, [더 보기](점 세 개 아이콘)를 클릭합니다.
❹ [앱 세부정보]를 선택해 권한을 검토하거나, [앱에서 제거하기]를 선택해 연결을 해제합니다.

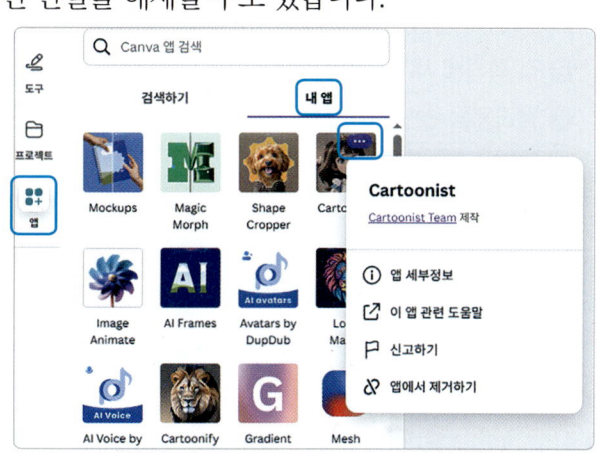

Canva AI (캔바 AI)

Canva AI는 창의력을 발휘하고 작업 효율성을 높이는 데 도움을 주는 통합 AI 도구 세트입니다. 텍스트나 음성 프롬프트를 사용해 디자인, 텍스트, 이미지, 코드 등을 생성할 수 있어 빠르고 창의적인 결과물을 얻을 수 있는 통합 AI 도구입니다.

주요 기능

1. 이미지 생성
프롬프트를 입력하면 독창적인 이미지를 생성합니다. 사진, 3D 이미지, 드로잉 등 다양한 스타일로 이미지를 만들 수 있습니다. 특정 키워드와 문구를 사용해 원하는 이미지를 정확히 표현할 수 있습니다. 예) 마케팅 자료, 소셜 미디어 콘텐츠, 또는 독창적인 비주얼 제작.

2. 문서 초안 작성
프롬프트를 입력하면 문서 초안을 자동으로 생성합니다. 다양한 문서 유형(보고서, 제안서 등)에 맞는 초안을 작성할 수 있습니다. 생성된 초안을 편집기로 열어 추가 수정이 가능합니다. 예) 비즈니스 제안서, 블로그 초안, 또는 팀 회의 자료 작성.

3. 코드 생성
프롬프트를 입력하면 HTML, CSS, JavaScript와 같은 프로그래밍 언어로 작성된 코드를 자동으로 생성해 주는 도구입니다. 간단한 설명만으로도 상호작용 웹 요소나 기능을 구현할 수 있고, 생성된 코드를 디자인에 바로 적용하거나 수정 가능해서 웹 디자인이나 개발 작업을 빠르게 시작하거나, 간단한 코드를 작성할 때 유용합니다.

사용 방법

① Canva 홈 화면의 검색창 위 아이콘이나 왼쪽 패널에서 [Canva AI]를 클릭합니다.
② [이미지 생성], [문서 초안 작성], [코드 생성] 중 원하는 작업을 클릭합니다.
③ 각 작업별 세부사항을 설정합니다. 예) 이미지 생성의 경우, [스타일]과 [가로세로 비율]
④ 결과물을 설명하는 프롬프트를 텍스트 또는 음성으로 입력하고, [제출하기] 화살표 아이콘을 클릭해 결과를 생성하고 수정합니다.

MOJO AI (모조 AI)

텍스트 프롬프트를 입력하여 이미지로 변환하는 이미지 생성형 AI 앱입니다. 그림, 페인팅, 그래픽 이미지뿐만 아니라, QR코드 아트를 생성하여 독창적인 디자인을 제작할 수 있습니다.

사용 방법

❶ [Express], [Infinity], [Vision] 탭을 각각 클릭하여 원하는 아트 스타일을 결정합니다.
❷ [아이디어 입력] 창에 프롬프트를 입력합니다.
❸ [아트 스타일 선택]에서 원하는 스타일을 결정하고 [가로세로 비율 선택]에서 비율을 선택합니다.
❹ [멋진 작품 만들기]를 클릭하여 이미지를 완성합니다.
❺ [Infinity] 탭에서는 이미지를 업로드하여 해당 이미지를 원하는 스타일로 변경할 수 있습니다.
❻ [QR] 탭에서 내가 생성한 이미지를 QR 코드로 만들 수 있지만, 이 기능은 MOJO AI 사이트에 별도로 가입해야 사용이 가능합니다.
❼ MOJO AI는 하루에 5 크레딧이 부여 되며 1개의 이미지를 만들 때마다 1 크레딧이 차감됩니다.

 # Magic Morph (매직 모프)

텍스트, 요소, 또는 도형에 간단한 프롬프트를 입력해 독창적인 스타일을 추가할 수 있는 앱으로 평범한 텍스트나 도형을 특별한 예술 작품으로 변신시킬 수 있습니다. Magic Morph는 텍스트, 도형, 정적인 그래픽에만 작동합니다. 그룹화된 요소나 반투명 이미지에는 사용할 수 없으며, 얇은 글꼴이나 복잡한 텍스처의 경우 효과가 떨어질 수 있습니다.

사용 방법

① 캔버스에서 변형하고 싶은 요소 또는 글씨를 클릭합니다.
② 해당 요소를 어떻게 변형하고 싶은지 프롬프트를 입력하거나 예시를 클릭합니다.
③ [Magic Morph]를 클릭해 결과를 확인합니다.
④ 결과를 클릭해 캔버스에 추가하거나, [다시 만들기]로 새롭게 생성할 수 있습니다.
⑤ 처음부터 다시 시작하려면 [돌아가기]를 클릭합니다.

활용 예시

 **Avatar Generator** (아바타 제너레이터)

다양한 스타일의 아바타를 사용자 임의대로 설정하여 무제한으로 생성할 수 있는 앱입니다.

사용 방법

① 앱을 열어 아바타 성별, 귀, 눈, 안경, 코, 입, 머리모양과 색상, 모자 모양과 색상, 셔츠 모양과 색상, 피부색상과 배경색상을 직접 설정합니다.
② [Add to design]을 눌러 디자인에 추가합니다.

 **Color Mix** (컬러믹스)

이미지와 디자인에 독특한 색상 조합을 추가할 수 있는 앱으로 색상을 조정하여 사진이나 디자인에 새로운 느낌을 주고, 조화로운 색상 대비로 더 매력적인 결과물을 만들 수 있습니다.

사용 방법

① 디자인에 사용할 이미지를 선택하고 캔버스에 이미지를 업로드합니다.
② ColorMix 앱에서 제공하는 프리셋을 선택하거나, 색상 조정 슬라이더를 사용해 원하는 효과를 만듭니다.

illusionist (일루셔니스트)

인공지능을 활용하여 시각적인 착시 효과나 특별한 그래픽 스타일을 손쉽게 만들어내는 앱입니다. 이미지와 텍스트를 변형하고, 독특한 스타일로 표현할 수 있어 디자인의 창의성을 극대화할 수 있습니다.

사용 방법

❶ [Scene Description] 창에 원하는 생성 이미지를 영어로 입력합니다.
❷ [Select pattern]에서 다양한 스타일 중 원하는 착시 효과나 변환 효과를 클릭합니다.
❸ [Generate]를 클릭하여 완성합니다.

Tracer (트레이서)

비트맵 이미지를 벡터 형태로 변환해 주는 앱으로, 로고나 단순 그래픽을 고해상도로 변환하여 다양한 크기와 용도로 활용할 수 있습니다.

사용 방법

❶ 캔버스에 벡터로 변환하려는 이미지를 삽입합니다.
❷ 이미지를 선택하면 자동으로 이미지를 분석하여 벡터 이미지로 변환됩니다.
❸ [Output mode]에서 [Black&white] 모드와 [Full color] 모드를 선택할 수 있습니다.
❹ [Trace Image]를 클릭하여 이미지를 완성합니다.
❺ [Full color] 모드에서 변환된 벡터 이미지는 색상 변경이 가능합니다.
❻ SVG 벡터 파일 다운은 캔바 Pro 구독자만 가능합니다.

 # Background Pro (백그라운드 프로)

디자인에 다양한 배경을 추가할 수 있는 앱으로, 단색 배경, 이미지, 또는 동영상 배경을 활용해 디자인을 더욱 돋보이게 만들 수 있습니다.

사용 방법

❶ 변경을 원하는 원본 이미지를 페이지에 추가합니다.
❷ 이미지를 선택한 상태에서 [열기]를 클릭하면 [Gallery] 탭이 열립니다.
❸ [Select a background]의 [Trending], [E-commerce], [Studio Shot]에서 이미지에 어울리는 배경을 클릭합니다.
❹ [Generate]를 클릭합니다.
❺ 생성된 이미지가 마음에 들면 [Replace]를 클릭하여 디자인에 삽입합니다. 마음에 들지 않으면 [Start over]를 클릭하여 다시 생성할 수 있습니다.
❻ [Text] 탭-[Original image]에서 [Choose file]을 클릭해 적용할 이미지를 업로드합니다.
❼ [Describe your desired background] 창에서 변경하고 싶은 배경을 영어로 입력합니다.
❽ [What's the background for?]에서 [Figure], [Product], [Others] 배경 이미지를 어디에 사용할지 결정합니다.
❾ [Image] 탭에서는 [Original image]에서 [Choose file]을 클릭하여 이미지를 추가합니다.
❿ [Choose an image to inspire your background]에서 [Choose file]을 클릭하여 배경으로 사용할 참고 이미지를 업로드합니다.
⓫ [Generate]를 클릭하여 완성된 이미지를 추가합니다.
⓬ [Original image]에서 여백이 넓고 피사체가 작으면 그 여백만큼의 배경이 생성되고, 피사체의 바닥 반사까지 표현되는 디테일이 살아있는 것을 확인할 수 있습니다.

 **sketch to life** (스케치 투 라이프)

　사용자가 그린 스케치를 디지털 일러스트로 변환하고 애니메이션 효과까지 적용할 수 있는 인공지능 기반의 앱으로, 손 그림을 빠르게 디지털 콘텐츠로 바꿀 수 있어 창의적인 프로젝트에 유용합니다.

사용 방법

❶ [Describe your sketch] 그림 탭에 생성하고 싶은 그림을 그립니다.
❷ 그린 그림에 대한 설명을 영어로 작성하여 [Generate]를 클릭합니다.

활용 예시

❶ 교육 및 SNS 콘텐츠 활용: 학습 자료나 카드뉴스에 손 그림 스타일을 활용하여 친근하고 따뜻한 느낌을 연출합니다.
❷ AI 체험: 쉬운 생성형 AI 체험하기 용도로 활용합니다.

 **PixelArt** (픽셀아트)

사진을 레트로 스타일의 픽셀 아트로 쉽게 바꾸어 주는 앱입니다. 픽셀 아트는 작은 정사각형 점들을 이용해 만드는 디지털 아트로, 옛날 비디오 게임에서 많이 사용되었던 스타일입니다.

사용 방법

❶ PixelArt 앱을 열고, 변환할 사진을 캔버스에 불러온 다음 클릭합니다.
❷ [Pixel effect strength]를 조절합니다.
❸ [Transform image]를 클릭합니다.

 **PixelArt Studio** (픽셀아트 스튜디오)

디자인 이미지를 픽셀 아트 스타일로 손쉽게 변환시켜주는 앱입니다.

사용 방법

❶ PixelArt Studio 앱을 [열기]한 후, [Choose File]을 클릭합니다.
❷ 변환할 이미지를 업로드 하면 자동으로 변환된 이미지가 삽입됩니다.

Liquify (리쿼파이)

이미지에 물이 흐르는 듯한 효과를 줄 수 있는 앱으로 물방울이 떨어지는 모양, 파도치는 느낌, 녹아내리는 효과, 또는 수중에 있는 듯한 분위기를 쉽게 만들 수 있습니다.

> 사용 방법

❶ 캔버스에 이미지를 삽입한 후 클릭합니다.
❷ [녹음], [흔들림], [얼룩], [번짐], [흐름] 중 필요한 효과를 적용합니다.
❸ 효과 아래 이동 바를 움직여 세부 조정을 합니다.

Neon Glow (네온 글로우)

사진만 업로드하면 멋진 네온 하이라이트 스타일로 사진을 변경 해주는 앱입니다.

> 사용 방법

❶ JPEG, JPG, PNG, WEBP 형식의 파일을 업로드합니다.
❷ [Glow intensity]로 빛의 밝기나 세기를 조정합니다.
❸ [Line thickness]로 선의 두께를 조정합니다.
❹ [Glow color]를 설정하여 [Add to design]을 클릭하면 그림 파일이 변경됩니다.

원본

Glow intensity 1
Line thickness 1

Glow intensity 5
Line thickness 4

 ## Screen (스크린)

아날로그 라이노컷 또는 도트가 보이는 저해상도 느낌의 레트로 효과를 연출할 수 있는 앱입니다. 라이노컷은 고무판 등에 드로잉을 한 후 조각도로 파내고 잉크를 입혀 찍어내는 볼록 판화 기법입니다.

사용 방법

❶ [하프톤], [세미톤], [리노], [코듀로이] 중 원하는 효과를 클릭합니다.
❷ 아래에서 [하프톤 정도], [하프톤 크기], [라이노컷 정도], [라이노컷 크기]의 세부 조정 값을 설정하고 [저장]을 눌러 완성합니다.

 ## Emoji Artist (이모지 아티스트)

프롬프트 입력만으로 사람이나 캐릭터 이모지를 만들어 주는 앱입니다.

사용 방법

❶ [Generate]-[Describe your Emoji] 창에 이모지에 대한 간략한 설명(프롬프트)을 씁니다.
❷ [Generate]를 클릭하여 완성합니다.
❸ 이미지 배경이 같이 생성되므로, [편집]에서 [배경제거]를 합니다.

Blend Image (블렌드 이미지)

여러 이미지를 자연스럽게 섞어 새로운 비주얼을 만드는 기능을 제공하는 앱으로, 특히 배경과 이미지를 조화롭게 혼합하거나 독특한 스타일을 표현할 때 유용합니다.

사용 방법

① 혼합하려는 이미지들을 업로드하거나 Canva 라이브러리에서 검색하여 이미지를 준비합니다.
② [상위 레이어], [하위 레이어]에 각각 [선택한 이미지]를 클릭해 파일을 업로드합니다.
③ [합성 모드]를 확인하여 원하는 이미지를 클릭합니다.

활용 예시

① 포스터 디자인: 배경 이미지와 주제 이미지를 조화롭게 섞어 분위기 있는 비주얼 만들기
② 배경 텍스처 디자인: 여러 질감을 혼합하여 독특한 배경 패턴 제작
③ 일러스트레이션 스타일화: 손으로 그린 그림과 사진을 혼합하여 예술적인 효과 연출
④ 캘린더 및 배너 디자인: 자연 풍경과 인물 사진을 혼합하여 감각적인 효과 만들기

 # Choppy Crop (초피 크롭)

인공지능을 이용하여 이미지나 그래픽을 손쉽게 잘라내고 편집할 수 있게 도와주는 앱으로, 특히 복잡한 배경이나 세밀한 오브젝트를 빠르고 정확하게 잘라내는 데 유용합니다.

사용 방법

1. 편집할 이미지를 캔버스에 추가합니다.
2. 앱을 열어 잘라내기 도구를 사용하여 원하는 영역을 클릭하며 지정하거나 자동 자르기 기능을 사용합니다.

활용 예시

1. 이모티콘 디자인: 배경을 깔끔히 제거하여 캐릭터를 독립적으로 사용 가능
2. 카드뉴스 제작: 인물 사진을 배경 없이 잘라내어 텍스트와 조화롭게 배치
3. 로고 디자인: 복잡한 배경에서 로고를 깔끔히 추출하여 투명 배경으로 사용
4. 동영상 썸네일 제작: 배경 없이 인물 사진을 사용하여 더 눈에 띄는 썸네일 제작

 ## FontFrame (폰트프레임)

　이미지를 업로드하여 텍스트 배경으로 활용할 수 있는 앱으로, 글꼴을 변경하고 이미지 배치를 조정하는 등의 작업을 통해 텍스트에 시각적 매력을 더할 수 있는 앱입니다.

사용 방법

❶ [텍스트 추가]에 키워드나 문장을 넣습니다.
❷ [글꼴]을 설정합니다.
❸ [프레임 테두리]에서 테두리 색상과 굵기를 설정합니다.
❹ [이미지 선택]에서 [파일 선택하기]를 클릭하여 내 컴퓨터에 있는 이미지를 선택합니다.
❺ [이미지 확대/축소]에서 배경으로 넣은 이미지의 크기를 확대하거나 축소합니다.

 ## Type curve (타입 커브)

　텍스트를 원형, 아치, 하트 등 다양한 곡선 형태로 배치할 수 있는 앱으로, 춤추는 듯한 역동적인 텍스트 디자인을 쉽게 만들 수 있습니다.

사용 방법

❶ [텍스트] 창에 원하는 텍스트를 추가하고, [경로]에서 커브 모양을 선택합니다.
❷ [글꼴], [텍스트 색상], [글꼴 크기], [글꼴 두께], [글자 간격], [오프셋]을 각각 설정합니다.
❸ [디자인에 추가]를 클릭합니다.

 **Fontstudio** (폰트스튜디오)

여러 가지 텍스트 효과를 겹쳐 사용하여 독특하고 재미있는 디자인을 만들 수 있는 앱으로, 텍스트에 테두리, 3D 효과, 그림자 등을 추가하여 눈에 띄는 디자인을 쉽게 만들 수 있습니다.

사용 방법

❶ 템플릿 되어 있는 디자인 텍스트를 한 가지 선택합니다.
❷ [텍스트]에 키워드를 삽입합니다.
❸ [글꼴 설정]에서 글꼴을 설정합니다.
❹ [글자 채우기]에서 글자의 색상을 설정합니다.
❺ [특수 효과]에서 [글자 기울이기], [글자 분리]를 조절합니다.
❻ [디자인에 추가]를 클릭하여 디자인한 텍스트를 생성합니다.

 **typelettering** (타입레터링)

맞춤 설정 가능한 텍스트 효과로 멋진 디자인을 만들 수 있는 앱입니다. 텍스트에 손쉽게 깊이감과 세련미를 더할 수 있으며, 다양한 글자 디자인 견본을 활용해 독특한 텍스트를 만들 수 있습니다.

사용 방법

❶ 템플릿 되어 있는 디자인 텍스트를 한 가지 선택합니다.
❷ [기본 텍스트]에 키워드를 삽입합니다.
❸ [글꼴]에서 글꼴을 설정합니다.
❹ [글자 간격]에서 글자와 글자 사이의 간격을 조정합니다.
❺ [색상]에서 색상을 조절합니다.
❻ [디자인에 추가]를 클릭하여 디자인한 텍스트를 생성합니다.

CanBlob (캔블롭)

유기적이고 창의적인 '블롭(blob)' 모양을 쉽게 만들 수 있도록 도와주는 앱으로, 디자인에 독특하고 시선을 사로잡는 요소를 추가할 수 있습니다.

사용 방법

❶ 원하는 타입[Blob type], 색상[Color], 복잡도[Blob complexity]를 조절하여 블롭을 생성합니다.
❷ 완성된 블롭을 디자인에 추가[Add to design]을 눌러 페이지에 삽입합니다.

활용 예시

❶ Solid   ❷ Outline   ❸ Gradient

 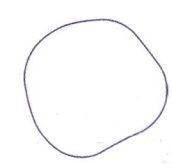 

CanGrid (캔그리드)

다양한 그리드 패턴을 손쉽게 생성할 수 있도록 도와주는 앱으로 원하는 패턴을 직접 만들어 시간을 절약하고 디자인의 품질을 향상시킬 수 있습니다.

사용 방법

❶ 원하는 모양[Shape], 선 스타일[Line type], 선 굵기[Stroke width], 행[Rows]과 열[Columns]의 수, 색상[Color] 등을 지정합니다.
❷ 완성된 그리드를 디자인에 추가[Add to design]을 눌러 페이지에 삽입합니다.

활용 예시

❶ | + Dash   ❷ ● + Mixed   ❸ ◆ + Solid

 ## CanSquircle (캔스쿼클)

사각형과 원의 특징을 결합한 형태의 다양한 스쿼클을 손쉽게 생성할 수 있도록 도와주는 앱으로 디자인에 독특하고 매력적인 요소를 추가할 수 있습니다.

사용 방법

❶ 원하는 스쿼클 스타일[Squircle type], 코너 반경[Corner radius], 스무딩 슬라이더 [Corner smoothing], 색상[Color] 등을 조정하여 원하는 스쿼클 모양을 만듭니다.
❷ 완성된 스쿼클을 디자인에 추가[Add to design]을 눌러 페이지에 삽입합니다.

활용 예시

❶ Solid + All Corner radius   ❷ Outline + Independent Corner radius

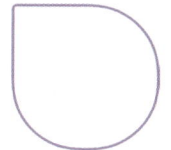

 ## CanWave (캔웨이브)

다양한 모양과 스타일의 웨이브를 쉽게 만들 수 있도록 도와주는 앱으로, 디자인에 독특한 웨이브를 추가하여 시각적 효과를 높일 수 있습니다.

사용 방법

❶ 원하는 웨이브 스타일[Wave type], 모양[Shape], 웨이브 개수[Number of layers], 색상[Color] 등을 조절하여 웨이브를 생성합니다.
❷ 완성된 웨이브를 디자인에 추가[Add to design]을 눌러 페이지에 삽입합니다.

활용 예시

❶ Solid

❷ Gradient

❸ Line

 ## **Wave Generator** (웨이브 제너레이터)

디자인에 물결 모양의 패턴을 추가할 수 있는 앱으로, 배경, 텍스트 강조, 또는 독특한 레이아웃을 만들 때 디자인 요소에 독특한 시각적 효과를 줄 수 있습니다.

사용 방법

❶ [Shape]에서 물결의 모양을 클릭합니다.
❷ [Wave]에서 물결의 크기를 조절하여 클릭합니다.
❸ 완성된 웨이브를 디자인에 추가[Add to design]을 눌러 페이지에 삽입합니다.
❹ [색상]에서 단색 및 그라데이션 컬러를 클릭하여 변경합니다.

활용 예시

 ## **Gradient Generator** (그라디언트 제너레이터)

디자인에 매력적인 그라데이션 효과를 손쉽게 만들 수 있도록 도와주는 앱으로, 단색 배경에 깊이와 생동감을 더하거나, 텍스트와 이미지에 창의적인 효과를 적용할 수 있습니다.

사용 방법

❶ 자동으로 설정된 색상(Color palette)으로 무작위 그라데이션을 생성하거나, 원하는 색상 과 왜곡 단계(Noise level)을 선택하여 맞춤형 그라데이션을 만듭니다.
❷ 완성된 그라데이션을 디자인에 추가[Add to design]을 눌러 페이지에 삽입합니다.

활용 예시

❶ Noise level 0      ❷ Noise level 100

 **Gen QR** (젠 큐알)

QR코드에 링크뿐만 아니라 로고를 삽입할 수 있으며 긴 링크를 짧게 줄이는 [짧은 링크] 기능도 있는 QR 코드 생성 앱입니다.

사용 방법

❶ [QR 코드 콘텐츠]에 연결할 URL을 입력합니다. 웹 사이트 링크, 이벤트 페이지, 또는 소셜 미디어 링크를 입력할 수 있습니다.
❷ [템플릿]에서 QR코드의 색상 및 스타일을 선택합니다.
❸ [여백]을 조절합니다.
❹ [배경]-[채우기]에서 QR코드에 들어갈 배경의 그라데이션 스타일을 선택합니다.
❺ [색상]에서 그라데이션의 색상을 선택합니다.
❻ [패턴] QR코드를 구성하는 패턴의 [도형] 모양과 [채우기]에서 배경 그라데이션 스타일과 [색상]을 선택합니다.
❼ [모서리]에서 색상, 채우기 스타일, 색상을 결정합니다.
❽ QR코드에 들어갈 로고 이미지가 있다면 [파일 선택하기]를 클릭해 업로드합니다.
❾ [파일 형식]을 지정하고 [디자인에 추가]를 클릭하면 QR코드가 생성됩니다. 생성된 QR 코드는 자동으로 현재 작업 중인 디자인에 추가됩니다. 또한, 위 ❸~❽까지의 과정을 필요에 따라 생략하고 간단히 QR 코드를 만들 수도 있습니다.
❿ [짧은 링크] 탭을 클릭해 URL을 입력하고 [생성하기]를 클릭하면 [짧은 링크]로 URL이 변환됩니다.

 **Lucky Wheel** (럭키 휠)

　디자인에 회전하는 휠(돌림판)을 직접 만들어 추가할 수 있는 앱으로 의사결정, 랜덤 선택, 게임 플레이 또는 추첨 용도로 활용할 수 있습니다. 유사한 앱으로 Spin wheel maker가 있습니다.

사용 방법

❶ [Create] 탭의 [Appearance]에서 [See all]을 클릭합니다.
❷ 원하는 디자인의 휠을 클릭하고 뒤로가기(←)을 클릭합니다.
❸ [Items]에 휠에 표시할 항목(예: 이름, 숫자, 아이디어 등)을 입력합니다. 항목은 추가하거나 삭제하여 휠을 맞춤 제작할 수 있습니다.
❹ [Generate wheel]을 클릭하여 휠을 완성합니다.
❺ 가운데 'Spin'을 클릭하여 휠을 돌립니다. 결과는 랜덤으로 선택되어 화면에 표시됩니다.
❻ 휠이 만들어진 링크를 복사하여 공유할 수 있습니다.

 **Skew Image** (스큐 이미지)

　이미지의 기울기 각도를 가로 세로로 조정하여 왜곡 이미지를 쉽게 제작하는 앱입니다. 유사한 앱으로 Reshape와 Transform Image가 있습니다.

사용 방법

❶ 그림 파일의 사이즈가 3MB 이하의 파일을 업로드합니다. 이때 요소의 그래픽이나 사진을 클릭하여 업로드할 수 있지만 적용이 안 되는 파일도 있을 수 있습니다.

❷ [Horizontal skew(degrees)]와 [Vertical skew(degrees)]를 이용하여 수평과 수직 기울기를 조절합니다.
❸ [Add to design]을 클릭하면 그림 파일이 변경됩니다.

 **Patterned AI** (패턴드 AI)

인공지능을 이용해 패턴을 손쉽게 생성하고, 배경 이미지, 텍스처, 반복 무늬 등 다양한 그래픽 요소를 만드는 데 유용한 앱입니다.

사용 방법

❶ [Create]에서 [Choose files] 클릭한 후, 패턴을 만들 파일을 업로드합니다.
❷ [Pattern]에서 원하는 형식을 선택하고 [Background color]를 선택합니다.
❸ 패턴화할 공간, 간격, 위치를 조절바를 사용하여 원하는 패턴에 맞추어 디자인합니다.

활용 예시

❶ 어린이집 교사용 포스터 배경 디자인
❷ 아동 교육용 카드 뉴스 배경
❸ 이모티콘 디자인의 테마 배경 패턴 만들기
❹ 브랜드 마케팅용 패턴 배경 제작

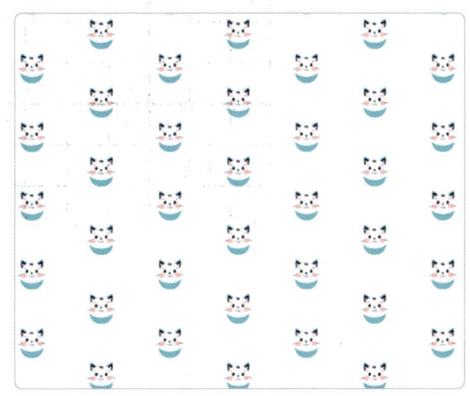

 # Sudoku Generator (스도쿠 제너레이터)

다양한 수준의 독창적인 스도쿠 퍼즐을 생성할 수 있는 앱으로, 퍼즐과 해답을 Canva 디자인에 손쉽게 추가할 수 있으며, KDP와 같은 플랫폼에서 출판도 가능합니다.

사용 방법

❶ [Grid size]를 4X4, 9x9,16x16중에서 선택합니다.
❷ [Difficulty]에서 난이도를 Easy, Medium, Hard 중에서 선택합니다.
❸ [Puzzle]에서 생성된 Sudoku를 확인합니다.
❹ [Solution]이 잘 생성되었는지 확인합니다.
❺ [Add to design]를 클릭합니다.

Replicator (리플리케이터)

이미지와 텍스트 요소의 사본을 만들어 복제할 수 있는 앱으로 선형, 사각형, 그리드, 원형, 나선형, 물결 모양, 기울어진 패턴뿐만 아니라, 3D효과까지 요소를 원하는 만큼 복제할 수 있습니다.

> **사용 방법**

❶ 디자인에 있는 사진, 그래픽 또는 텍스트 요소를 선택합니다.
❷ [선형] 탭에서 [개수], [우주(요소의 간격)], [경사각]을 조정하고 디자인에 추가합니다.

❸ [그리드] 탭에서 [열], [행], [가로], [세로 간격], [슬라이드], [회전], [가로 기울기], [세로 기울기]를 조정합니다.

❹ [원형] 탭에서 [개수], [슬라이스], [고리 수], [고리 간격], [고리 슬라이드], [반지름 비율], [크기 비율], [회전]을 조정합니다.

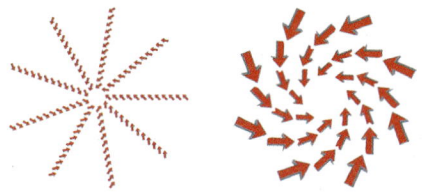

❺ [물결] 탭에서 [개수], [물결 수], [Amplitude], [길이], [크기 비율], [회전], [가지 수], [가로 기울기], [세로 기울기]를 조정합니다.

Magic Studio

매직 스튜디오는 캔바의 AI 기능을 한곳에 모아놓은 강력한 도구로, 디자인 작업을 더욱 쉽고 빠르게 만들어 줍니다. 다양한 AI 도구들을 통해 아이디어를 빠르게 실현하고 디자인을 한 단계 업그레이드할 수 있습니다.

이 기능은 Pro 구독으로 사용가능하며, 에디터 화면에서 이미지를 선택한 후 상단 에디터 툴바의 [편집] 메뉴에서 찾을 수 있습니다. 매직 스튜디오의 다양한 기능들은 디자인 작업을 더 창의적이고 효율적으로 만들어 줍니다. 매직 스튜디오에 속한 도구들은 다음과 같습니다.

배경 제거
이미지에서 배경을 자동 으로 제거해주는 기능이에요. 주제만 남기고 깔끔한 배경을 만들어 줍니다.

배경 생성
이미지의 배경을 원하는 스타일이나 텍스트 설명에 따라 새롭게 생성할 수 있습니다.

Magic Eraser
이미지에서 특정 부분을 지우고 싶을 때 사용하는 도구로, 간단히 클릭만으로 제거가 가능합니다.

Magic Grab
사진 속 객체를 분리해 편집할 수 있는 강력한 도구로, 객체를 선택해 이동하거나 크기를 조정하고, 원하는 대로 편집할 수 있습니다.

텍스트 추출
이미지 속 텍스트를 감지하고 추출해주는 기능으로, 텍스트를 빠르게 활용할 수 있습니다.

Magic Edit
이미지의 특정 부분을 수정하거나 새로운 요소를 추가할 수 있는 AI 도구입니다. 브러시로 영역을 선택하고 원하는 내용을 입력하면 됩니다.

Magic Expand
이미지의 경계를 확장해 더 넓은 장면을 만들어줍니다. 프레임을 조정하거나 이미지를 확대할 때 유용합니다.

알아두면 쓸 데 있는 유용한 단축키

기본 단축키

- 실행 취소: `Ctrl` + `Z`
- 다시 실행: `Ctrl` + `Y`
- 모두 선택: `Ctrl` + `A`
- 복사 후 붙이기: `Ctrl` + `C` , `Ctrl` + `V`
- 빠른 복사: `Alt` + 드래그
- 수평 또는 수직 이동 복사: `Alt` + `Shift` + 드래그
- 복제: `Ctrl` + `D`
- 빈 페이지 추가: `Ctrl` + `Enter`
- 빈 페이지 삭제: `Ctrl` + `Backspace`
- 텍스트 상자 추가: `T`
- 직사각형 추가: `R`
- 선 추가: `L`
- 원 추가: `C`
- 링크 추가: `Ctrl` + `K`

텍스트 편집 단축키

- 텍스트 상자 추가: `T`
- 굵은 글씨: `Ctrl` + `B`
- 기울임꼴 텍스트: `Ctrl` + `I`
- 밑줄 텍스트: `Ctrl` + `U`
- 찾기 및 대체: `Ctrl` + `F`
- 글꼴 크기 증가: `Ctrl` + `Shift` + `>`
- 글꼴 크기 줄이기: `Ctrl` + `Shift` + `<`
- 텍스트 스타일 복사 후 붙이기: `Ctrl` + `Alt` + `C` , `Ctrl` + `Alt` + `V`

요소 단축키

- 여러 요소 선택: `Shift` + 클릭
- 요소 그룹화: `Ctrl` + `G`
- 요소 그룹 해제: `Ctrl` + `Shift` + `G`
- 요소 복제: `Ctrl` + `D`
- 요소를 뒤로 보내기: `Ctrl` + `[`
- 요소를 앞으로 보내기: `Ctrl` + `]`
- 요소를 맨 뒤로 보내기: `Ctrl` + `Alt` + `[`
- 요소를 맨 앞으로 보내기: `Ctrl` + `Alt` + `]`

확대/축소 단축키

- 템플릿 확대: `Ctrl` + `+`
- 템플릿 축소: `Ctrl` + `-`
- 100% 확대: `Ctrl` + `0`
- 화면에 맞게 확대: `Ctrl` + `Alt` + `0`

보기 단축키

- 눈금자 및 가이드 전환: `Shift` + `R`
- 사이드바 전환: `Ctrl` + `/`

동영상 단축키

- 동영상 재생/일시 중지: `Space`
- 동영상 음소거/음소거 해제: `M`